应用语言学

质恉研究方法

编著 姜占好

编者（按姓氏音序）

黄知韵 姜占好 雷 红 刘 畅 欧阳西贝
杨 钰 张廷群 张 亚 张雨露

西安交通大学出版社
XI'AN JIAOTONG UNIVERSITY PRESS

图书在版编目（CIP）数据

应用语言学质性研究方法 / 姜占好编著 . -- 西安：
西安交通大学出版社，2024.7
ISBN 978 - 7 - 5693 - 3563 - 7

Ⅰ.①应… Ⅱ.①姜… Ⅲ.①应用语言学－研究方法
Ⅳ.①H08

中国国家版本馆 CIP 数据核字（2023）第 251242 号

应用语言学质性研究方法
YINGYONG YUYANXUE ZHIXING YANJIU FANGFA

编　　著	姜占好	
责任编辑	李　蕊	
责任校对	赵思睿	
装帧设计	伍　胜	

出版发行　西安交通大学出版社
　　　　　（西安市兴庆南路 1 号　邮政编码 710048）
网　　址　http://www.xjtupress.com
电　　话　(029)82668357　82667874(市场营销中心)
　　　　　(029)82668315(总编办)
传　　真　(029)82668280
印　　刷　西安日报社印务中心

开　　本　700 mm×1000 mm　1/16　印张　17.75　字数　308 千字
版次印次　2024 年 7 月第 1 版　　2024 年 7 月第 1 次印刷
书　　号　ISBN 978 - 7 - 5693 - 3563 - 7
定　　价　49.80 元

如发现印装质量问题，请与本社市场营销中心联系。
订购热线：(029)82665248　(029)82667874
投稿热线：(029)82668531　(029)82665371

序　言

古语云：方法，行事之条例也。事必有法，然后可成。研究方法是研究者进行科学研究时发现新事物、新现象，以期提出新理论、新看法的强大工具和有力手段。研究方法运用得当与否，是研究成果可信度及实效度的重要考量标准。工欲善其事，必先利其器。加强对研究方法的学习与教育是提高研究生科研能力和培养质量的重要途径。所以，有关研究方法的课程应是研究生入校后的必修课程。就外语专业研究生的研究方法而言，不管是语言学研究方法、文学研究方法、跨文化研究方法，还是翻译研究方法、教学法或区域国别研究方法，研究方法类课程都列入了研究生培养体系。研究方法大体分为质性研究、量化研究和混合研究，其具体表现形式和使用频率，因研究方向不同而各有差异。质性研究方法在语言学与应用语言学研究的实际应用中，国内外存在差异。"新世纪以来国外应用语言学研究方法明显趋势是'质化法＞量化法＞混合法'，且质化法和量化法的占比差异在 16％至 20％；与国外相比，国内呈现出不同趋势：'量化法＞混合法＞质化法'，且量化法和质化法的占比差异在 66％至 78％"（文秋芳等，2016）[846-847]。

鉴于此，我们编写了《应用语言学质性研究方法》。本书的内容主要包括四个部分：质性研究总览、质性研究路径、质性研究数据收集方法、质性研究数据处理及结果呈现。

2016 年 12 月 7 日至 8 日，习近平总书记在出席全国高校思想政治工作会议时发表重要讲话。他指出，做好高校思想政治工作，要因事而化、因时而进、因势而新。《大学英语教学指南》(2020 版)也在"课程定位与性质"中提出明确要求：大学英语教学应主动融入学校课程思政教学体系，使之在高等学校落实立德树人根本任务中发挥重要作用。《普通高等学校本科英语类专业教学指南》中也指出了落实立德树人根本任务：探索英语类课程思政新模式和协同育人新举措，努力培养具备沟通能力、人文素养、中国情怀、国际视野的英语人才和复合型英语人才。《外国语言文学类教学质量国家标准》提出对学生的素质要求：外语类专业学生应具有正确的世界观、人生观和价值观，良好的道德品质、家国情怀和国际视野，社会责任感，人文与科学素养，合作与创新精神及学科基本素养。目前，课程思政的相关工作正有条不紊地持续推进。但是，如何在研究方法课程中"如盐入水"、润物无声地进行思政教育还没有相关探索。本书以外语专业研究生质性研究方法课程为抓手，进行了课程思政教学模式和实践路径的探索。

本书具有如下特色：

(1)符合时代要求

时代呼唤"三全"育人，作为教书育人的重要载体，教材是育人的重要媒介。本书也不例外。本书在讲解每种质性研究方法时均提供一篇范例，并根据范例的内容，挖掘相应的思政元素，帮助师生在掌握质性研究方法的同时，进行课程思政教育，契合时代需要。

(2)质性研究维度全面

本书尝试涵盖更多的质性研究方法。除了传统的案例研究、观察研究、访谈研究、行动研究外，本书还增加了叙事研究、民族志研究、话语分析研究和口述史研究。同时，增加并详细介绍了质性研究常见的两种软件(NVivo和 MAXQDA)，以及撰写质性研究报告(论文)的步骤、流程和注意事项。

(3)案例具有针对性

质性研究方法在我国的科研应用中呈上升趋势，但如何在介绍理论的同时让学生能够体验实际操作的过程，是教材应解决的首要问题。本书在介绍质性研究方法的同时，为每种研究方法提供了一篇范例，学生可根据自己的研究方向，选择合适的范例，进行复制性研究。

(4)受众面广

本书语言平实，专业术语少，介绍质性研究方法的定义、种类、操作步骤详略得当。本书的范例选自学术期刊或学术专著，具有很强的可读性和实操性。本书适合语言学专业高年级本科生、研究生和从事质性研究的社会读者阅读。

本书共有四部分，十六章。其中，第1章、第7章、第16章由姜占好编写；第2章、第8章、第12章由刘畅编写；第3章、第6章、第9章由欧阳西贝编写；第4章由张雨露编写；第5章、第11章、第14章由张亚编写；第10章由雷红编写；第13章由黄知韵编写；第15章第一部分由张廷群编写；第15章第二部分由杨钰编写。姜占好还对全书进行了统稿、通读和润色。

本书适合16周教学使用，不同院校也可结合实际情况，选择或者合并相关章节。在介绍一种研究方法之前，教师可以请学生根据自己的研究旨趣，考虑合适的方法（组合）。在上课的过程中，教师对于理论部分的讲解不宜太多，应聚焦学生的研究方向和质性研究方法契合度，增加实际操作方面的练习量，灵活运用每章"经典案例"中的质性研究方法。

本书获得2023年东南大学研究生优秀教材立项建设项目和2024年东南大学研究生课程思政教育教学改革研究项目（项目名称为"外语类专业研究生保程思政建设评价体系研究"）的支持，在此表示衷心的感谢。编写的过程中，我们参考了国内外同仁的专著、论文等相关著作，在此一并衷心致谢。教材中的不足和疏漏在所难免，恳请专家和广大读者批评指正，不胜感激。

本书编写组

2024年7月

目　　录

第一部分　质性研究总览

第1章　质性研究概览 ……………………………………………… 3

1.1　质性研究的定义 ……………………………………………… 3

1.2　质性研究的特点 ……………………………………………… 5

1.3　质性研究的理论基础 ………………………………………… 6

1.4　质性研究伦理 ………………………………………………… 10

第二部分　质性研究路径

第2章　叙事研究 …………………………………………………… 17

2.1　叙事研究定义和类别 ………………………………………… 17

2.2　叙事研究特点 ………………………………………………… 19

2.3　叙事研究在外语教学话题中的应用 ………………………… 20

2.4　叙事研究数据的收集 ………………………………………… 20

2.5　叙事研究数据的分析 ………………………………………… 25

2.6　经典案例 ……………………………………………………… 26

第3章　个案研究 …………………………………………………… 29

3.1　个案的定义 …………………………………………………… 29

3.2　个案研究的定义 ……………………………………………… 30

3.3　个案研究的特征 ……………………………………………… 31

3.4　个案研究分类 ………………………………………………… 32

3.5　个案研究的研究问题与工具 ………………………………… 33

3.6 个案研究的操作步骤 ……………………………………… 33

3.7 个案研究的意义 ………………………………………… 34

3.8 个案研究人员的基本素养 ……………………………… 35

3.9 经典案例 ………………………………………………… 35

第4章 民族志研究 …………………………………………… 39

4.1 民族志研究的概念 ……………………………………… 39

4.2 民族志研究的发展阶段 ………………………………… 40

4.3 民族志研究的过程 ……………………………………… 42

4.4 民族志研究的特点 ……………………………………… 43

4.5 民族志研究的数据收集 ………………………………… 44

4.6 民族志研究的挑战 ……………………………………… 46

4.7 民族志研究在外语教学中的应用分析 ………………… 46

4.8 经典案例 ………………………………………………… 48

第5章 行动研究 ……………………………………………… 50

5.1 行动研究的概念 ………………………………………… 50

5.2 行动研究的发展阶段 …………………………………… 51

5.3 行动研究的过程 ………………………………………… 54

5.4 行动研究的方法 ………………………………………… 59

5.5 行动研究的特点 ………………………………………… 61

5.6 行动研究中的挑战 ……………………………………… 62

5.7 经典案例 ………………………………………………… 63

第6章 混合方法 ……………………………………………… 66

6.1 混合方法的定义 ………………………………………… 66

6.2 混合方法的使用条件 …………………………………… 68

6.3 混合方法的特征 ………………………………………… 68

6.4 混合方法的分类 ………………………………………… 69

6.5 混合方法的研究问题 …………………………………… 70

6.6 混合方法的数据收集工具与数据分析处理 …………… 72

6.7 混合方法的研究步骤 …………………………………… 72

6.8 混合方法的研究意义 ···················· 73

6.9 混合方法研究者的基本素养 ···················· 74

6.10 案例分析··················· 74

第三部分　质性研究数据收集方法

第7章　访谈法················· 79

7.1 访谈法的定义、类别和作用 ··············· 79

7.2 访谈对象的选择 ···················· 83

7.3 访谈内容的确定 ···················· 84

7.4 访谈地点的选取 ···················· 85

7.5 访谈工具的准备 ···················· 85

7.6 访谈的实施 ···················· 85

7.7 访谈内容的转写 ···················· 88

7.8 经典案例 ···················· 89

第8章　观察法················· 92

8.1 观察法的定义和类别 ··············· 92

8.2 观察法的特点 ···················· 94

8.3 收集观察数据 ···················· 95

8.4 分析观察数据 ···················· 98

8.5 撰写研究报告 ···················· 99

8.6 经典案例 ···················· 100

第9章　反省法················· 103

9.1 反省法的定义 ···················· 103

9.2 反省法的分类 ···················· 104

9.3 反省法的适用范围 ···················· 106

9.4 反省法的操作步骤 ···················· 106

9.5 反省法的优势及意义 ···················· 107

9.6 经典案例 ···················· 108

第10章　话语分析················· 111

10.1　什么是话语分析？ ……………………………………………… 111

10.2　话语分析的应用 …………………………………………………… 112

10.3　话语分析的步骤 …………………………………………………… 113

10.4　经典案例 ……………………………………………………………… 116

第 11 章　问卷开放型问题法 ……………………………………… 119

11.1　问卷的功能和特点 ……………………………………………… 119

11.2　问卷问题的种类 …………………………………………………… 119

11.3　问卷开放型问题的种类 ………………………………………… 121

11.4　问卷开放型问题的特点 ………………………………………… 122

11.5　问卷开放型问题的编写原则 ………………………………… 124

11.6　经典案例 ……………………………………………………………… 127

第 12 章　书面材料和音视频材料收集法 ………………… 131

12.1　书面材料的归类 …………………………………………………… 131

12.2　书面材料的收集与使用 ………………………………………… 132

12.3　音视频资料作为质性数据 …………………………………… 134

12.4　音视频资料作为数据收集手段 …………………………… 134

12.5　经典案例 ……………………………………………………………… 135

第 13 章　口述史研究法 …………………………………………… 138

13.1　口述史的概念及特点 …………………………………………… 138

13.2　口述史的发展 ……………………………………………………… 140

13.3　口述访谈过程 ……………………………………………………… 142

13.4　口述史研究主体 …………………………………………………… 145

13.5　经典案例 ……………………………………………………………… 146

第四部分　质性研究数据处理及结果呈现

第 14 章　质性研究中的数据管理和分析 ………………… 151

14.1　质性研究中的数据管理 ………………………………………… 151

14.2　质性研究中的数据分析 ………………………………………… 162

14.3　质性研究中的效度保证 ………………………………………… 175

第 15 章　质性研究中相关软件的辅助应用 ················ 184

　　15.1　NVivo 在质性研究中的应用 ················ 184

　　15.2　MAXQDA 在质性研究中的应用 ················ 211

第 16 章　质性研究报告的撰写 ················ 240

　　16.1　概　述 ················ 240

　　16.2　研究报告的类型 ················ 240

　　16.3　研究报告的撰写原则 ················ 241

　　16.4　撰写研究报告的注意事项 ················ 243

参考文献 ················ 245

第一部分

质性研究总览

第 1 章　质性研究概览

第1章

质性研究概览

📚 **课前思考**

••••••••••••••••••••

• 作为一名语言学方向的研究生，我们经常会谈论到研究方法，如量化研究方法、质性研究方法、混合研究法等。那么，什么是质性研究方法？

• 质性研究方法有哪些特征？

• 一项研究采取某种（些）方法，其对应的理论基础有哪些？

• 开展质性研究需要注意哪些事项？相应的伦理要求有哪些？

1.1 质性研究的定义

作为一种研究方法或研究理念，质性研究是由 qualitative research(method) 翻译而来，有着不同的译文，如"定性研究方法""质化研究方法"或"定质研究方法"等。不同的研究者从不同的专业角度、不同的视角尝试定义质性研究，折射出研究者所持的学术信仰、价值理念和对质性研究范式的侧重。

克鲁克(Croker，2009)[5] 指出，"质性研究"是一个总括词，指一种复杂且动态发展的研究范式，质性研究认为意义是在个体和世界互动过程中构建出来的，是基于建构主义的。质性研究根植于人类学、社会学、哲学等不同的学科，可以用于几乎所有的社会科学领域。质性研究具有不同的研究范式，如叙事研究、个案研究、民族志、行动研究、现象学和扎根理论等，数据收集方法包括观察法、访谈法、开放式问卷法、口头汇报、日记和话语分析等。

丹森和林肯(Denzin et al.，1998)通过描述的方法对质性研究进行了定义。他们主张在进行质性研究的过程中，研究者要对研究对象具有高度的敏感度；要在一种自然的情境中，运用至少一种数据收集方法，对研究标的进行数据收集；同时，在数据解读的过程中，研究人员要从研究对象的立场和观点出发，融入研究对象所处的情境中，深入了解研究对象的感受、感知和想法，进而理解这些研究现象或行为外显的或蕴含的意义。此外，他们从研究方法和研究策略出发来定义质性研究，认为质性研究的焦点是研究者在自然情境下，通过个案研究、个人生活史、历史回溯、观察、访谈、互动、音视频材料等方式，进行完整且丰富的资料收集，进而深入了解研究对象如何诠释其社会行为意义。

纽曼(Neuman，2014)指出，质性研究是研究人员在自然环境下就研究对象进行直接观察并做好笔记；观察时间相对较长。斯陶司和科彬(Strauss et al.，1998)指出，质性研究的目的不在验证或推论，而是在探索深奥、抽象的经验世界之意义，所以研究过程非常重视研究对象的参与及观点的融入；同时，质性研究对研究结果不重视数学与统计的分析，而是强调借各种资料收集方式，完整而且全面收集相关资料，并对研究结果做深入的诠释。

国内学者陈向明教授对质性研究的定义是"质的研究是以研究者本人作为研究工具，在自然情境下采用多种资料收集方法对社会现象进行整体性探究，使用归纳法分析资料和形成理论，通过与研究对象互动对其行为和意义建构获得解释性理解的一种活动"(陈向明，2000)[12]。对该定义，陈向明教授又从研究环境、研究者的角色、收集资料的方法、结论和(或)理论的形成方式、理解的视角以及研究者与被研究者的关系进行了详细论述(陈向明，2000)。

陈伯璋(1989)[26]提出，质性研究是"一种着眼于研究者和被研究者，对日常生活世界中意义的描述及诠释。在日常生活世界中，无论是客观的描述或主观的阐释，都牵涉到语言的问题，因此日常语言分析及语意诠释，提供了了解客观世界或主观价值体系的媒介。同时在研究过程中，研究者与被研究者之间的互动关系以及意义的分析与理解，本身是一种复杂的符号互动过程。"

简春安(1998)曾经指出，质性研究是通过自然研究对真实世界的观察。"当我们进入一个很不熟悉的社会系统、在一个不具控制和正式权威的情境中、在低度的观念概化和学说建构的背景中，需要研究对象的主观理念，定义一个新概念和形成新的假设时，是使用质性研究的合适时机"(转引自范明林等，2018)[3]。简春安、邹平仪(2018)从方法论的角度来讨论质性研究对社会世界假设与研究立场之间的关系：质性研究人员所聚焦的对象是环境与情境共同互动的结果，因此研究人员要运用不同研究方法，深入现象，了解现象中各种社会行为的意义。所以，质性研究具有"动态"变化的本质。

潘淑满(2003)主张社会世界是由不断变化的社会现象组成的，这些现象因时空、文化和社会背景的不同有意义各异。所以，在质性研究的过程中，研究者要接受社会现象是一种不确定的事实；要基于与社会现象密切互动，充分理解社会现象，并使用多种数据收集方法，才能全面深刻地理解社会现象。对数据的解释要摒弃量化研究使用数字和统计分析的方式，要从研究对象的立场和视角出发，诠释经验和现象的意义。所以，质性研究是基于整体观对社会现象进行全方位的图像建构和深度了解的过程。

综述国内外学者对质性研究的探索，我们尝试对质性研究进行界定：基于建构主义的认识论，质性研究认为世界没有一个放之四海而皆准的唯一的真理，意义是建立在互动基础上生成的；质性研究是在自然情境下，"从整体的高度对社会现象进行深度探究和诠释的过程。需要研究者在研究过程中融入研究对象的经验世界中，深入体会他们的感受与看法，并从研究对象的立场来诠释这些经验和现象的意义。由于人类社会高度的异质性和动态性，社会现象往往因为不同的时空、文化与社会背景而具有不同的意义。因此，研究者在进行质性研究的过程中，必须充分理解社会现象的不确定性，对研究对象要有高度的敏锐性，通过与研究对象的密切互动，对社会现象或行为进行全面、深入的理解"（文军等，2010)[3]。

1.2 质性研究的特点

基于质性研究定义，结合已有研究文献，我们归纳出质性研究具有如下特点：

本体论上，质性研究认为人类日常生活中所有的社会现象与行为都是一种有意义的活动，这种有意义的活动是社会取向的，人类不仅要通过自我来追求意义，同时也要通过他人赋予世界意义。质性研究是在自然情境下进行的，是对个人的"生活世界"以及社会组织的日常运作进行的研究。个人的思想和行为，社会组织的运作与其周围的社会文化情境密不可分；研究过程具有流动性，不断发展变化。

认识论上，质性研究强调知识的形成和发展不是只受知识内在法则的限制或是由理性推论而得出，也受到日常生活世界中意识的作用，在与别人或所接触的事物的不断互动中，建立可供沟通的知识。在互动沟通过程中，研究者为避免错误意识的介入导致知识暴力，必须凭借不断地反省和批评，以避免知识沦为一种僵化的意识形态。这个过程彰显了以理解为认识的基础的原则，因为质性研究的目的是理解研究对象的个人经验和意义，对其进行解释性理解，是对研究对象的个人经验和意义建构做的解释性理解或领会。这种以理解作为理论建构的研究，旨在理解聚焦对象的观点、社会情境，以及与社会情境相关的社会规律；在此基础上，研究者方可理解研究对象的思想、感情、价值观，以及研究对象对其行为和环境的解释，进而才能理解其外显行为。于是，如何把这种理解作为认识论的原则加以实践，不同的研究理论取向会有不同的实操路径，例如会话分析会用于强调微观的人际互动过程和强调对行动者主观意图的理解。

方法论上，质性研究重视"价值理性"的原则，反对量化研究"工具理性"的传统，认为研究者无法运用工具理性的原则来理解人的自由、解放及理性社会，唯有在价值理性的引导下才能超越与实现。质性研究人员为了寻求理解和意义建构，会尽可能记录和呈现事实原本的形态，提升资料丰富度，体现出研究过程也是发现的过程。因此，质性研究非常重视研究历程：随着研究过程的推进，研究对象对研究者提出的问题不断进行思考，借助新的认识重新审视自己的经历和周围环境；在与实地环境的磨合过程中，研究者建构新的研究思路和方法，不断调整资料收集和分析的方法，改变对资料的解释和理论建构的方式；在对资料的分析和整理的过程中，研究者会使用归纳推理的方法，提炼出主要的研究观点（范明林等，2018）。

1.3 质性研究的理论基础

质性研究有很多不同的理论和实践传统。在陈向明（2010）看来，质性研究的理论基础主要有"后实证主义、批判理论和建构主义"。范明林等人（2018）赞同上述论述，并进一步将质性研究建构主义的质性研究理论取向细分为建构主义理论取向、诠释学取向和符号互动理论取向。

1.3.1 后实证主义

在解释后实证主义之前，有必要先介绍实证主义（positivism）。这个词对我们来说非常熟悉。我们耳熟能详的"真理""规律"和"定律"与实证主义相关程度很高。我们学到的很多知识都是靠这些词语搭建起来的。实证主义在我们经历的学校教育中占据着主流地位，帮助我们形成了对整个世界的认识（杨延宁，2014）。

追溯实证主义的哲学渊源，我们发现其起源于经验主义哲学，是一种"朴素的现实主义"。在主客体之间的关系上，实证主义认为社会现象是一种客观的存在，不受主观价值因素的影响，不被知识、理论所过滤。主体和客体是两个截然分开的实体，主体可以使用一套既定的工具和方法程序获得对客体的认识。主体与客体、知者与被知者、价值与事实之间是二元分离的，不能相互渗透(陈向明，2010)。

实证主义者认为世界上存在唯一的、不变的现实，研究者可以通过自己的努力找到普遍的真理。他们相信世界是真实的，是独立于人类而存在的。而且，这种真实的存在可以被量化。事实上，实证主义者的研究目的之一，就是尽可能地对现象进行精确测量。他们同时认为，通过研究得来的真理可以不受环境限制地加以推广。所以，实证主义的研究者常常把发现普遍真理并借此推测未来作为主要的研究目的。基于这种认识，实证主义认为研究者在收集资料和分析数据时应该独立于现象，保持客观的态度。研究者不能介入研究对象的世界，而且要和研究对象保持相当的距离，避免因研究者的偏见而影响研究结果。而在方法论层面，实证主义主张研究者通过科学实验的方法，对研究情境进行操作。只有如此，才能找到现象与现象之间的因果关系(杨延宁，2014)。

从实证主义的立场来看，科学的逻辑其实只有一个，那就是自然科学的逻辑。所以社会人文领域的研究要冠以"科学"的名号，就必须服从自然科学的逻辑要求。人文学科研究努力向理工学科靠拢的现象越来越普遍。但是基于实证主义的研究方法(如量化研究)的前提是：研究对象不依赖于研究者而独立存在；事物本身具有其内在固定的、可以重复发生的规律；事物的量化维度可以用来考察事物的本质。因此，量的研究不考虑研究者对研究对象的影响，而对操作工具的科学性和规范性十分重视。然而，人文社科领域中的探索离不开研究者人为因素，这为后实证主义出现铺平了道路。

简单地说，后实证主义是一种"批判的现实主义"。它认为客观实体是存在的，但是其真实性不可能被穷尽。客观真理虽然存在，但是不可能被人们所证实。我们所了解的"真实"永远只是客观实体的一部分或一种表象，所谓研究就是通过一系列细致、严谨的手段和方法对不尽精确的表象进行"证伪"而逐步接近客观真实。我们无法通过对经验的归纳来证明某种理论，而只能对理论进行证伪。理性批判是知识增长的唯一途径，必须通过不断地"猜想与反驳"，才可能逐步接近真理。

陈向明(2010)将后实证主义分为两类："唯物的后实证主义"和"唯心的后实证主义"。前者认为事物是客观存在的，不以人的主观意识而有所改变；由于目前人的认识能力有限，因此不可能认识其真实面貌。持这种看法的人一般采取"文化客位"的路线，从自己事先设定的假设出发，通过量或质的方法进行研究。后者认为客观事实(特别是研究对象的意义建构)客观地存在于研究对象那里，如果采取"文化主位"的方法便能够找到客观事实。他们大都采用质的方法，到实地在自然情境下了解研究对象的观点和思维方式，然后在原始资料的基础上建立"扎根理论"。

1.3.2　批判理论

批判理论主张社会事实是社会建构的结构，因此，任何研究范式的形成势必反映了人类的价值，研究者对于研究范式的选择也会进一步影响社会科学研究过程、研究者对研究主题的选择、研究工具的运用、资料分析模式的运用、诠释和结论的获得（Guba，1990）。

批判理论是一种"历史现实主义"。在本体论上，它也承认客观现实的存在，但是在认识论上，它认为所谓的"现实"是历史的产物，是在历史发展进程中被社会、政治、文化、经济、种族和性别等因素塑造而成的。因此，研究者的价值观不可避免地会影响到其研究对象。研究的目的是通过研究者与研究对象之间的对话和互动来超越研究对象对"现实"的无知与误解，唤醒他们在历史过程中被压抑的真实意识，逐步解除那些给他们带来痛苦和挣扎的偏见，提出新的问题和看问题的角度。这是一种行动型的、带有强烈政治和道德倾向的研究。

批判理论指导下的研究主要使用辩证对话的方式，通过研究者与研究对象之间平等的交流，逐步去除研究对象的"虚假意识"（false consciousness），达到意识上的真实。衡量研究质量的标准不是证实，也不是证伪，而是消除无知和误解的能力。比如，研究者应该问的问题是："研究对象通过与我们进行辩证对话是否获得了自知和自我反思的能力？他们是否在认知、情感和行为上变得更加自主、更加愿意自己承担责任了？他们是否在强权面前变得更加有力量了"（陈向明，2010）？

批判理论取向的质性研究并不是指研究者运用某一个固定理论来进行研究，而是研究者尝试让自己成为社会或文化的批判主义者，通过研究的路径来实现社会改造的目标。

批判理论取向的质性研究对主观、客观有完全不同的观点。所谓主观，是指人们的内在心理世界，由这些内在心理世界可以了解其日常生活。所谓客观，并非指外在、独立的事实，而是指社会历史发展过程中的一系列动态和变迁的事实，它们深深地影响着人类的日常生活。因此，批判理论取向的质性研究重视研究者与研究对象的对话，通过主动对话达到意识觉醒，最后成为社会改革的源泉。研究者唯有通过研究过程与研究对象产生对话，才能扭转研究对象在历史文化等脉络下产生的认知，进而从被压抑的思想与被压迫的经验中获得解放，最终达到社会改革或社会变迁的目标。

那么，在研究过程中，如何区分哪些是有效的研究，哪些是无效的研究呢？以批判诠释理论为取向的质性研究认为，重视历史的理论和能够自我反省的理论，就是好的和有效的理论；反之，则是无效的理论（范明林等，2018）。

1.3.3 建构主义

和实证主义者不同，建构主义者认为世界上并没有不变的真实和普遍的真理。每个人对于世界都有着自己独特的理解。所以，对真实的建构和诠释也是多种多样的。从认识论的层面来看，既然真实的本质受到时间、空间乃至观察者自身的影响，研究者就没有必要去建构一个独立于个人信念之外的客观世界。相反，研究者应该通过和研究对象的互动，来再现不同的主观经验。至于方法论，建构主义者相信必须在自然的情景下，才能了解现象背后的意义。在研究过程中，研究者本身就是最好的研究工具。

建构主义者不是现实主义者，他们在本体论上持相对主义的态度。在建构主义者看来，事实是多元的，因历史、地域、情境、个人经验等因素的不同而有所不同。因此，用这种方式建构起来的"事实"不存在"真实"与否，而只存在"合适"与否的问题：因为我们只可能判断某一个行为或一种想法是否达到了自己的预期，而无法知道它们是否"真实"（von Glasersfeld，1993）。研究者与研究对象之间是互为主体的，研究结果是由不同主体通过互动而达成的共识。

建构主义取向的质性研究中，本体和认识、主观和客观、知者和被知者、事实和价值之间的界限已经不存在了。建构取向的质性研究是一个交往各方不断辩证对话而共同建构研究结果的过程；不是为了控制或预测客观现实，也不是为了改造现实，而是为了理解和建构——在人和我之间、个体和世界之间、过去和现在之间建构起理解的桥梁。通过主体之间的理解，人类将扩大自身描述和解释事物的认知结构和叙事话语。

建构主义者认为，不带"偏见"的理解实际上是一种对理解的不合适的理解，所谓理解和解释之间的区别实际上是不存在的。人们看待事物的方式决定了他们所看到的事物的性质（Goodman，1978）。研究者个人的思维方式、使用的语言和解释原则必然（也必须）符合他们生活中基本的、约定俗成的规范，否则便不可能对研究的现象进行任何意义上的阐释，更不可能与他人进行交流(转引自陈向明,2010)。

对建构理论研究范式而言,研究者主要的目的不是找出日常生活中各种现象或行动的真实本质,而是说明与诠释这些经验与行动是如何被建构的。这种意义的建构过程主要是建立在研究者与研究对象通过不断地对话与辩证来达成(这里涉及阐释学理论取向的质性研究,详见范明林等,2018)。根据建构理论的观点,每个人对世界的理解以及对自我的理解,都是在符号以及诠释中进行的(张鼎国,1997)。诠释对建构理论研究范式而言,一如研究者是通过符号的呈现或对现象进行深描,从中勾勒出人类日常生活世界的图像,并将行动转化为读者能够理解的形式(这里涉及符号互动理论取向的质性研究,详见范明林等,2018)。

1.4　质性研究伦理

从质性研究的定义和特征我们知道,质性研究是在自然环境中发生,涉及研究者与研究对象之间的关系。遵循什么样的原则来处理这些关系就涉及研究伦理问题。所以说,研究伦理的核心是一些原则和规范,以引导研究团队或研究成员识别(接受)在研究过程中什么是正确的、什么是错误的,尤其是在面临两难情境或道德议题时,如何既维护研究对象的利益也保护研究者的利益,使双方免受质疑和攻击。

梳理质性研究伦理相关文献(陈向明,2010;范明林等,2018),我们发现,在质性研究中,研究伦理涉及五个当事方,主要遵循六大原则。

质性研究伦理涉及的五个当事方如下:

①研究者本人。研究者是作为一个个体在从事研究活动的,其在研究过程中所有的行为举止都对自己有道德的意义。

②研究对象。研究者对待研究对象的态度、处理与研究对象有关事务的方式及双方之间的关系都会反映出研究者的道德规范。研究者的道德观念和行为会对研究对象产生影响,有时甚至会直接影响到他们的日常生活。

③研究者的职业群体。该群体享有一些共同的道德信念和行为规范,研究者所做的一切都来自这一群体规范或帮助形成这一群体规范。若是在研究过程中有研究者失范,可能会对整个行业或研究群体产生负面效应,遭到社会唾弃,给整个研究群体带来灾难。所以,研究者应遵守必要的伦理道德。

④研究的资助方。研究者对资助方会做出一定的承诺,而且在研究的过程中和他们保持密切往来,频繁接触。接触和往来的过程能折射出研究者的伦理道德规范和行为准则,这个过程也会影响到研究者的伦理道德观念。

　　⑤一般公众。研究者所做的一切都发生在社会文化的大环境中，研究者可以通过自己的具体工作推进或减弱社会公德。

　　上述当事方在质性研究过程中相互作用、相互影响，对研究者的伦理道德原则和规范产生不同程度和不同方式的制约(陈向明，2010)。

　　至于质性研究伦理原则和规范，虽然目前还没有一套完整的体系，但常见的六大原则如下：

　　①自愿与否原则。鉴于质性研究的特点之一是人与人关系的研究，所以在研究中尊重研究对象并寻求他们的同意和合作是重中之重。合作要建立在他们自愿的基础上。可能的流程和步骤是研究者要尽可能地展示研究的诚意，用心介绍自己，取得研究对象的信任。取得信任和合作的渠道不能带有强迫和欺骗的手段。研究开始后，双方可以订立契约，并承诺遵守相应的约定。

　　②知情与否原则。有学者认为，社会科学研究人员对社会负有追求真理、发展科学、增强了解的责任，因此研究者可以使用任何方法来获取必要的信息，甚至可以使用撒谎、隐瞒自己的身份、设计人为的研究情境等(Douglas，1976；Gans，1962)。所以，质性研究可在研究对象不知情的情况下开展，例如研究者为了发现、记录和暴露社会上的不公正现象(贿赂、霸凌、虐待等)，会隐藏自己的身份。所以，研究者在开始研究时，应视情况而定：能告诉研究对象的时候，或是需要研究对象支持的，可以告知研究对象，让他们了解研究目的和可能的风险；对于其他敏感性的研究，可以采取保留态度，研究对象不能有知情权，研究者可以采用非参与性观察法。

　　③保密与否原则。这里的保密是指在研究结果中所涉及的研究对象的信息是否应保密。在研究开始之前，研究者要告诉研究对象并解释其研究中的保密原则，告知对方一切与其相关的敏感信息都不会外漏(除非当事人同意，否则一定会保密的)。这样做的目的是使研究对象放下包袱，畅所欲言，不会让研究对象尴尬或窘困，甚至伤害到研究对象。另外，保密不仅仅体现在研究结果中，还体现在汇报交流的过程中。研究者在与他人分享信息时要特别小心，不应将关于研究对象的信息透漏给其他人。当然，在呈现研究结果时，若遇到无法隐藏研究对象身份，或者研究对象不介意公开身份，甚至坚持要公开自己身份的时候，研究者应对研究开始时签的保密协议进行重新斟酌和协商。当遇到涉及研究对象人身安全、社会冲突的情况，或有越轨行为时，研究者一定要有自己的立场和做法，依靠自己的道德判断，采取及时并合理的措施。就这个问题，陈向明(2010)曾引用了威斯(1994)的例子加以说明：一般而言，若是知道自己的访谈对象曾经有不法行为(偷盗、贩毒或抢劫等)，

研究者不会主动向警方报告；但若意识到研究对象会实施自杀或杀人行为，研究者会及时联系相关部门。威斯还特别列举了女艾滋病患者的例子说明保密与否的原则（详见陈向明，2010）。

④批判与否原则。

研究人员和研究对象可能会由于文化背景、宗教信仰和生活习俗不同的差异，存在着世界观、人生观、价值观的差异。因此，在研究进程中，研究人员要尊重研究对象的文化、生活方式、种族、态度、认知等，即便研究对象的言行举止有失偏颇，不合常理，也要保持冷静。研究人员不能嘲笑或对其嗤之以鼻，不能对研究对象的生活方式或日常表现指手画脚、批驳和呵斥等，不能以自己的意见或标准批判研究对象，相反，要尽力去理解研究对象言行背后的动因。

⑤汇报与否原则。

研究者梳理研究报告时，要说"真话"。虽然研究者可能由于意识形态的原因不认可所得出的结论，或者其他人可能对研究者施压，要求其增加资料中没有的内容或者查看收集好的原始资料，但是研究者一定要有原则，要深刻认识到捏造或者扭曲资料不是一个研究人员应有的正确行为。

⑥适当回报与否。

在使用质性研究方法搜集资料的过程中，研究对象的付出并不比研究者少，为了防止给研究对象带来一种被剥夺感，可以采用适当的形式给予研究对象回报。研究者可以根据研究对象付出的时间和精力给予适当的劳务费用或等价的礼品，也可以提供一些恰当的服务，让研究对象感受到研究者的用心。但是在给予物质条件的同时，要适当有度，避免培养出研究对象不停索取的习惯，对不合理的索求要及时制止。因为在出现这种情况的时候，收集到的研究资料可能已经变质（范明林等，2018）。

总之，质性研究中的伦理规范和研究者的道德品质在质性研究中具有重要的地位：规范的伦理和良好的研究方法同向而行，相辅相成。研究者遵守伦理规范不仅让研究者免于"后顾之忧"，而且能提高研究质量。虽然，伦理规范问题十分复杂（特别是涉及文化差异时候），但是研究者要能够因势利导，随机应变，对有可能出现的伦理道德问题保持足够的敏感度，能够及时敏捷地认识和识别研究中的伦理问题，意识到自己要承担的责任，采取相应的措施灵活应对并加以处理（陈向明，2010）。

✐ 作业

1. 简答题

(1)什么是质性研究?

(2)质性研究的特点有哪些?

(3)质性研究的理论取向有哪些?

(4)质性研究的注意事项有哪些?

2. 实践题

结合自己的研究兴趣,谈谈你对质性研究的理解。

第二部分

质性研究路径

第 2 章　叙事研究

第 3 章　个案研究

第 4 章　民族志研究

第 5 章　行动研究

第 6 章　混合方法

叙事研究

课前思考

- 你熟悉叙事吗？叙事包括哪些形式，如讲故事（storytelling）、回忆录、传记、对话交谈等？其目的是什么？
- 何谓应用语言学中的叙事研究？叙事研究有哪些特点？
- 应用语言学中哪些话题适合采用叙事研究方法？
- 和其他质性研究方法如案例分析、访谈相比，叙事研究在数据收集和分析上有什么特点呢？
- 作为研究人员，开展叙事研究时可能面临哪些挑战？具体应如何应对这些挑战？

2.1　叙事研究定义和类别

叙事研究（narrative inquiry）方法最初主要集中应用于文学理论研究领域（张庆华等，2021）。受其影响，早期的非文学叙事研究也将叙事视为一种文本类型，试图描述叙事文本独特的结构特征。20 世纪 80 年代以来，学者们愈加关注人的主体性及个体经验的具体性（De Fina et al.，2012），社会科学领域出现了"叙事转向"。同期，叙事走进了教育研究者的视野。根据我国外语教学研究中通常采用的定义，教育叙事研究指研究者以局内人视角进入研究对象的生活，与教师平等沟通，搜集和讲述个体教育故事，描述个体教育生活，在解构和重构教育叙事材料的过程中对个体行为和经验建构获得解释性理解（傅敏等，2008；王添淼等，2017；古海波等，2019；吕琳琼，2019）。教育叙事有广义和狭义之分。广义的教育叙事指分析有意义的教师经历，发掘或揭示隐含于日常行为背后的思想和意义，以便帮助教师改进教学实践，丰富教育科学理论。狭义的教育叙事则专指教师叙事研究，是教师"叙说"自己的教育活动经历，并在反思的基础上转变教学观念和行为（战菊，2010）。早期的教育叙事研究聚焦教师的日常教育实践和内心世界，关注其个人专业发展。

在叙事研究（narrative inquiry、narrative research 或 narrative study）中，叙事既可以是研究关注的对象，也可以是实施研究采取的方法（Connelly et al.，1990）。巴克赫伊曾等人（Barkhuizen et al.，2014）对此作出了进一步解释：叙事研究指将叙事（讲故事）与研究相结合，其实现方式既可以是将叙事文本用作研究数据（即研究的对象），也可以是以叙事的方式收集数据、分析数据及呈现结果（即研究的工具）。两种方式分别对应叙事研究中两个密切相关的基本概念，即"叙事的分析"（analysis of narrative）和"叙事性分析"（narrative analysis）。"叙事的分析"指在研究中研究对象的故事被用作数据。在此类研究中，研究者收集受访者的背景和经历资料，数据分析仍为传统的主题或内容分析法，呈现的结果为范式（paradigmatic typologies）或类别（categories），是对所研究现象的叙事性说明。典型的"叙事的分析"研究如维金（Wicking，2020）的研究，其预设了叙事框架以获取日本学生与形成性评价相关的广泛学习经历，且最终的结果以传统的主题分析的形式呈现。类似的研究还有蒋联江等人（2020）的研究。在此类研究中，作者能够对叙事内容进行主题分析，将数据与抽象的类别和概念连接，识别不同叙事案例间的异同，最终验证或发展其所持的理论依据。而"叙事性分析"则指研究者以叙事或讲故事的方式分析数据并呈现结果。研究者从受访者那里获取资料，并将所收集的资料整合成具有连贯情节的故事文本。得到故事文本后，研究者还可以继续进行主题分析，根据叙事资料反复出现的内容、隐喻、情节等，识别出一般的主题或概念，并寻找它们之间的关联模式。也就是说，研究者可以将构建故事的内容编码为主题，并寻找它们之间的关联模式。如许悦婷、刘永灿（2008）的研究，其研究数据主要来自对受访者的两轮深度访谈，研究的结果部分通过三个形成性评估实践故事，展现教师在与自我、同事和学生互动中建构知识的过程，讨论部分则以主题报告的形式分析影响教师专业发展的因素，体现了教师知识的个人延续性和社会互动性特征。此外，孔索利（Consoli，2021）的研究也属于叙事性分析的典型代表，其研究详细说明了如何通过计算机辅助定性数据分析软件 MAXQDA 构建中国学生赴英参加海外课程的前后对比，由此展现了海外学习对学生动机发展的影响，对开展叙事性分析研究具有较强的实用参考意义。

2.2　叙事研究特点

叙事研究的核心要义在于通过讲故事和分析故事的方式理解个体经验及其背后的意义。因此，叙事研究的首要特点在于其关注个体所经历的故事及该故事对个体成长的意义和价值（许悦婷，2011）。尽管叙事研究存在一定的局限性，但却是唯一能够综合探究在较长时间内研究个体的教学经验如何与所处环境发生互动并且主动赋予其经验意义的研究方法。由此，叙事研究的优劣评价标准在于个体是否能够通过分享经验、反思事件，达成对教育意义的理解（苗洪霞等，2007）。同时，叙事研究的本质是挖掘故事意义，而非形成可以推广到他人身上的方法或理论，因此参与者数量的多寡并不重要，是否能够产生有助于深刻认识现象的研究发现才是其目的（李晓博，2011）。在开展叙事研究的过程中，研究者需注意激发受访者思考与反思，全面了解受访者如何通过叙述其生活和教育教学经验，构建对自我的看法，获得专业发展。这一特点与身份研究的关注点尤其吻合，两者都聚焦于个体在生活实践中如何构建自我与外界的关系（管晶晶，2021）。因此，叙事研究被广泛应用于研究特定情境下的学习者或教师的信念、认知、身份认同（如 Barkhuizen，2016；Kayi-Aydar，2015；Liu et al.，2011；Gao et al.，2002；Wicking 2020），也常见于研究教师专业发展，如揭示教师的专业成长过程（王晓莉等，2021；秦凯利，2013）、教师在改革进程中的角色与改革对其造成的影响（许悦婷，2011；Liu et al.，2020)和叙事如何帮助教师理解个人经验和促进职业发展（Kartal et al.，2021）等。此类研究均体现了叙事研究中受访者教育经验及意义的个性化表达。

叙事研究的第二大特点在于其认为经验不是孤立、静态存在的，而是在个体与社会的互动中形成和发展的。因此，叙事研究强调从社会（sociality，人际关系）、时间（temporality，过去、现在与未来）和空间（space，情境）三个维度来构建叙事（Connelly et al.，2006）。研究者试图从"重构的过去""知觉到的现在"和"期待的未来"三个角度来理解受访者经验，并将其建构为一个与研究参与者理解一致的"新故事"。具体来看，空间维度要求研究者了解教师所处的真实生活环境；时间维度要求研究者不仅看到受访者的现在，还要看到其过去和将来，因而需要关注受访者在不同人生阶段中的特定经验；社会维度则要求研究者特别关注受访者个人与社会的交互，例如探究教师在专业发展过程中与环境因素的互动等。这一特点决定了在数据分析过程中，研究者需通过三维空间结构，通过个体经验发展的空间性、时间性、社会性来构建故事文本。具体来说，叙事数据分析的主要特征在于按照时间顺序叙述个人历史经验，同时注重描述个人经验得以形成的场所背景和社会情境。值得注意的是，叙事研究也受研究者立场及其与研究对象之间合作关系的影响。

2.3　叙事研究在外语教学话题中的应用

巴克赫伊曾等人(Barkhuizen et al.，2014)将外语教学领域内与叙事研究相关的新兴主题归纳为三个方面：身份、情境和情感。第一，由于叙事研究方法能够获取受访者在较长时间内的经历，帮助研究者发现教师或学习者的身份如何随时间推移而发展变化，身份建构与认同成为外语教学中叙事研究最为关注的一个主题。正如布洛克(Block，2002)所指，时间对身份建构具有重要意义，长期持有二语身份或接触不同的文化环境，会使个体的自我意识产生不可逆转的变化。第二，外语教学的叙事研究同样关注情境主题，因为"当语言学习者被要求讲述自身故事时，他们总是不可避免地将语境、情境文化因素作为故事的一部分"(Block，2002)[2]。因此，叙事研究能够通过获取受访者的生活、学习经历及他们对教与学经验的解释，推动有关情境的研究。第三，考虑到叙事研究能够凸显叙事者声音，其作为对情境认知的反思，常常能够引起参与者丰富的情绪与情感反应，因此叙事研究也经常用于研究外语教学中的情感维度。

2.4　叙事研究数据的收集

叙事研究数据主要有三种形式：口头叙事、书面叙事及多模态叙事，常见的数据来源包括访谈中引发的自述(如 Liu et al.，2011；Leigh，2019)、日志或日记(如 Yu et al.，2021)、语言教学或学习自传(如 Nunan et al.，2010)、叙事框架(如 Wette et al.，2009)等。

2.4.1　口头叙事

在口头叙事中，研究者主要通过访谈(开放式和半结构化访谈)来获取受访者在特定情境下与外语教或学相关的经历与看法。克沃勒和布林克曼(Kvale et al.，2009)根据访谈目的，将应用于叙事研究的采访分为三类：短故事、生活故事和口述历史(short story，life story，and oral history)。短故事指涉及特定事件的采访。生活故事指参与者在采访中复述其生活经历。口述历史所收集的数据范围则更广，涵盖内容不局限于受访者的个人故事，还包括群体的生活史(communal history)。在叙事研究中，研究者经常采用生活史的方法来获取受访者较为长期的外语教学经历。

同时，为使受访者最大限度地以自己想要的形式和风格讲述个人经历，叙事研究也经常采用半结构化和开放式访谈。在半结构访谈中，采访者通过预设问题，适当地介入受访者的叙述过程，以确保其所讲故事的连贯性。同时，半结构化访谈也具有一定程度的灵活性，随着访谈的进行，采访者可以适时提出追加问题，让受访者阐明或解释细节，为其表达自身"个性"提供了空间。因此，半结构化访谈也成为口头叙事中最常见的数据收集方法。当然，研究人员还可以通过开放式访谈请受访者进行叙述。在此形式下，研究者无须准备具体的采访问题，只须表明自己的研究兴趣，通过引起话题的方式来给出访谈范围，具体的叙事内容则由受访者根据自身经历灵活决定。尽管受访者主导话题可能会造成访谈偏离研究主题的风险，但却可以给予研究对象充分的空间来叙述他们的语言学习故事，帮助研究者确定并深入探索特定研究话题下对受访者产生至关重要影响的事件和主题（Gao et al.，2002）。因此，和半结构化访谈一样，开放式访谈在叙事研究中也较为常见。

2.4.2 书面叙事

与口头叙事类似，书面叙事数据也来源于不同的形式，如日记（diary）、语言学习历史（language learning history）、反思日记（reflective journal）、邮件（email）和叙事问卷（narrative frames）等。书面叙事在外语教学中的应用十分广泛，研究者既可以通过自传整理并审视自己的学习、工作或参与某项目的特定经历来研究具体的学习或专业发展过程，也可以以旁观者的身份收集并分析某外语教学群体，如职前教师、新手教师、学生或教师教育者的书面叙事资料。在自传式的叙事研究中，研究者本人也是研究的研究对象。本章主要介绍四种形式的书面叙事：日记（多用于学习者）、语言学习历史、教师日志和叙事框架。

首先，日记多具有自传性与内省性，可以从学习者的主观视角来揭示其语言学习经历。与日常所写的日记一样，学习者日记包括一系列在较长时间内编写而成的条目，记录着学习者的反思和观察，例如他们在学习过程中的想法、感受及与外语学习相关的成功和失败经历。此外，学习者日记作为叙事研究的数据来源，其中一个重要特征在于它们与所发生的学习经历具有同步性（Benson，2004）。研究者通过参考受访者在实际学习过程中记录的信息，能够更好地探究学习者的看法、情感因素、学习策略等主观性较强的维度。因此，学习者日记作为叙事研究中数据收集的重要来源之一，能够给予研究者其他数据收集方法无法获取的学习者资料，更加丰富、全面地展现学习图景，特别是便于探究外语教学中的社会和认知维度(Bailey，1990)。在撰写日记之前，研究者可以给予参与者一定的写作指导，包括写作的频率、长度、内容及可涵盖的附件(如通信邮件)等。

与日记的内省性记录不同，语言学习历史则是涵盖参与者语言学习经历的一系列书面故事，是对其过往经历的回顾性描述。语言学习历史涉及的时间范围较广，既可以包含参与者学习语言的整个时期，也可以重点关注一年或一个学期内的学习事件。为收集参与者(如学生)的语言学习历史，研究者通常将其布置为课程作业，要求参与者叙述他们从开始学习英语至今的关键事件，以及他们对未来学习的想法。同样地，研究者也可以设置写作向导，引导学生给出时间性(反映过去并展望未来)、情感性(积极和消极的经历)、反思性(信念、期望和实践)、战略性(计划和目标)和指导性的(建议)的叙述数据。

日记、语言学习历史常用于收集来自学习者的叙事数据，而关于教师的书面叙事，最常见的数据收集方法为教师日志，即教师对自身教学实践、教学环境、情感和专业发展的书面反思。撰写日志的目的是帮助教师反思自己的教学经验、专业知识与能力，以及获取知识和专业发展的路径来源等。目前，教师反思日志已被广泛用于语言教学研究，特别是教师教育和身份方面的研究。虽然研究者很少对如何收集教师反思日志进行详细描述，但在设计反思日志收集方法时，可以参考以下问题(Barkhuizen et al.，2014)：

- 写几篇日记？
- 多久写一次？
- 每篇文章的长度是多少？
- 在多长时间内完成？
- 涵盖哪些主题？如教师对教学环境(如课堂、学校、社区和更广泛的社会文化环境)、教学实践、学生、语言教学理论的反思(视教师的教学内容及研究目标而定)；
- 应如何利用反思日志？将其作为课程作业交给研究人员分析，或与研究人员合作分析？
- 叙事的受众是谁？谁来分析这些报告？

叙事框架作为书面叙事中常见的数据收集方法，可以同时应用于针对教师和学习者群体的研究。叙事框架指研究者提供一系列不完整的句子作为书面故事的模板，引导受访者对主题展开连贯的叙述。在此过程中，受访者根据自身经历和对经历的反思填充句子，最终得到一个情节完整连贯的故事。叙事框架可以为教师叙事提供结构和内容两个方面的指导和支持。从研究人员的角度来看，叙事框架的益处在于可以使所收集的数据内容更加符合预期（能够针对研究目标），并且能够以叙述的形式来收集研究所需的数据（Wette et al.，2009）。但设计叙事框架具有一定的挑战性，研究者一方面要以叙述的形式来组织问卷，使问卷完成后呈现出的文本完整、连贯，另一方面要确保受访者能够根据提示，结合并反思自身经历，对所设问题作出回应。设计不佳的叙事框架会导致受访者做出随机、不连贯的回应，而使得其与问卷调查并无二致，叙事研究的本质也便不复存在了。

为避免出现此类问题，研究者在设计叙事框架时可以考虑以下两个方面。第一，注意叙述的时间维度，即由过去（研究所关注的时间节点前）开始，过渡到现在（当前实践），最终展望未来（想象变化），以此为线条收集受访者经历及他们对这些经历的反思。第二，叙事框架的呈现须考虑故事结构。拉波夫（Labov，1972）从社会语言学的角度分析叙事的结构特征及其社会功能。他认为完整的叙事应包括六部分：①点题（abstract），指叙述者在叙述前对故事的简要概括；②指向（orientation），确定时间、地点、人物和情景等，是叙事者对描述故事所做的铺垫；③进展（complicating action），重点描述事态发展的整个过程，是叙事结构的核心部分；一般用过去时，按时间顺序介绍；④评议（evaluation），即叙述者对叙述中出现的各种情况的看法和评论；⑤结果（result or resolution），即正式示意叙述终了；⑥回应（coda），接应主题，使读者对叙述者有一个完整的了解，并把叙述者和读者从故事中带出来。如韦特和巴克赫伊曾（Wette et al.，2009）使用的叙事框架，既可以清晰地展现其由过去至现在，再发展到未来的时间维度，也有明确的指向性，聚焦教师在课堂教学和完成教书育人目标中所遇到的具体挑战，以及作者如何理解它们并引发了作者怎样的反思。

值得一提的是，尽管叙事框架的优点在于支持从大规模群体中收集叙事数据，进而获得对集体经验的概括性认识，但其所获数据也存在一定的非个性化的风险，需要辅以后续访谈、日志和课堂观察等，深入理解教师经历和具体的叙事建构过程。因此，叙事框架可以作为叙事研究的核心或主要数据来源，也可以作为探索性数据来源，方便研究者挑选或初步认识受访者和研究场域。

2.4.3 多模态叙事

最后，除口头和书面叙事外，多模态叙事近年来在外语教学叙事研究中得到了显著发展。多模态叙事可以运用视觉资源来补充和丰富传统叙事研究所关注的叙事文本。在研究中，多模态资源既可以用作研究对象（如 Barry，2002；Vasudevan et al.，2010），将所收集的多模态资源作为研究关注和分析的对象，也可作为收集数据的工具（如 Porter，2002），在访谈中用图片、音视频以引发外语学习者对语言学习的讨论。前者的收集方法类似于收集书面叙事数据，即要求受访者在文本中插入图像、音频或超链接等多模态资源；而在后者的研究中，多模态资源多发挥工具性作用以引发受访者的叙述，可以不作为独立的分析对象。此处主要介绍多模态叙事收集的两种形式：视觉激发（visual elicitation）和多模态语言学习历史（multimedia language learning histories）。

视觉激发常用于民族志研究，指通过录音、照片、图画等听视觉材料，激发受访者提供更具洞察力的观点。如在尼库洛和皮特凯宁-胡赫塔（Nikula et al.，2008）的研究中，研究人员利用受访者提供的图画（visual narratives），引发其对自身正式和非正式语言学习经历的深入叙事，便是利用视觉激发作为研究工具获取研究数据。而关于多模态语言学习历史，与语言学习历史类似，其同样是对参与者过往经历的回顾性描述，但呈现形式不拘泥于文本，还包括图像、声音、视频、超链接等。例如，梅内塞斯（Menezes，2008）告知受访者在文本中嵌入照片、图像、视频或超链接等描述其特定学习经历，创作完成后，受访者之间可以互相阅览、评论和编辑，甚至将最终的多模态学习历史发布至社交网站。研究者还通过电子邮件采访了一名学生，以了解其使用超链接的具体原因。最终，该多模态语言学习历史和访谈构成了其叙事研究的主体数据。因此，在这项研究中，多模态叙事资源不仅作为研究工具来收集口头叙事，还被作为研究对象供研究者作出进一步的分析。此外，齐克和布赖德巴赫（Chik et al.，2011）将多模态语言学习历史与在线社交媒体结合。鉴于 web 2.0 技术在外语教学中的广泛应用，多模态叙事研究，尤其是多模态语言学习历史在未来外语教学叙事研究中具有巨大的发展前景，但也同时对研究者提出了更大的挑战。在设计此类研究时，研究人员不仅需要决定多模态的用途（作为研究对象或作为收集访谈或书面数据的工具），还应熟悉多模态制作媒介（如数码相机操作、网站操作、视频制作等），并在设备、图片、音视频资源的使用上给予参与者一定的指导与技术支持。在参与者制作多模态叙事作品时，研究人员应给予明确的指示或采用向导式问题的形式，帮助其根据自身的叙事目的实现文本和非文本资源的有机结合。

2.5 叙事研究数据的分析

叙事研究属于质性研究，其数据分析也遵循质性研究数据分析的一般原则，即为反复的、涌现的和解释性的(iterative, emergent and interpretive)。"反复的"指研究人员需在数据收集、数据分析和解释之间来回，直至数据分析达到"饱和"(即在更进一步的数据收集、分析时无法产生新主题)。"涌现的"指研究应保持开放和流畅，以便对细节作出灵活的响应。这意味着在梳理研究结果的过程中，研究者需以开放的心态反复阅读、讨论和呈现所收集的数据。"解释性的"指从某种意义上说，定性研究的最终发现代表着研究人员对数据的主观解释(Dörnyei，2007)。

此外，也有一些针对叙事研究更为具体的数据分析策略。本章 2.1 节提到了叙事研究的两种类型，即"叙事的分析"和"叙事性分析"。"叙事的分析"型研究主要有两种数据分析方法，对叙事内容的主题分析和对叙事语言及结构的话语分析(关注隐喻、叙事结构及互动中的叙事)。前者能将数据与抽象的类别和概念连接，帮助研究者识别不同叙事间的异同，并将它们重新排列以验证或发展所持的理论依据。后者是对叙事数据进行话语取向的微观分析，具体关注叙事中出现的隐喻、叙事结构及互动中讲述的故事，即"那些在日常交往中讲述和传递的，大多是关于平常小事或日常活动的小故事，以区别于研究访谈中讲述的大故事"。"大故事"在分析操作层面往往注重叙事结构与内容分析，而"小故事"则特别关注叙事行为与交际语境、社会话语的互动。近年来，在外语教学研究中，如战菊(2010)通过分析教师叙事的结构和功能，探究了教师信念及其构建；侯松、吴彬芳(2017)探讨了基于"小故事"的语言教育研究；张庆华、杨鲁新(2021)分析了课堂互动中自然出现的叙事话语所反映的教师实践性知识。在"叙事性分析"型研究中，研究人员通过将非叙事数据转化为故事文本，传达他们对数据含义的理解，因此故事讲述本身即可作为数据分析的过程。刘永灿和许悦婷(Liu et al.，2011)在其研究中详细描述了进行叙事性数据分析的过程，它分为四个步骤：理解叙述；主题编码；重构故事情节的叙述；与受访者分享，并将故事生活化(telling and retelling, living and reliving the stories)。这些可为我们在进行叙事性研究的数据分析环节提供借鉴。

2.6 经典案例

YU C Y, ZHAO G F, 2021. "I won't try my best": A narrative inquiry of a student's graduation policy appropriation[J]. Asia pacific education review, 22(4): 743－755.

内容概要

该论文采用叙事研究(narrative inquiry)方法，以社会文化为理论视角，探究了一名翻译专业(MTI)研究生如何执行其所在高校的毕业政策，并探讨了背景因素如何影响其具体的政策执行过程。该历时研究所涉及的数据主要来源于半结构化访谈、非正式对话和学习者日记，重构了该学生有关政策实施过程的真实经验。研究发现，学生的政策执行过程与个人利益、动机、信仰和经历的重构与协商密切相关，同时受其他政策参与者及行为的影响，故处于动态变化之中。学生如何执行政策离不开其所处的特定背景及该背景下的权力等级制度，而当学生的兴趣、动机和信念与其他政策参与者发生冲突时，处于权力等级底端的学生往往会妥协。本研究有助于从学生的角度理解教育政策执行的复杂性，并据此提出对教育决策和政策实施的实质性建议。

质性研究方法简评

作者使用叙事研究的方式，对一名来自中国某双一流院校翻译专业23岁研究生杨同学进行了追踪式研究。因研究关注受访者作为政策执行方的经历及看法，而叙事研究能通过捕捉一个人或少数人的详细故事或生活经历帮助研究者有效、深入理解受访者经历，故本文选用叙事研究方法，对受访者在特定情境下实施政策的过程进行细致描述(thick description)，并以此凸显政策执行过程的复杂性、动态性。同时，在叙事研究中，研究人员与受访者共同构建叙事，有利于在对话中引导受访者对影响政策执行的不同社会力量深入反思，包括但不限于不同政策执行者的行为、文化观念和利益等。本文在研究问题和研究方法的选取上具有一致性和适配性。访谈对象的选取遵循便利化和自愿原则，方便研究者获取长期、深入的叙事数据。鉴于叙事研究强调受访者的个人经历及所处的社会文化环境对其经历、看法的影响，本文在"Research context and participant"部分首先对受访者的家庭、专业学习经历、学习目标、所在院校、专业的基本情况进行了介绍。

　　该研究的数据包括书面叙事和口头叙事两种形式，收集方法为半结构化访谈、日记和非正式对话，其中访谈和日记为主要数据来源。访谈有利于研究者获取与所涉主题相关的内容，而受访者日记虽然缺乏对研究主题的明确关注，但有助于研究者获得更加真实、自然和贴合受访者的数据。非正式对话则是对日记和采访的补充，以引出受访者对政策执行过程中相关行为的解读，例如，如果研究者在日记数据中发现了一个新主题，则会在后续对话中对此进行进一步的讨论，从而更深入、全面地了解受访者的政策执行过程。总体而言，叙事研究设计中的多数据源相辅相成，构成了三角互证，有利于增强研究者在数据解读、分析和报告呈现方面的可信度。

　　关于数据分析，该研究的编码过程遵循克劳迪尼和康奈利（Clandinin et al.，2000）的三维叙事探究模型，关注重点随时间推移，也受各类权力等级的交织影响。该研究从受访者在政策实施经历中的互动性（interaction）、连续性（continuation）和情境性（situation）三个维度展开分析。互动性维度侧重于探究个人感知、价值观和情感与社会互动之间的关系。因此，研究者在编码时重点关注受访者的个人兴趣、信仰和动机如何与其他政策参与者产生互动。连续性维度指受访者现在的感受和行为不仅受到过去经验的影响，也塑造未来的发展方向。因此，编码涉及受访者过去的经历和兴趣，以及二者在本学期的涌现过程。最后，情境性维度指叙事中的交互和连续性均发生于特定的语境或场域中，因此，研究者在编码时会仔细研究当地情况和权力关系，以揭示情境因素和社会文化因素如何影响受访者的政策实施过程。叙事分析框架能够帮助研究人员在信息量丰富的叙事中捕捉到时间、语境与人之间的微妙关系，全面呈现并解释受访者在政策实施过程中的行为及影响因素。

　　经过详尽的数据收集及分析，作者在呈现研究报告时使用了主题报告的形式，报告分为五个部分，各部分均引用受访者的原文来概括其主题。除直接引用受访者日记或采访片段外，主体内容均以第三人称口吻、按时间顺序排列，展现了受访者在政策执行过程中态度及行为的动态变化过程，阐明了其与所处政策实施环境、多方主体的互动关系。

思政元素分析

　　以往的语言教育政策研究通常关注教师及项目管理人员、行政人员等在政策实施过程中的能动性，较少关注学习者所发挥的作用。本文聚焦政策自下而上执行过程中的微观群体（即学生），观察他们是如何积极地应用其所在专业的毕业政策的，最终发现不同学生虽然身处同一政策执行环境，但其学习动机、学习目标的差异会引发其不同的行动轨迹。同时，受当地环境和其他政策执行者的影响，如缺少师资、项目管理员与老师相对轻视任务完成质量等因素，学生的学习热情也可能经历从高涨到逐渐消退的过程，由积极执行政策、开展自主学习、力求达成自我设定的专业目标转变为相对消极的完成规定即可。这也提醒我们，要关注学生的能动性，可考虑采用叙事研究，以突出学生的主体视角的方式，更深入地理解学生的认知、兴趣和学习目标等内部要素。通过凸显学生的声音，或许可发现课程思政落实过程中的人员、资源等配备是否符合学生需求。鉴于学生位于政策实施的权力等级的较低位置，受中层、上层影响较大，教师、行政人员和各级单位应据此调整政策文件和落实、监管程序，为学生创造更加有利于课程思政实施的外界环境。

✎ 作业

1. 简答题

(1)什么是叙事研究？

(2)叙事研究有哪些类别？

(3)叙事研究有哪些特点？

(4)叙事研究中数据收集和分析要注意的事项有哪些？

2. 实践题

结合自己的语言学习或教学经历，设计一项应用语言学中的叙事研究，要求体现叙事研究的流程、步骤、特点。

第 3 章

个案研究

课前思考

• 如果你是一名新医生,每天都会整理患者的问诊记录,由于每位患者的情况有别,你会怎样整理这些记录,又会怎样进行治疗?

• 试着去了解一下身边同学们的学习经历,总结大家的成长道路有何不同。

• 结合以上两个场景,你认为什么是个案?什么情况下研究者会对个案进行研究?

• 在进行个案研究时,你会采用什么研究工具收集数据?

3.1 个案的定义

要了解什么是个案研究(case study),首先是要了解什么是个案。以医生治疗为例,当医生面对不同的病患时,会先充分了解病患的病史,针对不同情况建立病患的专属档案,采取合适的治疗方式。比如,考虑是否采用手术治疗时,医生为中年患者和老年患者设置的治疗方案会有所不同。每一位病患不同的个人病史和特征构成了一个又一个的个案,医生会针对不同的个案特点采取不同的治疗方式。

在应用语言学的质性研究中,个案的范围很广,可以是人,如老师、学生、作者等,也可以是富有典型特征的一个群体,如家庭、班级、工作小组等,也可以是一个项目、一个国家或是其他的实体(Duff,2014,2020)。文秋芳等人(2004)认为任何一个现象(如老师、学生、班级、学校、语言政策、教学方法)都可以称作是个案。以上是在操作层面对个案的定义,也有上升至理论层面的定义。胡德(Hood,2009)提出,个案是一个有界系统,系统由个体、机构，或实体和环境组成，社会行为在系统中发生，而系统的边界具有不明确的特点，通常边界范围取决于研究者的研究兴趣。对于"有界"系统的理解，似乎过于抽象，这里举例详细说明。

当我们想要研究课堂中的学生学习情况，研究的有界系统就设置在了课堂，课堂中一切会对学生学习效果产生影响的实体，如老师、同学、课本、多媒体工具等，都可以纳入研究的考虑范围。当我们把研究从课堂转向学校，试着研究某个大学的学生学习情况，这时的有界系统就扩大了，变成了学校，学校中一切会影响学生学习效果的人和事物都可纳入研究，如学校的教学政策、教学基础设施、教师资源等。如果我们研究的是网络学习环境下学生的学习情况，有界系统也随之变化，变成了网络学习环境，那么这时的网络资源、网络学习社群等都可能成为研究时所需关注的对象。因此，不论是操作定义还是抽象定义，都点明了选取个案的两大原则：一是个案的选取范围广，但是有界的；二是要根据研究目的确定研究的个案范围。

3.2 个案研究的定义

在明确个案是什么之后，我们再看什么是个案研究。个案研究方法是质性研究中的常用方法，这是否意味着个案研究都是质性的？其实不然。虽然有学者认为个案研究属于质性研究范式（文秋芳等，2004；张静，2018；Creswell et al.，2018），但在实际的个案研究中，我们会发现也可能在数据汇报部分有量化数据的出现（姜琳等，2021；冯苁苁等，2019）。因此，个案研究可以是量化的，特别是支持质性和量化混合的个案研究方法（Flyvbjerg，2006；Hood，2009；Yin，2014）。或者我们可以说，个案研究是以质性为主导的解释主义研究方法（Duff，2020），但其并非是纯质性研究方法，它不排斥定量的方法。个案研究更像是一种研究的理念而非有着硬性规则的方法，它的使用非常具有灵活性（Gerring，2004），不应被限定在质性方法之中。

国内学者们认为个案研究没有统一的定义，研究重点和研究对象的数量可以是一个或者几个，核心是对某一特殊案例或是几个案例进行细致深入的研究（杨鲁新等，2012）。研究者选择某个视角深度了解研究对象的观念、态度、行为等（文秋芳，2011）。通过多渠道收集数据，全面深入地研究一个或几个个案（文秋芳等，2004）。

国外的学者们也对个案研究有多种定义。早期斯德克（Stake，1995）的定义还未能提到一个研究中会包含多个案例，只强调了研究是对单个案例的特殊性和复杂性的研究，以此了解其活动的重要状况。从研究的背景和对象出发，达夫（Duff，2014）认为案例是对特定的语言、社会或教育背景下的个人经历、问题、见解、发展路径或表现作出的深入研究。而最为抽象且概括性的定义来自克鲁斯威尔和珀斯（Creswell et al.，2018），通过将上文对个案的定义（即有界系统）的延伸，他们提出个案的研究者会通过细致深入的数据收集，探究随时间推移的现实生活中的当下有界系统（一个案例）或多个有界系统（多个案例）。罗伯特·K. 殷（Yin，2014）也同样采用边界的意象进行定义，认为个案研究是在现实语境中调查当下现象（案例），特别是当现象和语境之间的边界可能不明显时。达夫（Duff，2014）还从与量化研究对比的角度来定义个案研究，尽管上文我们已经认识到个案研究也可以包含定量元素，但多以质性为主导，且达夫的定义更多是集中于个案研究的特征上，他认为个案研究不是像在一些定量研究中那样基于更多的样本或对语言学习者的调查中得出的统计模式或趋势而进行讨论、假设和发现的。

我们可以发现，对个案研究的定义，不论是国内还是国外，学者们统一的认识都是要对研究对象进行深入细致的研究。那么，在什么情况下我们会选择个案研究方法进行细致深入的研究？罗伯特·K. 殷（Yin，2014）提出三个参考角度：①研究问题角度：主要研究问题是"如何"或"为什么"的问题时；②研究者角度：研究者很难或根本无法控制行为事件时；③研究焦点角度：研究的焦点是当下的（而不是完全的历史）现象。克鲁斯威尔和珀斯（Creswell et al.，2018）也强调当研究目的是深入描述和分析一个或多个案例并得到理解性知识时，我们可以选择个案研究的研究方法。

3.3　个案研究的特征

个案研究的基本特征可以从研究者角色、数据收集过程、数据分析特征三个方面进行认识。第一，研究者角色。在个案研究中，研究者是一个浸入式的角色而不是像量化研究中一样的控制者角色，研究的"现实是多重的，矛盾的且会改变的，在这样的条件下，研究者成为研究中不可分割的一个部分"（Hood，2009）。换句话说，研究者在个案研究中以非局外人的身份参与研究，研究者与研究对象，特别是研究的受试者，往往会保持一个良好甚至亲密的关系，以便得到更加深刻的数据，从而进行深入的研究。第二，个案研究数据的收集过程有着大多数质性研究的特点，即数据收集的时间相对较长且数据量大，采用长时间的历时研究居多（Hood，2009）。历时长的数据收集特征也再次印证了个案研究的深度，即研究的时长较长可以让研究者收集到更加丰富的数据资料从而进行深入研究。第三，个案研究还具备主观性较强的特点，这同样是质性研究中比较突出的特点之一。对个案研究中质性数据的解读千人千面，所以对这些个案数据的理解不可能是绝对的真理，这种灵活的解读特征也引起众多研究者质疑个案研究的可信度（Hyett et al.，2014），尽管理解数据的感性特征而非寻找理性的结果本身就是质性个案研究的特点，我们作为质性个案的研究人员无须对此有所忌惮，但为了避免偏见，研究者还会采用备忘录（memo）等方法记录自己在解读数据时的思维逻辑发展（Snyder，2012），以此提高自身研究的可信度，或采用混合方法再辅以量化数据证明结果的信效度。综上，从定义和特点出发，个案研究的特点包括"有界深入、多重角度、特殊个性化、情境化、解读"（Duff，2007）。

在对个案研究定义和特征有所了解后，我们发现很多地方个案研究与民族志研究方法极其相似。达夫（Duff，2008）区别了两个研究方法，点明个案研究方法主要关注的是个体或者实体的行为或特点，而民族志的研究是通过参考文化内涵来理解和解读群体的行为、价值、结构，民族志的研究偏重于更加宏观的文化方面而个案更为微观。罗伯特·K. 殷（Yin，2014）认为一个文化群体可以被看作个案，当是民族志研究时我们会偏重对文化进行研究，探究文化是怎样影响群体的，而个案研究则是对个案的事件或是问题进行深入剖析。在此基础上，也有民族志个案研究，它是将社会文化群体作为个案进行的民族志研究，而事实上个案的民族志和非民族志的特征界限较为模糊，实际的研究中会有重叠的部分（Duff，2014）。但总的来说，民族志的研究偏重于个案中的文化部分。

3.4 个案研究分类

最基础的个案研究分类是按照案例数量进行分类的，通常可分为单个个案研究和多重个案研究，个案的多少取决于研究是否具有可复制性（Tellis，1997）。斯德克（Stake，1995）和罗伯特·K. 殷（Yin，2003）的分类方式更具普遍性，他们都是出于个案研究的形式出发的分类。斯德克（Stake，1995）将个案研究分为三类：个案内部研究、工具个案研究、多重个案研究。个案内部研究集中于个案本身，个性化特征明显；工具个案研究旨在找到问题的症结所在，从个案出发寻找未来类似事件发生后的解决方案；多重个案研究则是个案数量较多，其中有几个代表不同情况的个案，通常多重个案的研究可以增强个案研究的普遍性，便于寻找个案之间的共性（Creswell et al.，2018）。罗伯特·K. 殷（Yin，2003）的分类更加系统，他认为个案研究可分为探索型、描述型和解释型。探索型研究主要用于研究者对个案知之甚少时，通常可作为先导研究，可能会作为后续问卷调查量化研究的铺垫，最后得到普遍性规律；描述型个案研究和斯德克分类中的个案内部研究类似，着眼于个案本身，进行个案特征的典型描述；解释型个案研究通常是历时研究，研究目的是解释个案现象的本质因果。

3.5 个案研究的研究问题与工具

个案研究的研究问题主要围绕"What""Why""How"的问题进行深入展开（文秋芳等，2011），尤其以"Why"和"How"的问题居多（Yin，2014）。值得一提的是，个案研究的问题会随着研究者对研究现象的认识逐渐深入而有所变化或调整，如研究者与研究对象的关系更加亲密之后因挖掘出更深层次的结论时会适当调整研究问题（Hood，2009）。

最为常见的个案研究方法是采用访谈工具获得对个案的深入认识，也有观察法、反思日记、文件、档案、语音视频材料、图画、艺术品等的数据收集办法和数据来源（Yin，2003；Creswell et al.，2018）。总的来说，研究者往往会事先拟定初步的研究问题，根据研究问题选择合适的研究方法（Flyvbjerg，2006），再随着研究的深入，调整研究问题，考虑是否需要结合新的研究方法增加数据，实现数据的三角验证。

3.6 个案研究的操作步骤

个案研究的操作步骤通常是一个循序渐进、往复深入的过程。具体而言，克鲁斯威尔和泊斯（Creswell et al.，2018）总结了五个循环步骤：①确定研究问题是否适合采用个案研究的研究方法；②明确研究意图是什么以确定使用哪种个案研究类别，并确定个案对象的抽样步骤；③利用多种数据来源和工具，制定具体的数据收集方法，并收集相应数据；④根据主题和个案所处环境的信息对数据进行全方位的分析；⑤汇报并总结对个案的感觉和理解。在实际的个案研究操作中，研究者往往为了得到更加完整深入的数据而多次循环以上五个步骤。比如，在对学习者能动性的研究中，研究者从学习者的访谈数据中得知学校的一些英语教学政策会对学习者的能动性产生影响，这时研究者可能会基于探讨原因的目的而收集该学校英语教学政策的一些文件数据，再从这些文件出发，制定访谈大纲，进一步了解该学校的英语教学政策对学习者能动性的影响。

文秋芳与韩少杰（文秋芳等，2011）同样归纳了个案研究的五个基本步骤：确立总问题并细化问题；选择典型个案或特殊个案（确定个案类型）；确定数据收集的方式、工具并拟定数据收集时间计划；采集数据；分析数据。在五个基本步骤之上还特别强调了文献阅读在每一个步骤中的重要作用。所有的研究步骤都应建立在理论文献的指导和实证文献的创新上。

渠敬东（2019）和耿曙（2019）在"典型个案"策略中提到个案研究的基本步骤：首先"总体把握"，其次"选择典型"，最后是"总体把握"与"个案解读"间的往复循环，在过程中逐步提升理解。"总体把握"是在选择个案前，研究者先通过宏大理论视角、学界既有研究、个人尝试探索等，对研究对象进行"总体把握"。"选择典例"是根据总体属性，挑选能够最大限度地体现某一类别的社会现象之共同属性的个案。好的个案研究会在"总体把握"与"个案解读"间往复循环——总体把握指导个案解读，而个案解读时的发现又有助于提升总体把握，提升后的总体把握又能更好地指导个案解读。

综上所述，个案研究的研究步骤并非完全直线型由开始通往结束，而是在开始之后的许多步骤节点之间，甚至是在结束步骤节点都有可能往复循环的。更形象一点，个案研究整体上是由许多直线式过程组成的螺旋式上升的研究步骤，研究结果必然深入推进。

3.7 个案研究的意义

个案研究的地位一直举足轻重且将日益繁荣，其在人类学、考古学、商学、教育学、历史学、医学、政治学、心理学、社会学等学科中都占据首要地位（Gerring，2016）。从上述个案研究的定义及特征中我们可以得知，个案研究是一种能够"以小见大"的研究方法。在人类认知发展方面，个案研究起到不可忽视的重要作用，依靠个案的研究方法，我们能够深入挖掘知识，从而精准了解知识。人类认知的发展是由点到面、逐渐扩充的过程，在个案研究中，通过对独特事物展开深入的挖掘式探究，研究者能够将独特知识与一般性知识建立起某种关联，得到已有知识与具体案例的对照（张静，2018），从而获得认知上的发展。在外语教学的研究中，达夫（Duff，2014）认为个案研究在理论和模型的构建上发挥着重要作用，研究的结果往往能够影响教育政策和实践，也能够帮助实践者和利益相关者更好地去理解在社会教育和语境中影响人们的经历和事件。

此外，个案研究在外语教学研究中常被用于探究教与学的过程（杨鲁新等，2012），作为过程性的研究方法，其应用价值显著，特别是由于当前的外语教学研究应更加注重学生的学习发展过程而非学习的结果（Lantolf et al.，2006）。这一研究重点十分契合当前所倡导的"重结果更重过程"的教学理念，不论是在研究还是在教学中，教师的这一理念如能够潜移默化传递给学生，将有助于学生淡化得失心，享受学习的过程，对学生心理健康发展能够起到积极作用。再回到个案研究方法本身，方法充分遵循矛盾辩证法，研究者通过该方法从特殊点出发探究教与学的过程规律，是矛盾的特殊性与普遍性规律的充分体现。规律告诉我们矛盾运动存在于事物发展的过程中，矛盾的普遍性和特殊性相互联结。一方面，普遍性寓于特殊性之中通过特殊性表现出来，另一方面，特殊性离不开普遍性，特殊事物总是和同类事物中的其他事物有共同之处，体现普遍性。正所谓一花一世界，一叶一菩提，这是个案研究方法的精髓所在。更应值得我们肯定的是，研究者运用个案研究方法解决研究问题和发展自身知识的同时，也通过实践体会了辩证法规律，这也是课程思政在外语教学研究中对研究者和教师的意义。

3.8 个案研究人员的基本素养

个案研究人员除了具备质性研究的基本素养之外，还应有针对个案研究的具体基本素养要求，如工具选取能力、处理受试对象关系能力、灵活把控研究能力、解读数据能力等。

• 研究者要善于针对个案的不同情况，挑选合适的工具进行个案研究（Hood，2009）。

• 研究者要坚定自身的角色位置，既要和研究对象保持良好关系，又要能够客观地分析数据，避免私人情感对数据解读的影响。

• 研究者要有极强的适应能力，灵活应对研究中出现的各种状况(Yin，2003)。

• 研究者要对大量数据中的重点有敏锐的捕捉能力，能够洞悉事物的本质，从而解答问题。

3.9 经典案例

> 李琛，杨鲁新，2022. 社会文化理论视角下学术英语读写课中的学习者能动性个案研究[J]. 现代外语，(3)：394－405.

内容概要

在社会文化理论的指导下，该研究采用个案研究的研究方法，对硕士研究生的读写实践经历进行了历时跟踪研究。研究重点探究了一个小组中五名焦点学生的能动性表现及其影响因素。研究背景依托一学期的学术英语读写课程，数据来源是学生们提交的文本分析报告、个人反思、同伴反馈。经过反复阅读数据材料、确定操作定义、使用 NVivo 软件对数据材料进行主题分析，研究发现，①学生能够根据自身需求，有意识反思、选择并使用学术英语读写课程中提供的中介资源开展学术英语读写学习活动；②学生在课下参与的文本研读、小组对话和同伴反馈活动能够增加其与阅读文本、理论知识、学习同伴和产出语篇之间的对话机会，促进其能动反思。该研究对于英语教师在研究生读写课堂中应如何提供多种中介资源、有意识提升学习者资源感知、帮助学生利用资源促进学习有很大的启示作用。

质性研究方法简评

该论文将研究硕士研究生的读写能动性及其影响因素作为个案，将有界系统设置在学术英语读写的课堂中，即"研究场域是硕士研究生课程'文献阅读与写作'"。研究在该课堂中寻找影响学习者能动性的因素，总结出结构、概念、态度等资源的中介影响因素。这是一种需要深入细致分析个案，从而得到理解性知识——找到能动性的表现和其影响因素的研究，因此该研究采用个案研究的研究方法。

研究具有个案研究的基本特征。具体来看，研究历经一学期的课程，探究了学习者读写课的学习过程中的能动性表现，是一个历时性的过程研究。研究者是浸入式的角色，虽在论文中未能详细说明，但可以看出研究者是沉浸式地收集数据，其角色可能为课程教师或助教。为了尽可能增加数据分析的可信度，研究者在编码时采取了"先汇总归类并反复阅读各数据材料、制定操作定义、运用 NVivo 软件进行主题分析"等一系列操作，在主观解读数据的同时保证解读的信度。在个案研究的分类上，该研究属于对多个个案（五名学生）特性进行总结，找到个案间的普遍共性（Creswell et al.，2018）。同时该研究也属于解释型个案，是历时研究且其研究目的是解释个案现象的本质因果（Yin，2003），即找到影响能动性表现的因素。此外，该个案研究的研究问题有两个：一是学习者的能动性是如何表现的；二是学习者能动性作用的发挥受到哪些因素的影响。该研究主要围绕"What""Why""How"的问题进行深入展开（文秋芳等，2011），符合个案研究的研究问题形式。该研究的步骤也遵循个案研究的步骤：先是确立了研究的主题是学习者能动性及其影响因素，细化了两个研究问题，选择了五名硕士研究生作为案例典型，且根据个案研究问题确定数据的收集来源是文本分析报告、个人反思、同伴反馈，最后对收集的数据进行了粗加工(如先汇总归类并反复阅读各数据材料)和细加工分析(运用 NVivo 软件进行主题分析)。

总的来说,该论文也体现了个案研究的研究意义,论文从探讨五名研究生学术英语读写课程中的能动性表现出发,探究能动性表现及其影响因素之间的关系,是一个用小个案见大教学的研究。通过从个案中探究学习者能动性表现及其影响因素,研究能够将得到的结果用以启发教师认知,并且作为参考帮助教师今后的教学实践。这种对学习过程表现和影响因素的个案探究,也同样与社会文化理论倡导的重视"教与学过程"的研究(Lantolf et al.,2006)不谋而合,因此,在社会文化理论的指导下,该研究有方向地进行了过程研究。

思政元素分析

从研究内容上来看,研究学习者能动性表现及其影响因素,有利于指导教师认识激励学生发挥学习主观能动性的诱因,从而在教学实践中利用这些影响因素帮助学生形成积极的学习能动性。培养学生发挥主观能动性,能够养成学生勤学好问、力学笃行的良好学习习惯,学生在主观能动性的作用下,能够积极主动认识世界和改造世界。不论是外语课程学习还是专业课程的学习中,在发挥主观能动性的前提下,学生将运用语言知识学习国内外先进文化知识,也能够调动各种学习的中介资源,努力学习专业的科学文化知识,为全面建成社会主义现代化强国贡献力量。

从研究方法上来看,个案研究方法的以小见大是矛盾普遍性与特殊性的体现,在个案研究的意义中,我们提到个案研究方法本身是一个充分遵循矛盾辩证法的研究方法。研究者通过该方法从典型案例(即特殊点)出发探究教与学的过程规律,遵循了"事物的普遍性寓于特殊性之中并会通过特殊性表现出来"这一事物发展的矛盾运动规律。从个案特殊性的研究中研究者能够探索出同类事物中的共同之处,归纳普遍性,从而提升认识予以实践。在这个案例中,研究者通过对五名学生的能动性表现和影响因素进行个案研究,从学生们的表现中寻找共同之处,归纳普遍性的能动性表现及影响因素的规律,进而为外语教学提出如何培养学习者能动性的指导意见,是事物矛盾特殊性与普遍性规律的充分体现。

作业

1. 简答题

(1)什么是个案？什么是个案研究？

(2)在什么情况下会选择个案研究？

(3)个案研究的特征有哪些？

(4)个案研究有哪些分类？

(5)个案研究的研究问题特征有哪些？

(6)个案研究通常用哪些研究工具收集数据？

(7)个案研究的研究步骤有哪些？

2. 实践题

在某专业本科生的学术英语写作课上，老师要求学生们以小组为单位完成一篇学术论文。你作为课程助教，发现每个小组中的学生在完成学术论文写作任务中的参与度都有所不同。为了帮助学生们提高小组活动的参与度，你尝试探究小组学术论文写作任务中学习者的参与度与其影响因素。请以此为主题，采用个案研究方法，设计研究方案。

第 4 章

民族志研究

- 当你听到"民族志"这个词时，你会想到什么？
- 你是否读过民族志作品或看过任何民族志纪录片？如果有，这些研究是在什么样的情况下进行的？
- 你认为哪些类型的研究适合采用民族志研究法，哪些类型的研究不适合采用这种研究方法？为什么？
- 根据你对民族志研究法的了解，列出这种研究方法的优势和劣势。

4.1　民族志研究的概念

民族志研究(ethnographical research)是一种由人类学家开创的质性研究方法。它通常是指人类学家进行田野工作、做田野笔记的过程，以及在这一过程中所使用的方法(王鉴，2008)。

虽然民族志研究是由人类学家开创的，但随着时间的推移及其应用范围的扩大，民族志研究被广泛运用于文学、医学、教育学、经济学等诸多领域。民族志的形式也愈发多样，包括语言学民族志、女性主义民族志、聚焦民族志、忏悔民族志、自我民族志，以及在互联网时代的网络民族志等。鉴于民族志的形式繁多，文献中对其定义并无统一的定论(李茨婷等，2015)。

以下列举了一些著名学者给出的民族志研究的定义，从这些不尽相同的定义中我们可以总结出一些共性，民族志研究的主要目的是充分了解一个群体，以创建一幅属于该文化社区的人们如何共同生活、工作的深度画像，这一任务通常是通过对研究对象的长期观察甚至参与到研究对象的日常生活中来完成的。

Ethnography is the study of people in naturally occurring settings or "fields" by methods of data collection which capture their social meanings and ordinary activities, involving the researcher participating directly in the setting, if not also the activities, in order to collect data in a systematic manner but without meaning being imposed on them externally (Brewer, 2000).

Ethnography is a study at first hand about what people do and say in a particular context (Hammersley, 2006).

Originally developed in anthropology to describe the "ways of living" of a social group (Heath, 1982), ethnography is the study of people's behavior in naturally occurring, ongoing settings, with a focus on the cultural interpretation of behavior (see also Firth, 1961; Hymes, 1982; Watson-Gegeo, 1988).

An ethnography originally came from anthropology with aims to analyse human's ways of life(or culture)holistically, relativistically and comparatively (Zaharlick, 1992).

Ethnography is an account of someone's observation of and experiences with a community and their cultural practices in specific contexts. It usually is aimed at offering a "thick" description and interpretation of what is happening in the community at a particular time and place (Li, 2019).

4.2　民族志研究的发展阶段

民族志的发展由来已久，但不同学者对其发展阶段的划分却存在不同认识。学界通常将民族志的发展分为业余民族志、科学民族志、反思民族志三个阶段(高丙中，2006；彭兆荣等，2009)。

中国古代的《山海经》、二十四史中的《蛮夷传》、西方的《马可·波罗行记》等民族风俗志都可被视为最早的业余民族志。这一阶段的民族志具有自发性、随意性和业余性。

1922年，英国人类学家马林诺夫斯基的著作《西太平洋的航海者》的出版标志着科学民族志时代的到来。在该作品中，马林诺夫斯基总结了自己的田野调查经验，确立了科学民族志的准则，即科学的民族志必须做到搜集资料的主体与理论研究的主体保持一致。除此之外，科学民族志还包含这样一些对研究者的基本要求：①选择特定的社区；②进行至少一年的现场调查；③能够使用当地语言；④先从本土的观点参与体验，但是最终要达成对研究对象的客观认识(高丙中，2005)。马林诺夫斯基的研究奠定了现代人类学的学科基础，他对民族志和田野作业的科学规则的陈述对人类学被作为一门科学被世人所接受发挥了关键的作用。

在民族志发展的第三个阶段，知识创新的批判精神渗入实际调查的经验方法中，催生了人类学的反思意识，民族志被置于反思性审视维度中。这一时期出现了很多影响深远的民族志研究作品，比如拉比诺的《摩洛哥田野作业的反思》。这本书的创新之处在于它改变了民族志以田野作业单方面记叙为主的形式和以研究对象群体的故事为主的内容，把田野作业过程本身作为记叙的对象，实现了"通过对他者的理解，绕道来理解自我"。它对人类学知识生产方式的卓越反思产生了深远的影响，在今后的研究过程中成为反思人类学的代表作。

在此以后的很长一段时间里，民族志都是记叙异民族的奇特或神秘的现象的，而具有较高科学性的田野作业过程对于非研究人员来说也是难以实施的。拉比诺在民族志中展现了这个兼具神秘性和科学性的过程，也展现了其作为研究人员在研究对象群体中所获得的全新站位：他在调查中并非客观的观察者，而是以参与式观察的视角，以一个活生生的人的身份在行动；他的观察也并非纯粹的外部理解，而是始终以问题意识为导向，从观察者的视角解读文化。同时，研究对象的群体也被当作是复杂的人，并非只是被观察者，他们也在主动利用他。

在这一阶段，民族志的不同写作风格也被纳入反思的范围。1986 年，詹姆斯·克利福德和乔治·马库斯的《写文化》挑战了民族志的主-客体单向关系的科学性，同时引发了一场对于反思的、多声的、多地点的、主-客体多向关系的民族志的广泛实践和实验。该书在出版后的几十年里，成为国际人类学界引用得最多的一本书，并且在人文科学及其他社会科学领域产生了广泛的影响。后来的发展说明，《写文化》的出版是民族志发展进入新时代的标志。

也有学者根据民族志书写中的主客位关系，将西方民族志的演变分为主位描写、客位描写、双向描写三个方面，然后又根据不同学派的主要特点将这三个方面分为六个阶段(表 4-1)。第一阶段是博厄斯学派所提倡的经验主义的田野调查，即相对民族志，属于主位描写。在 19 世纪末，博厄斯前往阿拉斯加，对当地的文化进行了广泛而精确的记录，这项研究可视为参与观察法的起源。马林诺夫斯基开创的科学民族志,是第二阶段,也属于主位描写。列维-斯特劳斯开启了第三阶段,即理想民族志,主张以局外人的身份对异文化进行客位描写。第四阶段的阐释民族志主张对文化进行解释,从客位出发理解被研究者。第五阶段的反思(实践)民族志是对前两个阶段的深化,强调在实践与反思中去检验理论。第六阶段的反观民族志则主张打破以往主客位研究间的二元对立,实现对研究者与研究对象的双向、互动描写。这六个阶段经历了从以被研究者为中心的"主描",到发挥研究者主观能动性的"客描",再到强调彼此互动的"双描"(张继焦等,2022)。

表 4 - 1　西方民族志演变的六个阶段及其不同特点(张继焦等,2022)

民族志阶段	出现时间	代表人物	描写方式	主要特点
相对民族志	19 世纪末 20 世纪初	博厄斯	主位描写	文化相对论、历史特殊论
科学民族志	20 世纪 20 年代	马林诺夫斯基	主位描写	描述土著人眼中的世界
理想民族志	20 世纪 60 年代	列维-斯特劳斯	客位描写	局外人追求原始世界与社会结构
阐释民族志	20 世纪 60 年代后期	格尔茨	客位描写	理解他人的理解
反思(实践)民族志	20 世纪 70 年代	拉比诺、马尔库斯、费彻尔	客位描写	把对对象的研究作为研究对象
反观民族志	20 世纪 80 年代	布尔迪厄	双向描写	强调以主客体为代表的各类二元关系的互动

4.3　民族志研究的过程

民族志研究的过程主要分为三个阶段:准备阶段、田野工作阶段、民族志撰写阶段。每个阶段中都包含着大量的任务。

第一阶段是准备阶段。在任何类型的研究中,理想与现实之间总是存在一定的差距。在民族志研究中,由于研究者需深入田野之中,与自然环境中的人打交道,其中的不确定因素就可能对原定的研究进程产生阻碍(Pawson,1999)。因此,在使用民族志研究法进行研究之前,研究者就需要设计出缜密而富有灵活性的研究方案,并根据实际情况及时调整。在这一阶段,研究者需要在回顾相关文献、考虑个人研究兴趣及整合可用资源的基础上,选定研究主题，确定研究问题、调查群体及田野点（field），然后根据研究问题熟悉前人的理论成就及有关调查群体的基本情况，拟定调查提纲（Brewer，2000）。同时，研究者需获得被研究群体的准入许可。对于参与式观察来说，在研究背景的选择上，应该选择那种能使研究者自然地进入、自然地参与其中、容易为当地社区接受且能较快熟悉所观察社区的背景（风笑天，2005）。

第二阶段是田野工作阶段。田野工作阶段是整个民族志研究中的核心部分。在这一阶段，研究者首先需要进入调查地点，取得研究对象的信任，与研究对象建立友善的关系，并参与到研究对象的日常生活中。如果研究对象始终将研究者视为"外人"，那么研究者就很难获取民族志研究中极为重要的主位（emic）观点以及真实有效的资料。在此过程中，研究者应把握好人与人之间相处的节奏，不能操之过急。

研究者可以通过实地观察、在自然情境中的访谈、查阅文献等多种方法收集研究资料，并尽数记录收集到的数据。研究者的田野笔记需要包括观察过程中的各种细节、对事件的深入描述、对观察到的事物的即时思考等。在记录的过程中，研究者个人反思的部分必须与描述事实部分有明显的区别。研究者可以采用边记录边整理的方式，不断地对收集到的原始数据（如照片、录音、笔记等）进行梳理和总结，反思研究问题，并对接下来的工作方向进行及时的调整。

第三阶段是民族志撰写阶段。民族志研究的呈现一般包括描述和诠释两个部分。在民族志撰写阶段，研究者需要将田野工作中收集的资料转化为文本，描述所观察群体的文化特性，对资料进行深描（thick description）和深度阐释后报告研究的结果，以及个人的想法、形成的理论或假设。在这一阶段中，研究者尤其需要注意把握主位（emic）和客位（etic）之间的关系。

主位研究是指研究者尽可能地采取当地人的方式，去思考和阐释一些文化现象，或通过听取当地人对事物的认识和观点进行研究。主位研究将当地人放在更重要的位置，把他们的描述和分析作为最终的判断。

客位研究是研究者以外来观察者的角度来理解文化，以科学家的标准对当地人的行为或文化现象进行解释，用比较的和历史的观点看待所收集到的民族志材料。

4.4　民族志研究的特点

民族志研究是自然的。民族志研究强调在自然环境中进行探究，数据收集主要是在实地进行的，即进行田野工作。

民族志研究是真实的。民族志研究都是在真实社会环境下完成的，研究者会观察人们在真实的"原始"状态下的表现。由于各种原因（如羞于启齿或不善表达等），研究对象可能会隐瞒或无法透露自己的真实想法。研究者可以通过观察人们在特定环境下的真实行为和其他人对他们行为的评论来克服这些局限。民族志研究者关注人们的真实行为，尤其倾向于关注一些"言行不一"的情形。

民族志研究是开放的。民族志研究不是以理论或者假设为先，而是从资料收集开始，在整个研究过程中，研究假设是开放的，收集资料的目的是形成假设。

民族志的研究是灵活的。民族志研究的问题是在田野收集资料中发展和确定的，研究过程根据现场情景和收集到的资料灵活安排，关于研究计划、时间进度、访谈安排、研究设备等，都是根据当时情况弹性进行的。

民族志研究是长期的。一项民族志研究通常需要研究者花费数年时间。只有通过长期深入的观察，研究者才能了解研究对象的生活环境，并与研究对象建立信任与亲切的友好关系，并对研究对象的一些行为模式作出正确理解和阐释。

民族志研究注重整体性，它要求研究者从整体的角度关注研究情景，形成对某一文化的整体观念。

民族志研究是深度的。在撰写民族志报告时，研究者需要对收集到的数据进行详细的描述，同时大量引用研究对象的原话，以便向读者生动地复现采访时的情境。这种深描也要求研究者需要向读者深入解释当地人的言行和思想观念，透过现象看本质。

4.5 民族志研究的数据收集

在民族志研究中，研究者可以根据实际情况，灵活地采取多种方式收集数据。下面介绍几种民族志研究法中最常用的数据收集方式。

参与式观察（participant observation）是民族志研究法中最常使用的一种数据收集方式。研究者需要在尽可能地融入研究对象生活环境的基础上，参与当地人重要的仪式以及日常活动，细心地观察研究对象自然产生的言行来生成主要的研究数据。这种观察会得到主位观点，即站在被调查者的角度和立场，用当地人自身的观点去解释他们的文化，也就是所谓的从"内部看文化"的观点（卢卫红，2013）。同时，研究者在此环境下的个人感受以及态度也会构成一部分的研究数据。

通过参与式观察获取到的数据会受到一部分来自研究者的"外部"影响，因为研究者在该环境中的经历以及对被研究群体的理解是研究数据的核心部分。根据 Burgess(1982)的观点，参与者观察中数据收集的主要工具是研究者。因此，成为观察者的研究人员必须培养一些个人素质，其中最重要的一点就是保持自己同时作为"内部人"和"外部人"的地位平衡。与此同时，研究者也需要获得被研究人员的认同与亲近。随着时间的推移和观察的深入，研究者还需保持客观性和中立性，避免因过度融入研究群体而使主观情感影响自己的判断。

深度访谈(in-depth interview)，又称无结构访谈(unstructured interview)或自由访谈(风笑天，2005)。通过深度访谈收集到的数据也是民族志研究的重要数据来源。通过此方法，研究者可以了解到当地人对行为、环境、身份与事件的直接想法。这种数据收集的方法要求研究者具备良好的倾听技巧以及掌握聊天的话术。

根据访谈对象的数量，深度访谈可被分为个别访谈和集体访谈；根据访谈的性质，深度访谈可分为正式访谈与非正式访谈。

正式访谈指的是研究者经过事先计划的，与研究对象约定好的访谈。正式访谈前，研究者通常会对采访对象进行深入了解，并根据自己的经验和相关文献拟定访谈提纲，提纲中会包括研究者事先拟定好的访谈问题。但是这种提纲主要是起到提醒的作用，在实际的访谈过程中，研究者可以根据受访对象的实际情况灵活调整问题，把握访谈进程。

非正式访谈指的是研究者在参与研究对象社会生活的过程中，随时发生的，没有事先准备的访谈。从形式上来看，它更像是一种"闲聊"。研究者往往并不能完全主导非正式的访谈，只能根据实际情况，随机应变。深度访谈中的问题大多是非正式的、对话式的，开放式的问题，为了引导被采访者提供更多的想法。在与当地人闲聊时，研究者要注意随时加深头脑中对那些有价值的谈话内容的印象，并在尽可能短的时间之内追记。

由于文化现象以及人类行为具有极大的复杂性，并且其中的影响因素也非常繁杂。因此，除参与式观察与深度访谈获得的资料外，一些辅助性的资料往往也会对民族志研究产生极大的帮助。例如在课堂民族志研究中，研究者还可以收集教师的备课笔记、教材，以及学生的试卷等资料作为附加材料。在家庭语言政策的民族志研究中，研究者也可以收集一些国家层面的语言政策文件或通告进行辅助分析。

4.6　民族志研究的挑战

虽然民族志研究能让研究者获得对某一群体或某种文化现象的具体、深刻的认识,但是这其中也会有种种挑战。

首先,研究者的存在会对研究对象产生一定的影响。例如在使用参与式观察法和深度访谈法收集数据时,部分研究对象可能会受到研究者记录动作的干扰,从而改变自己的言行。因此研究者最好做到"不引人注目地记录",即在尽可能短的时间内快速记录观察或访谈内容(风笑天,2005)。

其次,由于民族志研究要求研究者与研究对象之间有非常深入的接触,因此在研究过程中,研究者可能会因为不可避免地接触到研究对象的一些隐私,而带来一些伦理道德问题。由此,研究者无论是在调查的过程中,还是民族志撰写的过程中,都应注意保护研究对象的隐私,并告知研究对象所收集到的材料的用途。

再次,民族志研究相较于其他研究方法所需的研究周期较长(裴晨晖,2015)。为了获得对某种文化的深入理解以及深刻的体验,研究者通常需要长年待在田野点并浸润其中。在民族志研究中,研究设计、资料收集、资料分析是循环和交融的。从理论上来说,民族志研究是可以永远存续的,只是现实生活中囿于资源或时间才会暂时结束。鉴于此,在有限的访问时间内,研究者需要留心各种细微之处,以充分、全面地获得自己所需要的研究数据。

最后,民族志研究对研究者个人素质的要求也比较高。如果研究者受到的训练不足,敏感度不高,缺乏田野调查经验以及及时、准确的引导,那么在田野工作的过程中就有可能会将一些本该高度重视的现象视为平常,又或是在面对研究对象的时候无法问出好的问题。田野工作的环境复杂多变,如果不能及时掌握充分的信息或把握好与研究对象交流的机会,那么研究的结果就可能会受到影响。

4.7　民族志研究在外语教学中的应用分析

作为一种重要的质性研究方法,民族志研究在外语教学实践与应用的研究中非常重要。在外语课堂民族志研究中,研究者可以深入到学校内部,通过课堂观察,对外语教师的教学行为及学生反馈等情况进行详细记录,通过师生互动、深度访谈了解师生对一些外语教学中的现象的真实看法,通过收集教师编写的教案、学生的课堂笔记、教材、试卷等其他辅助资料,综合运用多重数据,对田野点的外语教学情况进行深描。民族志研究有助于形成对外语教学情况的全面、深入的认识，帮助研究者或教师反思教学过程中存在的问题，进而对实际的教学不断进行优化（王鉴，2004；黄小苹，2006；邹申，2014；欧阳护华，2015；郭一凡，2023）。

由于语言学习与文化学习之间联系紧密，而民族志研究能够实现对文化的深刻剖析，采用民族志跨文化外语教学法对提升学生的语言能力与跨文化交际的能力具有重要作用，因此作为教学方法的民族志研究尤其适合应用于语言文化教学中（Roberts et al.，2001；张红玲等，2018）。

跨文化交际课程作为外语教学的重要课程，旨在提高学生的跨文化交际能力，帮助学生讲好中国故事，更好地服务于传播中华文化的目标。在基于民族志研究的跨文化交际课程中，学生会在教师的指导和帮助下以研究者的身份融入某一文化群体，并对目标对象群体展开民族志研究。这种民族志研究通常会经历研究设计（包括设计访谈提纲、选取研究场域、研究对象等活动）、田野调查（包括进行观察、访谈、记录以及转写等活动）、民族志撰写及课堂汇报等阶段。这个完整的研究闭环会使学生直接地接触研究对象，深刻地了解其所处的文化背景，从而培养和提升学生的跨文化交际能力。在访谈和观察的过程中，学生有机会在深入了解研究对象群体文化的同时，向研究对象反向输出中国文化，这一点对学生的跨文化交际能力及教师的跨文化交际教学能力具有一定的反促作用。

教育部于 2020 年颁布的《高等学校课程思政建设指导纲要》中明确指出，在文学、历史学、哲学类专业课程领域，要在课程教学中从历史与现实、理论与实践等维度引导学生深刻理解习近平新时代中国特色社会主义思想，要结合专业知识教育引导学生深刻理解社会主义核心价值观，自觉弘扬中华优秀传统文化、革命文化、社会主义先进文化。由于外语专业旨在培养外贸商务、外语教学、翻译等领域的人才，通过这种基于民族志研究的沉浸式、探索型教学方式有利于丰富学生的文化知识储备，构建文化差异的意识，为外语专业学生未来的就业奠定基础。外语专业课程思政建设的显性价值在于用外语讲好世界故事和中国故事（郭英剑，2022）。

总而言之，民族志研究作为一种研究外语教学的重要方法，可以实现对外语教学情况的深入剖析。民族志研究还能作为跨文化交际教学过程中的一种重要研究方法，有助于实现跨文化交际课程的教学目标，提高学生的跨文化交际能力及教师的教学能力。其终极要义在于引导学生传播中华文化、传统文化、民族文化，用外语讲好中国故事和世界故事，在实践中践行思政教育。

4.8 经典案例

CURDT-CHRISTIANSEN X L，2009. Invisible and visible language planning：Ideological factors in the family language policy of Chinese immigrant families in Quebec[J]. Language policy，8(4)：351-375.

内容概要

　　该研究采取民族志研究法，探究了十个在加拿大魁北克生活的移民家庭中显性和隐性的家庭语言政策以及家长的语言意识形态。在该研究中，作者在自己所在的城市——蒙特利尔的一个移民社区，以半结构化访谈和参与式观察的方式来收集这些家庭关于语言态度和家庭语言规划的民族志研究资料，随后作者使用了扎根理论对收集到的民族志材料进行了深入分析。研究结果表明，家长的语言意识形态在孩子的语言教育中具有很强的规划作用，家庭语言政策受到社会政治和经济因素的强烈影响。此外，家长的教育背景、移民经历和文化倾向所形成的教育期望都对家庭语言政策的形成带来了极其重要的影响。

质性研究方法简评

　　在该研究中，作者进入这十个移民家庭以及这些家庭中的子女所在的汉语学校，对他们的家庭语言政策和家长的语言意识形态进行了深入的民族志研究。

　　首先，作者通过回顾大量文献，以及结合自身实际情况，确立了该研究的场域，在自愿参与的基础上选定了社会文化背景相近的研究对象。在该研究中，作者本人也属于她展开民族志研究的社区中的一员，准入问题也因此得以解决。并且，由于她与这些受访家庭的家长都属于同一社区的移民群体（也可以说是少数群体），同为来自中国的家长，他们在教育期望、经验和语言实践上的共同语言也非常多。在这种情况下，取得研究对象的信任，以及让研究对象愿意向她袒露自己对几种语言和子女多语教育的真实看法的可能性也就大大提升了。与此同时，她既是这些家长（也就是研究对象）中的一员，又是研究者本人，这种特殊的身份也可以让作者在叙述时更好地把握主位和客位间的关系。

　　在实地工作中，作者每周都会对这些家庭的家庭语言实践进行观察并做田野笔记，在观察的同时她也对这些家庭进行了多次访谈并转写录音，形成了多来源的数据集。通过对不同的数据集进行三角验证，调查研究的可信度也被提高了。

思政元素分析

在研究结果的呈现上，作者利用扎根理论，对繁杂的语料抽丝剥茧、层层编码，将其分类总结成几大模块。在叙述的过程中，作者援引了大量来自访谈或观察环节的真实语料，让读者对研究对象的语言态度、子女多语教育的规划等有更真实的感受。尽管移民家庭生活在异国他乡，但他们通过家庭语言政策传承母语和文化，这种对文化的坚守体现了深厚的爱国主义情怀。家长希望孩子能够了解并珍惜自己的文化根源，同时也能够积极融入新的社会环境。这种期望体现了家庭教育在培养具有社会责任感和奉献精神的公民方面的重要作用。通过阅读研究对象的真实人生经历，读者能更清楚地感受他们在语言教育选择上的思考和决策。民族志研究的"深描"可以更加详细、全面地描述复杂的家庭语言政策及其成因，也可以让读者更真实地感受研究对象的语言态度和教育规划。

作业

1. 简答题

(1)民族志研究具有哪些特点？

(2)民族志研究包含哪些步骤？

(3)民族志研究可以通过哪些方式收集数据？

(4)民族志研究对研究者有什么样的要求？

2. 实践题

(1)作为一名英语学习者，你在自己的学习过程中有没有遇到对自己的学习情况不满意的情况，你认为自己哪些方面还有待提高？有没有了解到什么新的理念或方法，能够帮助你改善这些方面的学习现状？如果有，请根据自己的具体情况设计一个合理的民族志研究方案并展开研究。

(2)作为一名英语教师，你对自己的课堂教学满意吗？有没有发现存在的问题？有没有使用你学习到的新的理论、技术或教学方法来提升你的授课效果？如果有，请根据自己的具体情况设计一个民族志研究，并选取合适的数据收集方式展开研究。

第5章　行动研究

课前思考

- 你了解行动研究吗？它和质性研究中的其他类型的研究有什么不同？

- 你知道如何开展行动研究吗？要遵循哪些步骤？

- 你知道开展行动研究可以采用哪些研究方法吗？

- 你认为行动研究具有哪些特点？

- 教师开展行动研究会遇到哪些挑战？应该如何应对这些挑战呢？

5.1　行动研究的概念

初次接触行动研究(action research)的人，可能会对这个术语感到困惑，并不自觉地将这个术语拆分为"行动"和"研究"两个部分进行理解，因为在传统的研究范畴中，行动是由实践者进行的，而研究是由专职的科研人员进行的，两者通常是区分开来的。能够体会到这一点，对学习行动研究是一种重要的铺垫，对于理解行动研究的概念和特点非常有助益。澳大利亚著名行动研究专家安妮·伯恩斯对于行动研究的阐释有助于我们更好地理解行动研究。她认为，行动研究中的"行动"是指"在自己的工作环境中识别和探索问题、困境、差距或谜题"，而行动研究中的"研究"是指"收集信息或数据的系统方法，通常使用与定性研究相关的方法"(Heigham et al.，2009)[114]。

对于行动研究，国外的学者们给出了许多定义，以下将列举其中重要或典型的定义进行讨论，其中粗体单词是为了突出定义中的重点，以便更加深入地理解行动研究的内涵。

Action research is a small-scale **intervention** in the functioning of the real world and a close **examination** of the effects of such intervention (Cohen et al. , 1994).

It(action research)seeks to **bring together action and reflection, theory and practice**, in participation with others, in the pursuit of practical solution of pressing concern to people, and more generally the flourishing of individual persons and their communities (Reason et al. , 2006).

Action research is "the study of a social situation with the view to **improving** the quality of the action in it" (Elliott, 1991).

Action research is a systematic self-reflective scientific inquiry by practitioners to **improve** practice (McKernan, 1991).

Action research is a form of self-reflective enquiry undertaken by participants in social(including educational)situations in order to **improve** the rationality and justice of (a)their own social or educational practices as well as (b)their understanding of these practices and (c)the situations (and institutions) in which these practices are carried out (Kemmis et al. , 1982).

Action research is about finding ways to **improve** your practice, so it is about **creating knowledge.** The knowledge you create is knowledge of practice (McNiff et al. , 2010).

在这些定义当中,第 1 条定义中的"intervention"和"examination"分别对应安妮·伯恩斯教授阐释中的"行动"和"研究"。第 2 条定义阐明了行动研究是将"行动"和"研究"结合起来、将"实践"和"理论"结合起来,旨在找出人们当下迫切关注问题的实际解决方案,从而改进实践(improve practice)、创造新知(creating knowledge),生成动态的实践性理论,这既是行动研究的根本目的,也是行动研究与其他类型的质性研究的根本区别。

5.2　行动研究的发展阶段

根据德国当代哲学家尤尔根·哈贝马斯的知识旨趣学说,一切人类知识都是起源于旨趣。旨趣分为三类:技术知识旨趣、实践认知旨趣和解放认知旨趣,分别对应"经验—分析的科学研究""历史—阐释学的科学研究"和"具有批判倾向的科学研究"。技术认知旨趣关注自然科学知识，体现实证主义思想；实践认知旨趣关注通过解释日常交流的信息和符号传承人类文化传统；解放认知旨趣强调知识旨趣的反思能力和意识形态（Habermas，1971）。基于哈贝马斯的知识旨趣学说，澳大利亚著名教育家斯蒂芬·凯米斯将行动研究分为三种类型，即技术性行动研究（technical action research）、实践性行动研究（practical action research）和解放性行动研究（emancipatory action research），而这也代表了行动研究发展的三个阶段。

第一阶段是技术性行动研究。行动研究起源于美国，然后传播到英国、澳大利亚和其他地区。20世纪初，美国的进步教育和社会心理学运动表现出对群体动力学、群体决策和改善群体社会状况的兴趣，已经展现出行动研究的思想萌芽。例如美国哲学家、心理学家和教育家约翰·杜威（Dewey，1929）就曾指出，教育研究与教育实践存在脱节现象，教育研究者应该投身到教学实践中去，研究教育所面临的问题。第二次世界大战期间，美国联邦政府要求研究如何改善不同族裔之间的关系，时任印第安人事务局局长的约翰·科利尔主持了一项改善印第安人与白人关系的研究。研究初期，约翰·科利尔将专业研究人员和实践工作者分配到不同小组进行研究，但收效甚微，于是他打破了传统的工作模式，要求研究人员和实践工作者一起研究，取得了巨大的进展。1945年，约翰·科利尔将这项研究成果进行整理，发表了一篇题为 *United States Administration as a Laboratory of Ethnic Relations* 的文章。在这篇文章中，约翰·科利尔首次使用了"行动研究"的表述（Collier，1945）。然而，约翰·科利尔在该文中并没有对行动研究的分类和具体步骤等进行详细的阐述。庆幸的是，美国社会心理学家库尔特·勒温在其1946年出版的著作中沿用了"行动研究"的概念，不仅将其应用到少数民族问题研究当中，还将其拓展到工业培训中，扩大了行动研究的研究领域和影响范围。除此之外，库尔特·勒温明确提出，行动研究应该包含计划、行动、观察和反思四个步骤。鉴于其对行动研究发展的巨大贡献和在学界的影响力，库尔特·勒温被公认为"行动研究之父"。1953年，斯蒂芬·科里将行动研究的理念引入到教育研究领域，倡导打破教育实践者与研究者的隔阂，鼓励教师和学校管理人员开展行动研究，从而改进他们的教学和管理。在科里等学者的影响下，行动研究在20世纪50年代影响力更加突出。然而，1957年苏联发射了人造卫星"伴侣号"，对美国社会造成了巨大影响，促使美国教育界推崇实证主义，重视"研究—发展—传播"的模式，行动研究随之迅速降温。

第一阶段行动研究的代表人物主要是库尔特·勒温和斯蒂芬·科里。这一阶段的行动研究注重用科学方法解决社会问题、改善人际关系，因此被称为科学的行动研究（王蕾等，2013）。在这一阶段的行动研究中，研究者提出理念和假设，处于中心地位，而实践者则根据研究者提出的理念和假设，而不是自己对于实践的理解，来反思实践、解决问题，处于被动地位。

第二阶段是实践性行动研究。进入 20 世纪 70 年代，由劳伦斯·斯滕豪斯领导的"人文课程研究"对行动研究的复兴（从美国传播到英国）起了极大的作用，也为后来的行动研究也积累了经验，斯滕豪斯因此成为公认的行动研究领域中最具影响力的第二代领袖（高慎英等，2002）。斯滕豪斯是东英吉利大学应用教育研究中心的创始人之一，在推动教育研究和课程设计发展方面贡献卓越。1975 年，在对由博比特、查特斯、泰勒等创立的课程的目标模式进行分析批判的基础上，斯滕豪斯出版了他的课程论著作《课程研究与开发导论》(*An Introduction to Curriculum Research and Development*)，创立了课程的过程模式，并提出了"课程即研究假设"的观点。课程的过程模式在知识观、教学观、教师观、学习评价观方面都提出了开创性的观点。其中，在教师观方面，斯滕豪斯认为教师应将课堂当作实验室，将自己作为研究者，以便能更好地理解自己的课堂，审视、反思和研究已有的计划，并不断修正、改进、发展课程，以满足各个学生或特定环境的需要，使自己真正成为课程开发的直接参与者，并在课程开发和重建过程中充分体现自己的个性。"课程即研究假设"的观点认为，教师在教学实践中的研究、探索与试验是教师尝试改进自身的一种行动，是教师在教学实践情境中考验课程、了解课程实际运作情形的过程（王立忠等，2010）。早期的行动研究所强调的教师"参与"在这里正式地转换为"教师成为研究者"。斯滕豪斯第一次正式提出"教师成为研究者"的观点并将其发扬光大。自斯滕豪斯正式提出这个观点之后，"教师成为研究者"在后来许多行动研究的倡导者那里几乎成为"教育行动研究"的代名词（高慎英等，2002）。

第三阶段是解放性行动研究。进入 20 世纪 80 年代，一些研究者对"科学的行动研究"和"实践的行动研究"提出质疑，一起倡导"批判的行动研究"，也称为"解放的行动研究"，主要代表人物有约翰·埃里奥特、戴夫·埃伯特、斯蒂芬·凯米斯和唐纳德·艾伦·舍恩（王蕾等，2014）。埃里奥特接受斯滕豪斯关于"教师成为研究者"的观点，但他进一步指出，人们提出的"教师成为研究者"等观点，大致是一种学术语言，将教师的反思性实践用一种学术语言描述为"研究"。这样做的危险是，这类观点总是将研究视为对实践进行研究，而不是将反思性实践视为研究本身，教师的教学与研究于是成为两个过程，教师的反思与行动也成为一个过程中可以分开的两种活动（刘良华，2001）。

舍恩于 1983 年出版了专著《反思的实践者》，指出当下主导的认识论并不能够为教学提供关于理论和实践一致性的说明，理论和实践不是"自上而下"的关系，因此教师应当在实践中进行反思，在行动中进行认识（knowing in action），自下而上地推动实践和理论的共同发展。在第二阶段，教师和研究者的双重身份合二为一，而在第三阶段，这种双重身份中的研究者身份因为反思教学实践、促进产生新知、推动理论发展而更加凸显，成为更为重要的身份。凯米斯认为，解放性行动研究才是真正意义上的行动研究。

5.3　行动研究的过程

早在行动研究的第一阶段，"行动研究之父"勒温（Lewin，1946）就指出，行动研究过程应包含计划（planning）、行动（action）、观察（observation）、反思（reflection）四个环节，他们相互联系，相互依赖，持续推进，构成了螺旋式上升或加深的循环模式（如图 5.1 所示）。

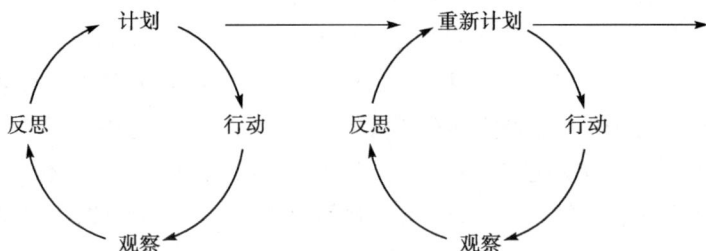

图 5.1　勒温提出的行动研究过程

勒温认为，行动研究是一个不断反复循环的过程，通过最初的研究使某些问题得到了解决，之后针对出现的新问题再进行深入研究最终使研究呈反复循环的螺旋上升趋势。勒温提出的模式得到了众多行动研究者的认可和传承。凯米斯等人（Kemmis et al.，1982）在其著作 *The Action Research Planner* 中对行动研究的具体过程也进行了阐释。1998 年，他们对这个过程模式进行了改进，结果如图 5.2 所示。

与上述研究者不同，麦克唐纳等（McDonough et al.，1997）则将行动研究过程为七个步骤：初步计划—发现事实—行动方案—实施—监控—修改—新方案。国内学者施良方（1996）提出了简化的五步骤循环模式：计划—行动—观察—反思—计划。文秋芳和韩少杰（2011）在这些研究的基础上，也对行动研究过程进行了阐述，如图 5.3 所示。

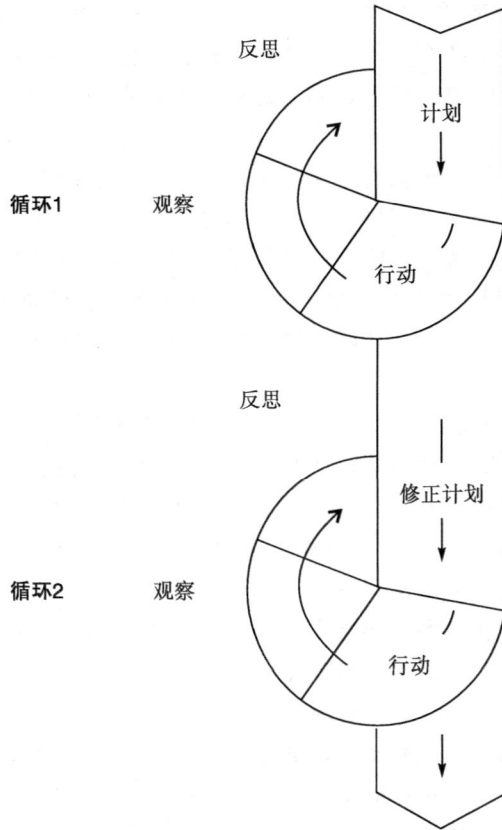

图 5.2 凯米斯和姆科塔咖特提出的行动研究过程

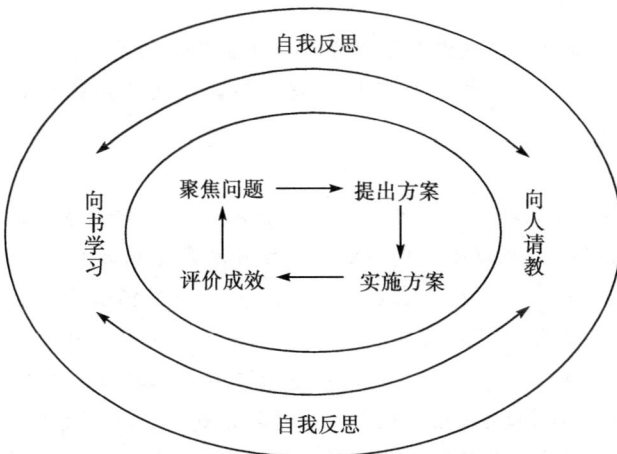

图 5.3 文秋芳和韩少杰提出的行动研究过程

文秋芳和韩少杰(2011)所提出的模式与勒温(Lewin，1946)及凯米斯等(Kemmis et al.，1982 & 1988)提出的模式有相似之处：他们都将行动研究的过程划分为四个步骤。但是，不同之处在于，在勒温等人的模式中，聚焦问题、找到问题、提出问题被包含在计划之中，而在文秋芳和韩少杰的模式中，聚焦问题从计划中被剥离出来，成为一个独立的步骤，而该模式中的"实施方案"既包括"行动"，又包括"观察"。该模式的贡献在于它不仅指出行动研究是不断循环往复的过程，还揭示了行动研究的驱动力来源：行动研究者的自我反思、向人请教和向书学习。这表明，无论处于行动研究的哪个步骤，研究者都需要进行反思，并且可以借助书本知识和请教他人推动行动研究继续发展。

"计划—行动—观察—反思"是开展行动研究公认的经典研究流程，但在实际开展行动研究时，因为具体情况的不同，研究过程往往会更加纷繁复杂，并呈现出差异。根据其性质的不同，具体的行动研究过程可以被分为两类：开放型研究过程和定向型(又称检测型)研究过程(王蔷等，2013)。

开放型研究过程如图 5.4 所示。

开放型研究过程的主要特点在于教师对研究的问题持开放态度，其目的在于在实践中找准问题，并找到解决途径，从而改进实践。

下面将举例对该过程进行解释。

[发现问题]在非英语专业大学英语视听说课程的教学过程中，我们发现学生参与口语活动的积极性不高，口语活动开展效果不佳。这是为什么？

[提出假设]

(1)大部分学生没有计划报考大学英语四级口语考试，对口语学习缺乏学习动力和学习热情；

(2)当天口语话题难度设置不够合理，学生难以用英语表达个人观点；

(3)当天口语活动小组安排不够合理，部分学生不愿意和某些同学成为搭档；

(4)……

[调查研究]课下，教师和同事交流或去别的班级听课学习，并选取本班部分同学进行了一对一访谈。我们发现学生普遍愿意积极参与课堂口语活动，愿意通过和同学们交流来提高自己的口语水平，但他们认为当天的口语话题难度过高，不了解相应的背景知识和开展口语活动所需的词汇，并且口语活动的形式局限于师生问答、小组讨论和个人陈述，难以调动学生的兴趣。

[重新确定问题]如何合理地确定口语练习话题，使其难度符合学习者当下的二语水平，并且使该话题与学习者的学习生活相关，使其具备对学习者的吸引力？在确定了口语话题之后，应该采取何种方法帮助学生完成口语会话任务？

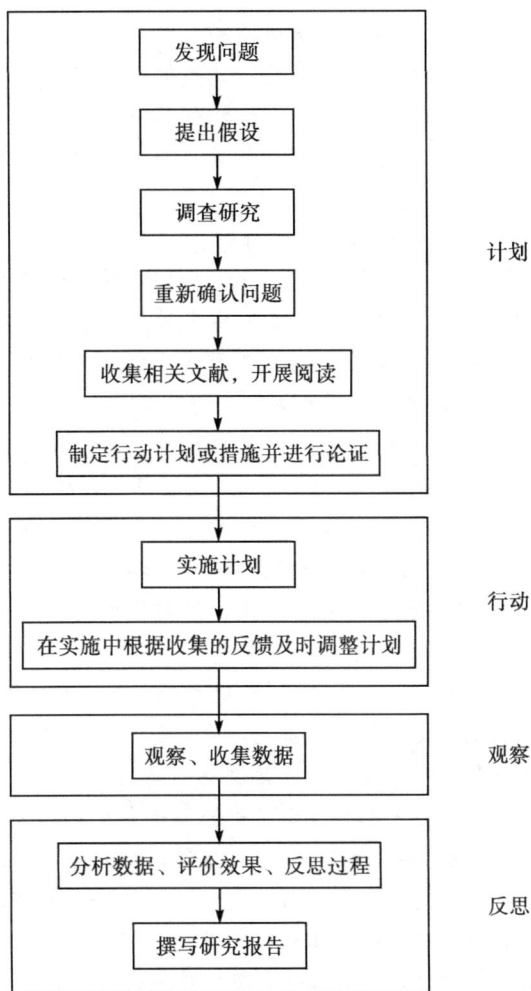

图 5.4　开放型研究过程

[收集相关文献，开展阅读]通过阅读相关文献，研究者发现口语话题难易度会影响学习者的口语表现，应该选择难度处于学习者最近发展区的话题。此外，相关文献指出，利用多媒体资源开展线上线下混合式教学有助于提升学生对话题的熟悉度，能够促进他们在课堂上的口语表现。口语任务形式的多样性会影响学生的参与度，辩论、配音、情景剧等口语活动形式都有助于提升学习者的学习积极性和口语表现。

[制定行动计划或措施并进行论证]基于与其他教师探讨和文献学习，我们制定了以下计划：①在课前选取一定数量的口语话题，通过问卷调查的形

式，让学习者根据自身对话题难易度和兴趣度进行评分，选取最为合适的话题在课堂中开展口语会话活动；②课前指定一个小组，收集有关讨论话题的背景资料和可能会用到的词汇、表达等，在班级群中分享，随后教师基于学生的分享进行补充，为学生在课堂上成功开展口语活动搭建"脚手架"；③课堂教学中，将小组讨论、个人陈述、角色扮演、辩论等多种形式相结合，鼓励学生进行练习。

[实施计划]在课堂教学中实施上述计划。

[及时调整计划]在推进计划的过程中，我们发现辩论活动较为耗时，耽误课堂进度，并且有学生反映因为自己的水平较低，在辩论中获得的发言机会非常有限，容易激发学习者的消极心理因素。因此，后续的课堂教学中将会减少或不采用小组辩论这种活动形式。

[观察、收集数据]上课前联系学院教育技术中心，请相关工作人员对授课过程进行录像，课后自己观看录像，记录反思日志；随后请同行观看录像，和同事进行交流探讨，记录同事的观点和意见；布置学生课后撰写简短学习日志的任务，描述和记录他们对课堂教学的感受和想法；在行动研究开展了将近一个学期后，对部分学习者进行访谈，了解他们对于行动研究成效的感受和看法。

[分析数据、评价效果、反思过程]将观察到的结果和收集的数据进行整理、分析、总结，我们发现，与行动研究开展之前的课堂教学情况相比，学习者的学习热情、课堂氛围和课堂表现总体都有明显的提升，任务类型、任务难易度、任务熟悉度等外在因素都会对学习者的口语表现产生影响，教师应该通过设置合理的任务、搭建"脚手架"、丰富口语活动形式等多种途径引导学习者参与课堂口语活动，共同构建意义。与此同时，在该轮行动研究之后，学习者个体差异更加明显，活动参与程度不均衡。因此，下一轮行动研究将着眼于探索是哪些个体因素影响了学习者的口语表现，并找到缩小个体差异的方法。

[撰写研究报告]把自己研究的过程、结果和反思撰写成研究报告，在教师交流会议上和同事分享，并在相关学术刊物上发表。

定向型（又称检测型）研究过程如图5.5所示。

与开放型研究过程相比，定向型研究过程的不同之处在于，课题的确定来自学习他人的经验和成果（王蔷等，2013），其开始的原因不是研究者发现了当下教学中存在的亟待解决的问题或者对教学的某些方面不满意，而是研究者了解到了一个新理念、新观点，或者新方法，并且想在自己的研究中对其进行检测。

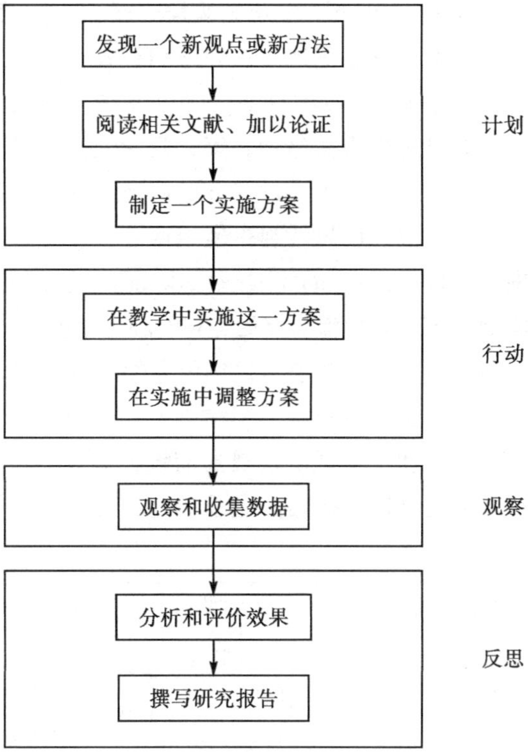

图 5.5 定向型(检测型)研究过程

5.4 行动研究的方法

行动研究可以采用多种研究方法收集数据。伯恩斯(Burns，2007)将行动研究中使用的方法分为两类：观察类方法和非观察类方法(表 5 - 1)。

表 5 - 1 行动研究方法分类

观察类方法	非观察类方法
◆上课过程中教师记录的简短笔记或评论	◆问卷调查
◆课堂互动的录音或录像	◆访谈
◆研究者或研究者同事对课堂活动特殊方面的观察	◆课堂讨论、焦点小组
◆课堂互动的文字记录	◆教师或学生的日记、日志
◆跟踪学生和教师互动的地图、布局和教室社交图	◆课堂文档，如使用过的资料，学生的作文或试卷
◆物理环境的拍照	◆……
◆……	

　　行动研究中最为常见的数据收集方式就是观察法。科威（Cowie，2009）认为，观察是在自然环境中有意识地注意和详细检查参与者的行为。在对观察所得进行记录时，可以遵循科威的方法，将笔记分为三列，第一列记录时间和地点，第二列记录描述性观察笔记，第三列中记录反思性观察笔记，即研究者对观察的所感、所思、所想，对观察到的现象的分析和评论。通过分列笔记，将描述性观察笔记和反思性观察笔记两者区分开来，而不是混为一谈，可以方便后期进行成员检查（member checking），也方便为受邀分析数据的研究同伴提供客观的记录，确保研究的客观性和可信度。

　　为方便观察，研究者可在观察前通过编码和编制观察记录单和核查表来收集数据。例如，研究者想通过观察了解课堂上学生的回答情况，包括回答方式、回答类型和回答主动性，可以在观察前设计观察表（图 5.6），在课堂观察时根据实际观察到的情况在表格中记录频次、要点等，便于后续数据分析的展开。

教学环节		学生回答方式			学生回答类型					学生回答主动性		
		个别回答	集体齐答	讨论后汇报	无回答	机械判断	认知记忆性回答	推理性回答	创造评价性回答	举手回答	未举手回答	倾听后主动补充式回答
复习引入	频次											
	要点											
实验设计	频次											
	要点											
实验实施	频次											
	要点											
归纳总结	频次											
	要点											
统计	频次											
	要点											

图 5.6　"学生应答分析"观察表（费伦猛，2021）

　　在行动研究中使用诸如观察法之类的质性研究方法收集数据的同时，也可以采用量化研究方法收集数据，这样做的优点既包括通过质性数据深入解读量化数据分析结果，也包括通过多源数据实施三角验证，以确保数据的准确性，增加研究的可信度。

5.5 行动研究的特点

行动研究具有众多特点，国内外的研究者们根据自己的理解对比作出了不同的总结。

姆科尼夫(McNiff，1988)将行动研究的特点总结为参与性、合作性、系统性和实验性。

参与性。在以往的研究范式中，专职科研人员对教师的教学实践展开研究，教师本身不参与研究，然而，在行动研究中，教师既要开展教学实践，又要开展行动研究，身兼实践者和研究者双重身份，而且研究者的身份更为重要，这个身份使研究者能够站在局内人(insider)而不是以局外人(outsider)的立场对教学实践展开研究。可以说，参与性是行动研究的社会基础。

合作性。行动研究认为知识创建是一个合作的过程(王蔷等，2013)。教师要为改进教学实践而开展行动研究，仅仅依靠自身是不够的。教师需要与行政管理人员、技术人员、学生、学生家长等进行合作，才能够推进研究方案的实施。

系统性。行动研究中的"行动"不是一种随意的、盲目的、被动的、无根据的行为，而是一种"有目的、有理据、有监控、有反思的行为"(文秋芳等，2011)。行动研究中的"行动"元素主要指通过行动去干预某种问题、困惑或疑问；行动研究中的"研究"元素要求这种干预必须通过系统的数据采集、分析和解释来进行(张培，2012)。因此，行动研究必须遵循系统的研究过程，采用系统的数据收集和分析方法。

实验性。教师为改进教学实践，在确定了研究问题之后，制定了具体的研究计划，而计划是否会奏效，需要教师以学生和实际教学环境为实验对象进行检验，因此，行动研究具有实验性。

基于姆科尼夫对行动研究特点的总结，除参与性之外，文秋芳和韩少杰(文秋芳等，2011)还归纳出四点：当下性、真实性、反思性和应用性。

当下性。行动研究的研究过程分为开放型和检测型两类。前者的研究动因是教师发现了自身教学实践中存在的问题，并想要解决这些问题、改进实践；而后者的研究动因是教师了解到了当下教学的新理念、新思想、新观点、新方法等，认为有必要在自身的教学实践中去践行这些理念和方法。因此，两种研究过程关注的都是教师当下所面临的情形。

真实性。在定量研究中，研究者往往需要进行实验设计或准实验设计，通过严格控制某个或者某些变量而探究各因素之间的因果关系。然而，在行动研究中，研究者无须刻意控制某些变量，所有的变量真实存在，并且相互交织，产生协同作用，共同影响研究结果，因此，行动研究的环境具有真实性。

反思性。虽然行动研究的过程分为计划、行动、观察和反思四个步骤，但这并不意味着仅仅在行动研究的最后一个步骤才需要反思。相反，反思贯穿于行动研究的始末，因为制定研究计划的前提是对研究问题的精准定位，而对研究问题的精准定位则始于研究者对自身实践的反思。在行动阶段，研究者需要在行动的过程中反思研究计划是否合理，是否需要调整。在观察阶段，研究者不仅仅需要记录客观事件，还需要根据反思对所观察到的客观事件进行分析和评论。在反思阶段，研究者需要反思计划的实施过程、实施效果，并且根据这些反思撰写行动研究报告。

应用性。量化研究通常发生在非自然的人为控制环境当中，与实际的教学环境有一定的差距，因此，其结论往往无法被直接且快速地应用于教学实践之中。与之相比，行动研究发生在真实的环境中，教师行动研究的成果往往可以直接用于指导其自身下一步的教学实践，具有很高的应用性。

5.6　行动研究中的挑战

教师开展行动研究，会遇到各种各样的挑战，因此需要借助多种手段战胜这些挑战。

首先，身兼教师和研究者双重角色，会使教师在上课过程中分身乏术，顾此失彼。为解决这一矛盾，教师可在课前准备观察表或核查单等方式快速记录想要关注的重点信息，也可以在课堂中通过关键词的方式收集信息。此外，还可以借助课后记录日志、课堂录音录像、研究小组写作等多种方式来应对双重身份的挑战。

其次，如同其他范式的质性研究一样，行动研究会产生大量的数据，令研究者在数据整理和分析阶段感到困难重重，耗时耗力。这就要求研究者熟练掌握 Nvivo，MAXQDA、ATLAS. ti 等质性数据分析软件，使用这些软件对数据进行编码或量化统计，将海量质性数据转化为有意义的研究结果，甚至浓缩为新理论的形成基础。

5.7 经典案例

> 阮晓蕾，詹全旺，2021. 混合式学习视域下的大学英语"线上＋线下"课程建构行动研究 . [J] 外语电化教学，05：101 - 106.

内容概要

文章作者以《中国教育现代化 2035》《大学英语教学指南》(2020 版)，以及教育部高等教育司司长在第五届全国高等学校外语教育改革与发展高端论坛上的讲话为指导，以华东地区某高校为研究场域，对该校的大学英语教学模式进行了改革，开展了两轮"线上＋线下"混合式课程建构行动研究。研究结果表明，通过两轮行动研究，该校已经构建了具有校本特色、以生为本、凸显自主与合作学习的大学英语课程教学模式，并且该模式正在趋于完善。通过开展行动研究，该校大学英语课程的立体化建构得到了大幅提升；教师强化了对转变观念、主动适应、拥抱技术、革新教学的意识，增强了在教学实践中不断反思和总结的能力，提高了"以学生为本"的教学理念；学生由传统的被动接受知识转变为积极参与者和主动评价者，加大了对英语学习的行为投入、认知投入和情感投入，从语言知识、文化认同和价值塑造等多方面都获得了提高。

质性研究方法简评

文中包含先后开展的两轮行动研究。第一轮行动研究属于检测型研究过程，因为其开始的原因并不是研究者发现现有教学模式存在亟待解决的问题，或者对当下的教学模式不够满意，而是因为两位研究者通过学习纲领性文件、学习高端论坛讲话等多种途径，了解到多媒体技术、虚拟现实技术和人工智能技术等现代信息技术已成为外语教育教学的重要手段，意识到混合式教学因其"技术赋能、以生为本"的特点已成为大学英语教学改革的方向之一，因而作为一线教师，应该主动拥抱技术，对大学英语教学模式进行变革。第二轮行动研究属于开放型研究过程，因为在第一轮行动研究完成之后，教师对学生进行了小组访谈，有同学表示课堂活动的类型应该更加丰富，并且班级人数较多，部分学生的受关注度、互动机会、课堂参与度都较为有限。为解决这些凸显的问题，研究者开展了第二轮行动研究。

在展开行动研究的过程中，两位研究者采用了多种研究方法。首先，研究者采用问卷调查法对两个教学班的学生进行了态度调查，调研他们对技术赋能的大学英语学习的信念、期待和需求。其次，采用课堂观察法、学习日志和访谈法了解了学生在开展大学英语混合式教学中取得的成就、遇到的困难亟待解决的困惑。最后，研究者采用思辨法构建了行动研究视域下的大学英语混合式教学模式的创新路径，包括实施过程和影响因素。为避免研究的主观性，研究者还通过多渠道数据收集方式和寻求专家同行的意见进行了"三角验证"。

思政元素分析

2015 年 5 月 23 日，习近平总书记在给国际教育信息化大会的贺信中指出，因应信息技术的发展，推动教育变革和创新，构建网络化、数字化、个性化、终身化的教育体系，建设"人人皆学、处处能学、时时可学"的学习型社会，培养大批创新人才，是人类共同面临的重大课题(《人民日报》，2015 年 5 月 24 日 01 版)。《大学英语教学指南》(2020 版)也要求我国大学英语教师要充分利用网络教学平台，为学生提供课堂教学与现代信息技术相结合的线上线下自主学习路径和优质丰富的自主学习资源。

混合式教学弥补了传统课堂教学的不足，有利于充分发挥学生在学习过程中的主体作用，促进学生主动学习、自主学习、合作学习，是现代教育技术发展的必然趋势(陈娟文等，2017)。近年来不断涌现的多种教学平台，如慕课、学习通、雨课堂、云班课等，促进了信息技术与教育教学的深度融合，为"线上线下""课前、课中、课后"有机融合的混合式教学创造了有利条件(朱尧平，2019)。从目前国内外的教学现状来看，混合式教学模式已是数字时代教育教学发展的必然趋势，日渐成为一种常态化教学模式(肖桂兰等，2021)。

在这种新常态下，大学英语教师不应该满足于传统英语教学模式的现状，而应该与时俱进，不断学习，主动迎接多媒体技术、虚拟现实技术、人工智能技术等现代化信息技术给大学英语教学带来的挑战与机遇，主动适应，主动求变，主动革新，不断增强使用技术的意识、知识和能力，积极推动现代信息技术全面深度融入教学与学习过程，充分利用信息技术的优势展开线上线下混合式教学，使大学英语课堂实现从"教师教"到"学生学"的转变，使学生朝着主动学习、自主学习和个性化学习的方向发展，并在这一发展过程中了解自己的进步与短板，对自己的学习目标、学习过程和学习结果负责。在课程建设方面，教师应当充分利用优质的教学资源，或自建线上优质教学资源，不断拓展和提升教学内容。在具体的课堂教学设计和实施环节，教师应当合理融入信息技术元素，创建多元的教学与学习环境。在管理辅助学生方面，教师应当合理利用具有人机交互功能、人人交互功能等操作便捷的技术平台，为学生提供线上答疑反馈，鼓励学生在线学习交流，并掌握学生学习情况的动态变化，以便为学生提供多样化、个性化的教学辅导，助力学生成长成才。

作业

1. 简答题

(1)行动研究的根本目的是什么？

(2)行动研究有哪些类型？

(3)行动研究包括哪些步骤？

(4)行动研究有哪些特点？

2. 实践题

(1)作为一名英语学习者，请结合自己的研究旨趣，找一篇使用行动研究方法作为研究范式的论文，并分析其使用行动研究方法的理据，研究其流程并总结注意事项。

(2)作为一名研究人员，在研究过程中，你有没有遇到能够使用行动研究方法的场景？如果有，请分享当时的情景，或使用行动研究方法的心得体会和研究发现等；如果没有，请结合自己的研究方向，谈一谈可能使用行动研究方法的场景。

第6章 混合方法

课前思考

- 小明最近立志减肥，他了解到以下几种减肥方案：

  —只控制饮食，一个月减重6斤；

  —只做运动，一个月减重8斤；

  —既控制饮食又运动，一个月减重12斤。

为了快速减重，你作为小明的朋友，请帮助他分析各个减肥方案的利弊，选择最佳的减肥方案并说明理由。

- 试着回想自己用多种方法解决问题的经历，简单描述自己选择这些方法的原因，与同学们分享这个经历。

- 结合以上两个场景，你认为什么是混合方法？用混合方法解决问题的好处是什么？

6.1 混合方法的定义

混合方法从术语表面来看，我们可以认为是在研究中使用多种研究方法解决研究问题，然而混合方法与使用多种研究方法在概念限定上有着本质区别，在我们界定混合方法的定义概念之前，必须首先厘清混合方法与多元方法（multimethods）的不同。它们的区别在于研究者在使用混合方法时是将至少一种定量方法和一种定性方法结合在一起，使每种方法的优点最大化，缺点最小化，而多元方法是研究者使用来自同一方法论传统的两种或两种以上的方法（在一项研究中使用多种质性研究方法或在一项研究中使用多种量化研究方法）（McCrudden, et al., 2019; Creswell, 2015）。由于混合方法同样需要多种方法结合进行研究，因此，混合方法可以归类为多元方法，但是多元方法不一定是混合方法（Ågerfalk, 2013）。安圭拉等人

(Anguera et al.，2018)也特别提出区别两个概念的方法，他们认为多元方法研究是当一项研究在一个共同的总研究目标的驱动下，根据给定的(内部)标准选择一系列互补的方法，而混合方法的本质是定性和定量成分必须相融合以确保它们所携带的信息能够混合，这些可混合的信息可以是数据或结果。

从以上区别中，我们可以看出混合方法不是单纯作为质性研究方法存在于方法论世界中的，而是存在于"质性-量化"连续体(Johnson et al.，2007)中的。它同时包括质性和量化两种方法，是继质性研究和量化研究两大研究方法论后的第三大研究范式(Johnson et al.，2004)。上升到研究范式的高度，欧文布兹和利奇(Onwuegbuzie et al.，2004)认为混合方法作为第三种研究范式有助于弥合定量研究与定性研究之间的分歧。

研究者对混合方法的定义基本一致，主要围绕两大内容进行定义：一是混合方法中包含质性和量化研究方法，二是研究目的是更全面探究问题。派顿(Patton，2002)认为使用混合方法在调查一个问题时，不同的数据来源和设计的元素，以及不同视角的调查方法，能够支持三角验证调查结果。派顿的定义中还特别强调了不属于混合方法的范畴，即在一项研究中使用多种方法检查不同的研究问题不属于混合方法。派顿的定义将质性和量化方法的共同使用限定在一个研究问题内，是少有的将"一个研究问题"作为定义一部分的学者。然而，其他学者在定义中通常都未明确这一点，他们将共同使用质性量化的方法限定在一个研究中内(Johnson et al.，2007；Creswell，2008)。但我们可以肯定的是混合方法的研究中必然包括质性和量化两种研究范式。

格里尼(Greene，2006)认为混合方法是采用多种方法论指导的研究方法探究社会世界，是用不止一种方式去理解，用不止一种研究工具收集、分析和描绘人类现象，是为了更好地认识世界。琼森等人(Johnson et al.，2007)将混合方法研究看作是一种研究者或研究团队将质性和量化研究方法结合的研究(如采用质性和量化的方式进行数据收集、分析、推理)，研究方法在一项研究中混合，目的是提升研究理解和证据的深度和广度。克鲁斯威尔(Creswell，2008)的定义则非常简略，他认为混合方法研究是在一项研究中收集、分析、混合质性与量化数据的研究过程，使用该方法是为了更加全面地解答研究问题。伊凡柯瓦等人(Ivankova et al.，2009)、温凯特施等人(Venkatesh et al.，2013)及国内学者杨延宁(2014)的定义也与上述定义有异曲同工之处：混合方法是在一个调查研究中同时使用质性和量化的研究方法/模式。他们认为使用混合方法的好处是其能够解决很多无法用质性或量化研究方法单独解决的问题，能够帮助研究者洞悉问题、对有趣现象作出全面的理解。

6.2 混合方法的使用条件

选用混合方法进行研究的主要目的是发挥质性和量化研究方法的长处，规避质性与量化方法的短处。具体而言，研究者在选取研究方法时，应当基于研究本身评估各种质性和量化研究的优缺点，选取合适的质性和量化研究方法，综合考虑各自的优缺点，以长补短。琼森等人（Johnson et al.，2007）也指出当决定使用混合方法时，研究者应该战略性地设计结合定性和定量的方法、工具和概念，从而得到互补和优化。

作为研究人员，我们要清楚地认识到质性和量化研究的优缺点：质性研究方法的长处在于主位的研究者角色能够更深入地调查解读数据，且数据能够更为自然地反映受试者的真实面貌，短处在于因该方法研究主观性较强、数据个性化程度高，故结论难以范化且收集和分析数据的时间成本耗费大；而量化研究的长处在于研究客观性强，可信度较高，结论能范化，收集和分析数据的时间成本小，可处理大量数据，短处在于数据得出结论过于范化且抽象，易忽略小众群体（Johnson et al.，2004）。当两种方法相结合时，我们的研究能够规避缺陷，发扬长处，获得更为可靠的研究结果。因此，当单一的质性或是量化的方法已经不足以回答问题、全面洞悉研究、保证研究结果的可靠性时，混合研究方法是非常有力的解决工具。

6.3 混合方法的特征

混合方法的特点在其定义中也有所体现，即在一项研究中融合了质性和量化两种方法。从具体实践上来说，研究人员为更好地回答研究问题，会既收集数字信息（如电子问卷），也收集文本信息（如面对面采访、图片描述等）（Creswell et al.，2007）。我们可以参考塔沙克里和克鲁斯威尔（Tashakkori et al.，2007）对混合方法详细特征的细化总结（在具体研究中可能会体现出至少一种特点）：①两种不同的研究问题（分别运用定性和定量的工具）；②研究问题制定的方式（是参与式还是预先计划）；③两种抽样程序（如概率或目的抽样）；④两类数据收集程序（如焦点小组和调查）；⑤两种类型的数据（如数字和文本）；⑥两种类型的数据分析（如统计和主题）；⑦两种类型的结论（如主位和客位的表现、"客观"和"主观"等）。也有学者根据三个特征要素，即研究的时机（质性和量化的顺序）、数据的重要性（质性或量化占主导）及数据如何混合(在收集、分析、解读的不同阶段的混合),对混合方法进行类别上的划分(Ivankova et al.,2009)。

6.4 混合方法的分类

基于不同的研究目的,混合方法可分为解释型设计、探索型设计、三角验证、嵌入型设计四种类型(Creswell et al.,2003;Ivankova et al.,2009)。

解释型设计常用后续的定性数据解释或阐述预先得到的定量结果。例如在完成问卷调查之后,研究人员会选择其中一部分研究对象进行访谈。

探索型设计通常先使用定性数据开发一种新的测量工具或建立一个新的理论体系,再进行测试。例如研究人员会先进行访谈,提取关键信息并生成问卷,再大规模发放问卷,收集定量数据。

三角验证并不局限于混合方法中,它还能被应用在理论、数据收集工具、数据分析、研究人员、数据解读等多个方面。例如,研究人员可以采用不同的理论解释同一结果,采用不同的方式收集数据,采用不同的数据分析方案验证同一结果等,这些三角验证的具体实例都是为了保证研究的信度和效度。

嵌入型设计常用定量或定性的补充数据加强研究。例如,研究人员在问卷调查之后发现需要进一步访谈以补充特殊人群的数据时,会使用该方法。

基于质性和量化方法在混合方法研究中所占比重,琼森等人(Johnson et al.,2007)从三大研究范式(质性、量化、混合)出发,采用"质性-量化连续体"的概念对混合方法进行分类。由图 6.1 可知,连续体左端为纯质性研究,右端为纯量化研究,中间部分是泛混合方法研究。在泛混合方法研究部分,

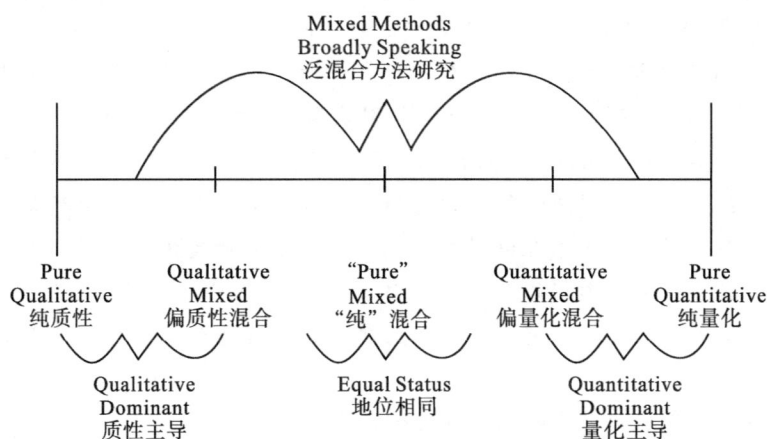

图 6.1 质性-量化连续体(Johnson et al.,2007)

连续体从左至右分别是偏质性混合方法研究（以质性方法为主导的研究）、"纯"混合方法研究（质性量化方法在研究中占比相同）、偏量化混合方法研究（以量化方法为主导的研究）。

6.5 混合方法的研究问题

研究问题在混合方法研究中显得尤为重要，与其他范式的研究一样，研究问题与研究目的作为小方向和大方向决定了研究的整体设计。使用混合方法的研究问题既可以研究量化的普遍性规律，又可以对规律的深层次原因进行质性探究。伊凡柯瓦等人（Ivankova et al.，2009）指出，混合方法研究可以同时回答"what"和"why"的问题，比起单纯的质性或量化研究，混合方法能够更全面深入地理解研究问题。

具体来说，欧文布兹等人（Onwuegbuzie et al.，2006）特别区分了不同混合方法研究设计下的研究问题：

①描述性研究设计中的混合方法研究问题

此类问题有两种形式：并行式研究问题（研究问题中质性和量化互相渗透）和顺序式研究问题（研究问题中的质性与量化部分在研究顺序上存在先后关系）。如"研究生的阅读理解水平（量化）与感知的阅读障碍（质性）之间的关系是什么？"属于并行式研究问题，而"阅读理解水平低与阅读理解水平高的研究生（量化）的感知障碍（质性）有何差异？"则因其先量化区分水平再探究质性感知障碍的差异，故属于顺序式研究问题（若在该问题中阅读水平为已知，则该问题属于并行式）。

②因果-对比研究设计中的混合方法研究问题

此类问题的质性阶段可以是个案研究设计、现象学研究设计、民族志研究设计、扎根理论研究设计，量化阶段则是因果-对比（casual-comparative）研究设计，或类实验（quasi-experimental）研究设计。如在研究问题"不同性别的研究生对统计学选修课课堂气氛的感知有什么不同？"中，研究者有目的地选择不同性别的学生进入选修课课堂，通过质性方法收集相关数据，再对比其数量上的差异，因此该研究问题属于因果-对比研究设计。而"研究生课程开始时就有导师的学生和没有导师的学生在经历上有什么不同？"则属于类实验研究设计。

③实验式研究设计中的混合方法研究问题

实验式研究设计中的质性阶段可以是个案研究设计、现象学研究设计、民族志研究设计、扎根理论研究设计，其中嵌入量化研究问题则形成了混合方法研究问题。如在研究问题"治疗抑郁症的新药物会在青少年中产生什么副作用?"中，设计实验组和对照组，收集副作用经历的质性数据，再将两组进行对比，就嵌入了量化研究的方式。

④质性对比研究设计中的混合方法研究问题

质性对比研究设计中的质性阶段可以是个案研究设计、现象学研究设计、民族志研究设计或扎根理论研究设计，量化阶段可以是描述性、相关性或因果比较研究设计。如在研究问题"选择统计学课程时极端负面经历的新生与非极端负面经历的新生在统计学成绩水平上有何差异?"中，研究者会使用质性方法确定哪些是极端负面经历的学生，哪些是非极端负面经历的学生，再对比他们的成绩并完成分析，这个研究问题就属于嵌入质性对比研究问题。

⑤最兼容的混合方法研究问题

此类研究问题在本质上是开放式且无方向性的。如"'不让一个孩子落后法案'(No Child Left Behind Act)对父母有什么影响?"的研究设计，可以是量化部分为描述性研究设计，质性部分为个案研究设计、人种学设计、现象学设计或扎根理论设计，或者整体设计为一个包含混合方法研究设计的(集体)个案研究。

塔沙克里等人(Tashakkori et al.，2007)也提出了适合采用混合方法研究的三种问题。

塔沙克里等人归纳的第一种研究问题是先分别提出一些定量和定性的问题，再提出一个显性的混合方法问题(关于整合的本质的问题)。例如，如果一项研究是并行式收集定量和定性数据的，其混合问题可能会问"定量结果和定性结果是否一致"，如果一项研究是顺序式的，其混合问题则可能是"后续的定性结果如何帮助解释最初的定量结果"或者"定性结果如何解释(扩展)实验结果"。该分类与欧文布兹等人(Onwuegbuzie et al.，2006)的第一项分类基本一致。

塔沙克里等人归纳的第二种研究问题是先提出一个总体的混合式研究问题，再分解成单独的定量和定性的子问题，在研究的相应环节或阶段作出回答(Teddlie et al.，2009)。这种情况在并行式研究中更为常见，虽然这个总体问题可能会隐性含蓄地出现。例如，在并行式研究设计中，混合方法的研究问题可能是"治疗 X 对 A 组和 B 组的行为和认知有什么影响"。基于此，从总体混合问题中提取的子问题可能是"A 组和 B 组在变量 Y 和 Z 上是不同的吗"(定量部分)和"A 组和 B 组的参与者对 X 治疗的看法和构造是什么"(定性部分)。

塔沙克里等人归纳的第三种研究问题是随着研究的深入而提出的,为研究的每个阶段编写研究问题。如果第一阶段是一个定量阶段,那么这个问题将被定义为一个定量问题或假设;如果第二个阶段是定性的,那么该阶段的问题将被定义为一个定性的研究问题。这类问题在顺序式研究中出现得较多。

6.6 混合方法的数据收集工具与数据分析处理

混合方法最常在个案研究和行动研究中被使用,因此其具体的数据收集工具与个案研究和行动研究基本相同,比如观察、访谈、问卷、口头报告、日志等。其中,量化数据可以使用封闭式问卷、测试分数、清单和记录收集,质性数据的收集方法可以是开放式问卷、个人和焦点小组访谈、观察、人工产品(文档和对象)分析(Ivankova et al. ,2009)。

混合方法的数据处理可以依据不同的数据收集工具,在研究问题和目的的指引下制定相应的数据处理分析方案。由于混合方法下收集的数据类型非常丰富,因此其数据处理分析的方案灵活性极高,研究者可以有很大的余地进行创新,如沃乐等人(Waller et al. ,2021)就创新地采用叙事方法来分析历时的混合方法数据。

欧文布兹等人(Onwuegbuzie et al. ,2003)列出了混合方法分析的七大概念步骤:①数据缩减(即降低定量和定性数据在研究中的维数,平衡定性定量数据的比重);②数据展示(即可视化地描述定量和定性数据);③数据转换(即数据量化和/或定性);④数据相关性(即将定量与定性的数据进行相关);⑤数据合并(即将定量和定性数据结合起来,创建新的或整合的变量或数据集);⑥数据比较(即比较定量和定性数据的来源);⑦数据整合(即将定性和定量数据整合为一个连贯的整体)。

6.7 混合方法的研究步骤

混合方法基本与量化和质性两大基本范式的研究步骤大体一致,都是先以问题驱动研究进行设计,再收集分析数据,最后进行结果的汇报。克鲁斯威尔(Creswell,1999)总结了混合方法研究的准备步骤:①确定混合方法研究是否适合研究的问题;②考虑混合方法研究是否可行;③提出能够用质性和量化方法回答的研究问题;④审查并决定量化和质性数据收集方式;⑤评估每一种方法的相对使用比重和实施策略;⑥汇报可视化的研究设计模型以便读者阅读;⑦决定数据的处理方式;⑧评估研究的价值;⑨计划混合方法研究。

琼森等人(Johnson et al.，2004)总结的八个研究步骤极具概括性：①决定研究问题；②决定混合方法在该研究中的适配性；③选择混合方法或混合模式研究设计；④收集数据；⑤分析数据；⑥解读数据；⑦合法化数据；⑧得出结论并撰写最终报告。伊凡柯瓦等人(Ivankova et al.，2009)也总结了八个研究步骤，与琼森等人的总结类似，但更加具体，比如在第六点中点明了绘制可视化图表汇报研究过程：①确定混合方法研究是否是解决研究问题的最佳方法；②选择一个特定的混合方法设计(解释型、探索型、三角验证、嵌入式)；③写一份详细的混合方法目的陈述；④提出拟研究的包含量化和质性方面的研究问题；⑤选择拟收集的量化和质性数据；⑥绘制研究过程的可视化图表；⑦收集和分析研究的量化和质性数据(研究的主要部分)；⑧撰写最终报告，汇报研究的混合方法设计。

6.8 混合方法的研究意义

混合方法的研究意义主要体现在两个方面，一是在认知上能够指导研究者多个视角看问题，且多角度的验证有利于增强研究结论的说服力；二是在本质上能够发挥质性和量化两种研究范式的长处，更好地实现研究的价值。

诗人苏轼有云："横看成岭侧成峰，远近高低各不同。不识庐山真面目，只缘身在此山中。"该诗道出了如何看待和认识事物的哲学内涵。客观事物是复杂的，要全面理解事物必然需要从多个角度看待问题，单独使用一种研究方法去理解现象往往是不够的(Ågerfalk，2013)，混合方法就是一个能够多视角认识事物、解决问题的研究方法。从本章的第一节定义中我们可知，混合方法能够帮助研究者洞悉那些难以单独通过质性或量化方法而全面理解的问题(Venkatesh et al.，2013)，它将质性与量化方法结合，为二语习得研究带来了更多维度和准确的视角(Rocco et al.，2003)，提供了更多的研究发展的可能性。陈向明(2000)也点明了混合方法研究范式在多层面、多角度探究问题上发挥的重要作用，不同方法可以相互补充，在研究设计和解答问题时会具有更多灵活性，同时能够对结果进行相关性检验，从而佐证结果的可靠性。

混合方法是质性与量化研究范式的完美融合，是发挥两种研究范式长处的最佳方法突破口。当质性或量化不足以解决问题，使用混合方法能够发挥各自所长解决问题(Johnson et al.，2007)。

6.9　混合方法研究者的基本素养

混合方法研究涉及多种研究工具的结合，且需要研究者熟悉量化与质性两种研究范式，因此对新手来说有一定难度(Johnson et al.，2007)。阿玛克(Almalki，2016)提醒各位研究者在使用混合方法时可能会面临一些挑战，比如该方法对研究者在如何选择合适的研究设计、时间和资源，以及如何说服读者相信研究的价值等方面应具备的研究技能要求更高。为了更好地开展混合方法研究，研究者需注意三项重点，即研究的时机(质性和量化的顺序)、数据的重要性(质性或量化占主导)、数据如何混合(在收集、分析、解读的不同阶段混合)(Creswell et al.，2007；Ivankova et al.，2009)。欧文布兹等人(Onwuegbuzie et al.，2006)在谈到混合方法研究的效度时，也指出了研究者应具备的素养，为研究者提供了九种可提升研究有效性及合法性的参考指标，即内-外(研究者角色)、样本整合、弱点最小化、顺序、转换、范式混合、相当性、多重有效性和政治有效性。内-外(研究者角色)指研究者基于研究需达到描述或解释数据目的的基础上适当地采用局内人或是局外人角色进行研究汇报；样本整合指整合定量和定性设计之间的关系从而产出高质量的元推论；弱点最小化是指通过一种方法弱化另一种方法可能会带来的研究缺陷；顺序是指定量和定性阶段的顺序可能会影响元推论的产出结果；转换是指数据量化和定性的程度可能会影响元推论的质量；范式混合指研究者的认识论、本体论、公理论、方法论和修辞学信念将决定定量和定性方法结合相融是否成功；相当性指元推论在多大程度上反映基于格式塔切换和整合的认知过程的混合世界观；多重有效性指为解决研究中定量定性部分的合法合理性，产生高质量元推论，研究者选择使用定量、定性和混合有效类型进行研究的程度；政治有效性指研究者对研究中定量和定性部分所产生的元推论的重视程度。

6.10　案例分析

DERAKHSHAN A, DOLINSKI D, ZHALEH, K, ENAYAT, M J, FATHI J, 2022. A mixed-methods cross-cultural study of teacher care and teacher-student rapport in Iranian and Polish university students' engagement in pursuing academic goals in an L2 context[J]. System，106：1－17.

内容概要

该研究采用融合并行式的混合方法(质性和量化部分具有同等地位,占比相同),探索了二语学习者对教师关怀和师生融洽关系的感知,以及学习者的感知与学习者追求学术目标的投入程度之间的关系。受试者分别是 223 名伊朗的英语学习者和 208 名波兰的英语学习者。研究者提出了四个研究问题:①伊朗学生和波兰学生的数据是否都能证实三种量表的一致的构想?②在二语环境中,教师关怀和师生关系如何影响伊朗和波兰的大学生追求学术目标的投入程度?③在二语环境中,伊朗和波兰的大学生对教师关怀程度、师生关系融洽程度以及追求学术目标的投入程度的看法是否存在显著差异?④在二语环境中,有哪些积极因素会对伊朗和波兰的大学生追求学习目标的投入程度产生影响?根据以上研究问题,该研究通过问卷调查和访谈的方式分别收集了量化和质性的数据。其中问卷调查包括学习者投入问卷、师生融洽关系问卷、教师关怀问卷,旨在收集量化的感知数据;半结构访谈旨在从收集的质性感知数据中提取对学习投入产生影响的因素。所有定量数据均使用 Mplus 程序进行分析,质性文本采用 MAXQDA 软件进行内容分析。

质性研究方法简评

在研究方法部分,研究者点明采用混合方法研究能够增强该研究的可信度,并能帮助其进行更深入的问题探索。在确定研究目的和具体的四个研究问题之后,研究者提出采用"融合并行式的混合方法",该类型的混合方法在琼森等人(Johnson et al.,2007)的分类中属于"纯"混合方法研究,即质性和量化的内容在研究中占比相同。从研究方法的选取上我们可以看出,该文作者十分熟悉混合方法在本研究中的优势,并有娴熟地开展混合方法研究的能力。整个研究围绕混合方法的基本研究步骤展开,先由目的和问题驱动,再选取合适的混合方法设计、收集和分析数据,最后汇报结果。

思政元素分析

从研究内容上看,该研究以积极心理学作为理论指导,探讨了教师关怀、师生关系、学习投入几个重要概念,研究对象是两个国家的学生,也极具跨文化特点。学习者的情感感知在近年来二语习得的研究中越来越受到学者们关注,研究学生们的情感因素有利于教师在教学过程中更好地"动之以情"。本研究的研究内容能够为教师提供一些关爱学生和增进师生关系的策略指导。关注学生情感的作用在于潜移默化地帮助学生们产生积极情感,产生学习的积极性,良性作用于外语的知识学习和思政内容的熏陶内化。

从研究方法上来看,质性与量化方法相结合的混合方法充分展现了从多个角度看问题的认识观。在本章研究方法的意义中我们也探讨了多角度看问题的优势，使用混合方法有利于从不同视角认识问题、解决问题，开阔的视野能够避免研究者成为井底之蛙，甚至陷入盲人摸象般的境地中。此外，混合方法研究中质性与量化的结合是优化方法的体现，质性和量化方法的长处在混合方法中得以发扬，规避了各自的缺点，这也教导我们在研究中要扬长避短，选择最优方案。最后，混合方法在工具的选取上有着很大的灵活性，为我们提供了方法创新的机会，利于研究方法的优化。

作业

1. 简答题

(1)什么是混合方法研究？

(2)混合方法研究的特点有哪些？

(3)混合方法有哪些分类？

(4)混合方法的研究问题有何特征？

(5)混合方法是如何进行数据收集和整理的？

(6)混合方法的基本研究步骤有哪些？

(7)混合方法的优势是什么？

2. 实践题

请结合自己的研究兴趣，使用混合方法，简要设计一项研究。请写明研究目的、研究问题、数据收集工具，以及数据分析方案。

第三部分

质性研究数据收集方法

第 7 章　访谈法

第 8 章　观察法

第 9 章　反省法

第 10 章　话语分析

第 11 章　问卷开放型问题法

第 12 章　文档和音视频材料收集法

第 13 章　口述史研究法

第7章 访谈法

课前思考

• 你能否回忆起某次令你印象深刻的访谈？访谈双方是如何互动的？访谈中双方讨论了哪些问题？和应用语言学研究中的访谈有什么区别吗？

• 和其他数据收集方法如观察、问卷相比，访谈要收集的数据有什么特点？相对于观察或问卷等数据收集的场景，访谈的场景有什么不同之处？

• 访谈的种类有哪些？它们之间有差别吗？

• 作为研究人员，访谈的时候面临的挑战有哪些？访谈前要做好哪些准备呢？

7.1 访谈法的定义、类别和作用

7.1.1 访谈法定义

"访谈"就是研究者"寻访""访问"研究对象并且与其进行"交谈"和"询问"的一种活动。"访谈"是一种研究性交谈，是研究者通过口头谈话的方式从研究对象那里收集（或者说"建构"）第一手资料的一种研究方法（陈向明，2010）。

在进行访谈时，研究者要尽可能站在受访者的角度了解世界、展现其经验的意义，以解释其所生活的世界。访谈法是一种有结构和目的的会话，是具有说服力和有价值的研究方法，故事的展开和新的领悟可以使访谈互动的双方受益，阅读转录的访谈资料可以启发研究者对众所周知的现象作出新的解释，访谈报告可以为某个领域提供有价值的新知识。由于社会科学研究涉及人的理念、意义建构和语言表达，因此"访谈"便成为社会科学研究中一个十分有用的研究方法。

7.1.2 访谈的类型

根据不同的分类标准，访谈的分类呈现多元化。分类标准有按照正式程度(正式访谈和非正式访谈)、严谨程度(结构式访谈、非结构式访谈和半结构式访谈)、交流方式(面对面访谈和远程访谈)、人(次)数多寡(个别访谈和集体访谈，或一次性访谈和多次性访谈)等(陈向明，2010；范明林等，2018；杨延宁，2014)。

按照正式程度，访谈可分为非正式访谈和正式访谈。

非正式访谈比较接近日常生活中的谈话。研究者和受访者通常在随意、自然的情境中进行交流。双方见面的方式和地点都比较随意，有时甚至不需要记录。非正式访谈一般用在研究的初期，目的在于和受访者建立良好关系和确定收集资料的方向。非正式访谈中，研究者不会提出太具体的问题，而是用"怎么会这样?""你的意思是不是说……"这样的问题使谈话自然地进行下去。

研究者和受访者建立了良好的关系后，访谈的下一步方向也逐渐清晰，此时就可以展开正式的访谈了。研究者可以选择较为安静和适合录音的地点，向受访者正式说明研究目的和访谈的进程。让受访者意识到访谈已经由非正式转为正式，是十分有必要的，受访者会因此更加谨慎对待。在正式访谈中，研究者的问题要提得比较具体和有深度。如果有预设的问题，要坚持问完。当受访者的答案偏离主题太远时，研究者要有技巧地把谈话的方向引导回来。在开展正式访谈之前，不一定要进行非正式访谈，在使用结构式访谈时尤其如此。

严谨程度指的是研究者对访谈的控制程度。按照该标准，访谈可以分为封闭型、开放型、半开放型，也就是结构式访谈、非结构式访谈和半结构式访谈(陈向明，2010)。

在结构式访谈(封闭型访谈)中，研究者对访谈的走向和步骤起主导作用，按照自己事先设计好了的、具有固定结构的统一问卷进行访谈。在这种访谈中，选择访谈对象的标准和方法、所提的问题、提问的顺序以及记录方式都已经标准化了，研究者对所有的受访者都按照同样的程序问同样的问题。

进行结构式访谈时，研究者要特别注意以下几点：访谈开始前对研究目的的解释应该有标准化的内容；访谈过程尽量不要中断，如果因不得已的情况出现中断，最好由同一个人完成剩余部分；当受访者对问题提出质疑时，不要过多解释，如果受访者表示无法回答，可以跳到下一个问题；对受访者的回答，不必表示同意或反对。注意这几点，是为了保证结构式访谈的标准化操作，降低不必要的干扰。但是研究者也必须清楚地意识到，结构式访谈的弹性相当低，无法做到让受访者畅所欲言，只适用于特定研究。

非结构式访谈（开放型访谈）没有固定的访谈问题，研究者鼓励受访者用自己的语言发表自己的看法。这种访谈的目的是了解受访者自己认为重要的问题、他们看待问题的角度、他们对意义的解释，以及他们使用的概念及其表述方式。在开放型访谈中，访谈者只是起一个辅助的作用，尽量让受访者根据自己的思路自由联想。访谈的形式不拘一格，访谈者可以根据当时的情况随机应变。

选择非结构式访谈主要是基于两个原因。一是研究者无法正确掌握研究对象的具体情况，无法设计出整套的研究问题。这种情况通常出现在研究者和研究对象不够熟悉，而且是首次见面时。如果能够在访谈前和研究对象有一定程度的接触，取得对方的信任，可以使提问的过程更加顺利。二是研究对象的同质性较低，对相同问题可能有完全不同的反应。这一点在很多访谈中是无法保证的。研究对象由于个人经历和认知水平的不同，对同一个问题的回答，常常会大相径庭。研究者为了获得更深入的信息，就要根据现场的情况对问题加以调整。

和结构式访谈相比，非结构式访谈的自由度要大得多。谈话内容没有严格限制，研究人员与研究对象就某个主题进行自由、广泛且深入的交谈。这种方式一方面有利于了解复杂现象和行为的背后含义，另一方面也有利于拓宽研究范围，加深研究深度。因为访谈过程中，受访者有可能提到原来设计方案中没有考虑到的新情况，或许会启发研究者，找到新思路或发现新问题。受访者能否向研究者敞开心扉是这类访谈成败的关键。为了让受访者和研究者有一个相互了解的过程，有的研究者会将非结构式访谈分为几次进行。在头一两次的访谈中，研究者只是提出一些引导性的问题，激发受访者思考。在双方熟悉之后，研究者才会提出一些相对比较敏感的问题。非结构式访谈的耗时会比较长，对访谈者的专业素质、经验、技巧要求较高，因此最好由研究者亲自完成。正因为如此，这种访谈形式多用在规模较小的研究中。

在半结构式访谈（半开放型访谈）中，研究者对访谈的结构具有一定的控制作用，但同时也允许受访者积极参与。通常，研究者事先备有一个粗略的访谈提纲，根据自己的研究设计对受访者提出问题。但是，访谈提纲主要起提示作用，访谈者在提问的同时也鼓励受访者提出自己的问题，并且根据访谈的具体情况对访谈的程序和内容进行灵活的调整。

半结构式访谈既不失非结构式访谈的灵活性，又可以令访谈内容更聚焦。因此这种访谈比较适用于下面这种情况：访谈双方对有关现象和已经有了比较深入的了解，而且研究者有能力编制出详细的访谈问题，但是研究者又不想限制受访者的思路，希望得到更多更深入的信息。这时使用半结构式访谈是最合理的选择。事实上，应用语言学领域使用最多的访谈方式就是半结构式访谈。

一般来说，量的研究通常使用封闭型的访谈形式，以便收集统一的数据，对其进行统计分析。而质的研究方法在研究初期往往使用开放型访谈的形式，了解受访者关心的问题和思考问题的方式，然后，随着研究的深入，逐步转向半开放型访谈，重点就前面访谈中出现的重要问题以及尚存的疑问进行追问。

按照交流方式，访谈可以分为面对面访谈和远程访谈。面对面访谈一直是质性研究领域主要的访谈形式。但近年来，由于科技的发展，远程访谈逐渐受到大家的青睐。远程访谈不仅可以借助语音和视频通话进行同步沟通，也可以通过电子邮件进行异步沟通，或使用介于两者之间的各种即时通信软件，如 QQ、微信等，进行文字形式的交流。网络视频访谈和一般的面对面访谈没有太大的差别。在研究预算较低时，远程访谈是不错的选择。但需要注意的是，电话、即时通信软件、电子邮件等方式的访谈只适用于强调言语线索，和对手势、表情等社会线索（social cues）要求不高的研究课题，或者只能在受访者重视隐私不愿意露面时不得已而采用。

根据受访者的人数，访谈还可以进一步分为个别访谈（两人访谈）和集体访谈（多人访谈）两种情况。个别访谈通常只有一名访谈者和一名受访者，双方就研究的问题进行交谈；而集体访谈可以由一到三名访谈者和六到十名受访者组成，访谈者主要协调谈话的方向和节奏，受访者相互之间就有关的问题进行讨论。在个别访谈中，受访者可以得到较多的个人关注，有较多的机会与访谈者交流，因此访谈者能够进行比较深刻的挖掘。由于参与访谈的人数少，受访者感到比较放松，也就不会像在公众场合交流时那样不愿暴露自己的隐私。与个别访谈相比，集体访谈可以为受访者提供一个相互交流的机会，调动大家就有关问题进行讨论，对"事实"和"知识"进行集体性建构。由于人们在集体环境中的表现往往与个人独处时不太一样，集体访谈还可以为访谈者提供一个观察受访者在集体互动中行为表现的机会。在质的研究中，个别访谈和集体访谈可以结合起来使用。就像结合使用正式访谈和非正式访谈一样，结合使用个别访谈和集体访谈也可以提高研究结果的丰富性和可靠性。从不同环境中获得的研究结果可以相互充实、相互验证，从多重角度对研究的现象进行透视。

根据访谈的次数，访谈还可以分成一次性访谈和多次性访谈。一次性访谈通常内容比较简单，主要以收集事实性信息为主；多次性访谈则通常用于追踪调查，或深入探究某些问题(特别是意义类问题)，可以有一定的结构设计，逐步由浅到深，由表层到深层，由事实信息到意义解释。在质的研究中，如果不是特殊情况，研究者大都选择进行多次访谈。第一次访谈往往是研究者与对方建立关系的时机，通常只能了解受访者一些基本情况，很难就研究的问题进行深入的探讨。此外，研究者在第一次访谈以后可能会发现有些重要概念和事件需要进一步厘清，而多次访谈可以为此提供更多的机会。不论进行多少次访谈，一个应该遵循的原则是：收集的资料要尽可能达到饱和状态。如果我们在后续访谈中得到的资料只是对以前收集到的资料的重复，那就说明访谈的次数已经够了。

7.1.3 访谈法的作用

访谈法的功能和作用主要有以下六点。了解受访者的价值观念、情感感受、行为规范；了解受访者过去的生活经历以及他们所知道的事件和对事件意义的解释；给受访者提供一个比较开阔、整体性的视野，多维度地深入、细致地描述事件的过程；为研究者提供指导，即事先了解哪些问题需要追问，哪些问题比较敏感，要特别小心；有利于研究者与受访者建立熟悉、信任的人际关系；可以使受访者感到自信，从而有可能影响其对自身文化的理解和构建。

7.2 访谈对象的选择

制定好研究设计后，研究人员就需要确定访谈对象了。首先，研究人员应根据研究问题，确定研究对象范围(如年龄、性别、教育背景、地域分布等)；其次，研究人员需要给研究对象发出口头或书面邀请，详细介绍研究目的和研究对象需要做的工作和拥有的权利，以便研究对象决定是否接受邀请。书面邀请是国际上通用的做法。任何一项研究都需要经过研究委员会的道德审核(ethical review)，确保研究对象在参加研究的过程中不受到任何伤害、研究对象参加某项研究完全是出于自愿且随时可以退出研究。尽管我国大学或研究机构还没有类似的规定，但是研究人员还是会本着尊重和保护研究对象的原则开展研究工作。

访谈对象的选择方式也有很多种。一种是随机抽取。比如在进行大学生外语学习策略方面的研究时，可以从上百名与该研究相关的学生中随机抽取。这种方法与量化研究较为接近。但是在更多的情况下，访谈对象是研究者遵循目的抽样的原则在小范围内选取的。目的抽样中包括了各种选择研究对象的方法，如熟人介绍，这种以滚雪球式的方式选取访谈对象就是其中之一。

另一种是筛选。如果符合条件的访谈对象很多，研究人员就需要进行筛选。在筛选的过程中，要注意所选的访谈对象是否能够提供真正有价值的信息。研究人员可以先通过一些非正式的交谈或者侧面了解寻找符合条件的访谈对象，然后从中选取一些具有代表性的访谈对象(杨鲁新等，2013)。

以本章经典案例中的访谈对象为例，该论文聚焦生态理论视角下中国高校俄语教师在语言教育政策背景下的职业能动性，因此，在选取访谈对象时，研究者首先确定了访谈对象的职业属性，即普通俄语教师(承担着教育政策实施者的角色)和有一定行政职务的俄语教师(承担着教育政策实施者和协调者角色)。其次，考虑到生态系统构成要素庞杂，研究者根据受访俄语教师的年龄、教育背景、职称、教龄，以及所在学校的类型和地域分布等，细化了研究对象的选择标准。

7.3 访谈内容的确定

访谈是以问答的方式呈现的。这些问题常是基于相关的文献综述和访谈形式而提出的，研究者需要精心准备。如果是非定向的访谈或者非正式的访谈，访谈问题可以灵活些；如果是正式的结构式访谈，每一个问题都应该经过深思熟虑。

访谈问题的设计非常重要。一般来讲，应遵照循序渐进的原则，刚开始先问一些背景问题。这样做的好处有两点：第一，先问一些很容易回答的问题，或者不需要访谈对象深入思考的问题，访谈对象会比较放松；第二，这些导入或者背景问题可以让研究者对访谈对象的相关信息有所了解。导入问题有时是"明知故问"。在准备采访的过程中，研究者对研究对象的一些背景情况可能有些了解，但是不够全面或深入。因此，此类问题可以帮助研究者更全面、深入地了解研究对象。当然，这些背景问题应当与研究人员的研究问题密切相关。

宏观类的问题可以跟随在导入问题或背景问题之后。开始访谈后，我们可以逐渐地向宏观类的问题过渡。在设计这些问题时，一方面，要设置相对容易回答的问题，访谈对象不需要过多思考，另一方面，这些问题也应该与研究问题紧密联系。

重点采访的问题与研究内容更为接近，也更为重要。这些问题可以与观察、其他访谈及书面资料等进行对比和补充，组成研究的核心数据。

最后，在访谈快结束时还可以再补充一些没有问到或者在采访过程中临时添加的问题，也可以请受访对象聊一些跟本次访谈话题有关并且他们自己也很感兴趣的话题。

如前所述，在设计访谈问题的时候，研究人员可以根据所阅读的文献来确定访谈问题，例如有些文章中会附有作者的访谈问题。研究人员还可以在正式访谈之前与相关人员进行非正式访谈，了解一些相关信息，这样有助于研究人员设计访谈纲要，从而在正式访谈时更有效地利用时间。此外，根据质性研究的特点，研究人员本身就是研究的工具，所以在访谈中，尤其是在半结构的访谈中，受访对象若提到了一些非常有价值的信息，研究者应该抓住机会继续追问，以便对相关问题进行更深入的挖掘。当然，如果受访对象过多地谈论一些不相干的话题，研究者也应该及时且有技巧地把受访对象引回到访谈话题上来，及时、得体地控制局面。

7.4　访谈地点的选取

访谈地点由研究者和受访对象协商决定，一般选择安静、安全的地方。安静是为了保证访谈过程中双方不受打扰干扰，使对话能顺利进行，也适合录音。因为访谈内容在进行转写时，会使用语音转写工具，安静环境下的录音识别率高，不需要剔除杂音。访谈若是涉及保密、政策、隐私、身份时，选择安全的地方，也保证了访谈内容不会被泄露。另外，若是在线访谈，则不受空间限制，只需要研究者和受访对象就时间达成一致即可。

7.5　访谈工具的准备

对于面对面的访谈，不管是个别访谈还是集体访谈，准备一支笔、一个笔记本是传统的做法。随着现代科技发展，录音笔、手机录音、电脑录音、摄像机摄像、语音转写软件等，都派上了用场。当然，除了纸笔外，研究者使用其他设备时要提前检查设备是否能正常工作，也要熟悉操作流程。为了数据安全，研究者可以同时使用两台录音（录像）设备。

7.6　访谈的实施

本节综合参考陈向明（2010）、杨鲁新等（2013）、范明林等（2018）和杨延宁(2014)的步骤,就访谈实施过程进行展示。

7.6.1　提问的基本原则

访谈过程中,研究者的主要工作是提问。研究者提问时应遵循以下基本原则。①研究者应该学会随机应变,根据具体情况选择最佳的方式提问。如果研究的问题属于敏感话题,研究者应该谨慎,采取迂回的方式进行。如果受访者性格比较内向,不善言谈,研究者可以多问细节,以此启发受访者做出回应。如果访谈关系尚未建立,研究者应该避免直接询问个人隐私,等到关系融洽了以后再试探性地进行询问。②尽可能自然地、结合受访者当时的具体情况展开谈话。比如,研究者可以先与受访者聊聊天,询问对方的个人经历、家庭背景和生活工作情况等。如果合适的话,双方也可以就共同感兴趣的话题先闲聊一会儿,增进双方的情感交流,消除(或减少)双方心理上的隔膜。

7.6.2　问题的类型

在访谈过程中,针对不同的访谈情境,研究者可以灵活使用多种询问问题的技巧和方式。针对不同的受访者,询问问题的类型也各有不同。另外,为了使同样的问题对不同的人具备相同的意义,研究者必须在访谈过程中修改问题的形式以使其适合不同教育背景和理解能力的受访者。

常见的访谈问题有以下八种形式。

导入性问题。访谈开始时,我们可以利用开放式的话语引导受访者进入访谈情境中,比如"你能不能告诉我关于……""你还记得有一次你……""你能详细地介绍下你在家的场景吗"。访谈法重在挖掘受访者的经历,访谈时可利用这些问题引导受访者进行自然而丰富的描述。

追踪性问题。当受访者阐述问题时,若出现了与研究主题相关的或者令研究者欣喜的内容,但是受访者可能在提及之后未能完整表述而收尾,此时,研究者应秉持寻根问底的态度,通过停顿、眼神的鼓励或者直接询问等方式请受访者对刚才阐述的内容做进一步的扩展和描述,例如,"我对您刚才讲的……很感兴趣,您能再给我详细说说吗"。

探索性问题。研究者可以通过追问来探索表象之外蕴含的内容,询问的问题有"你能不能回想起当时还发生了什么""关于这个内容还有没有其他的例子"等。

具体性问题。研究者可以询问一些具体的操作化的问题,比如,"当你感到焦虑不断加剧时,你做了些什么""你的身体反应是什么"。在一个有着许多笼统陈述的访谈中，研究者可以尝试通过询问"你自己也有过这种体验吗?"来获取更加详细的描述。

直接性问题。研究者可以通过直接的问题引入主题或者通过直接的问题来协助受访者澄清回答的内容，例如"你是否因为取得好成绩而得到奖励""当你提到竞争的时候，你想到的是一场正大光明的竞争还是破坏性的竞争"。这类问题让受访者没有回避的机会和可能，但最好是在访谈的最后阶段提出，尤其是在受访者已经做出相关的自然描述之后提出。

间接性问题。对于涉及隐私的话题或者对于受访者来说太过敏感的话题，研究者可以通过投射性的问题来获取答案。例如，"你认为你的朋友如何看待婚前性行为""你觉得你的朋友们如何看待以成功为目的的竞争"。这类问题看似在询问受访者身边的其他人对待某事件的态度，其实是在征集受访者对本人态度的间接陈述。

结构性问题。研究者要掌控整个访谈过程，当一个主题已经讨论完毕时应该清楚地向受访者指明。研究者可以直接而又礼貌地打断受访者讲述的与研究无关的话题，直接告知对方："非常感谢，我还想咨询您另外一个话题。"

解释性问题。解释的程度可以只是对回答进行改述，比如"那你的意思是……"，或是尝试着澄清，比如"你感觉……吗"或"……，这是你刚才想要表达的意思吗"。这些问题让受访者能够直接、准确地进行回应。

上述问题可以分为三大类：开放型与封闭型问题、具体型与抽象型问题、清晰型与含混型问题。在访谈的过程中，这些问题具有一定的内在联系：先以导入性问题开始，从开放型结构逐步过渡到半开放型结构，一步一步地对问题进行聚焦，即访谈的问题由浅入深，由简入繁，由近及远。在访谈问题的过渡中，问题与问题之间的衔接要自然流畅，为此，研究者应该注意倾听受访者的谈话，将谈话内容中的某一点作为构建下一个问题的契机。访谈的问题应该以受访者的思想作为起承转合的主线，问句的构成应该使用受访者自己前面使用过的词汇和句式。若是受访者跑题了，研究者应尝试使用结构性问题，让访谈内容自然转换。

但是，在访谈过程中，研究者并不是只能通过不断提问才能将问题了解清楚。有时候，适当的沉默也是一种难能可贵的方法。研究者与其不断地发问使访谈成为盘问，不如通过谈话中的停顿让受访者有足够的时间来思考，等待受访者主动打破沉默。但这需要研究者具备一定的访问技巧和对受访者的回答有充分的敏感。有时候，研究者最需要做的不是坚持按顺序问完自己访谈提纲上事先准备的所有问题，而是要用自己的心去体会对方的心，谨慎地、细心地与对方进行交流。

7.6.3 访谈中的追问

"追问"指的是研究者就受访者前面所说的某一个观点、概念、语词、事件、行为进行进一步探询,将其挑选出来继续向对方发问的行为。在开放型访谈中,追问的一个最基本的原则是:使用受访者自己的语言和概念来询问受访者自己曾经谈到的看法和行为。追问的时候要把握好时机和度。"追问的时机"指的是研究者就有关问题向受访者进行追问的具体时刻;"追问的度"指的是研究者向受访者追问问题的合适程度。研究者在追问时要考虑到受访者的感情、研究者本人与受访者之间的关系以及访谈问题的敏感程度,如果问题比较尖锐,研究者应该采取迂回的办法,从侧面进行追问。

访谈中,最忌讳的追问方式是研究者不管对方在说什么或想说什么,只按照自己事先设计的访谈提纲逐一抛出问题。这样的追问不仅把访谈的结构砍得七零八碎,妨碍访谈自然地往下推动,而且没有抓住受访者的思路,强行将研究者自己的计划乃至偏见塞给对方。

把握好追问的时机和度,要有追问的策略。例如,研究者必须首先将自己的"前见"悬置起来,全身心地倾听对方,在倾听的时候,研究者应该对对方使用的语词保持高度的敏感,发现了重要的词语、概念或事件以后需要记下来,在适当的时候进行追问(陈向明,2010)。

7.7 访谈内容的转写

与前面提到的访谈方式相对应,访谈的数据记录也有几种方式。根据访谈的方式及研究者使用的工具,研究者可以选择相应的方法和软件对访谈进行转写和整理。在非正式访谈中,研究者可能只有在访谈结束后,才能根据自己的记忆记录访谈的内容,或者是在访谈的时候做一些笔记,结束后根据笔记再进行整理。如果在访谈的过程中使用了录音设备,那么研究者就可以根据录音进行转写。如果有录像,除了转写录音数据,研究者也要关注访谈对象的肢体语言(如表情),因为这些肢体语言也可能揭示重要信息。

访谈转写是一项费力耗时的工程。一般来讲,对访谈进行转写和整理的过程也是研究者对数据进行初步分析的过程。通过转写,研究者可以详细了解受访者的观点或想法。

研究者也可以付费请人进行转写和整理,但这除了增加经济上的负担外,研究者也失去了一个直接全面细致接触原始数据的机会。另外,现在也有研究者利用机器自动识别进行笔录的软件(如 Dragon Naturally Speaking、Hybertranscribe、科大讯飞等)进行转写。如果是撰写学位论文,我们建议研究者自己整理数据;如果是完成大型项目,研究者在请人转写时,最好提前对转写人员说明转写的要求,包括"如何标注转行"等。

一般情况下,研究者应该要求转写人员在转写稿的开始标出访谈对象的姓名(使用化名)、访谈时间和访谈者。访谈转写稿抬头的标注非常重要。如果要运用质性数据分析软件(如 NVivo),这些标注就会出现在标注转写特点的对话框里,使研究者对要分析的访谈对象、时间等一目了然,在后续调用相关数据时,也方便查找(杨鲁新等,2013)。

7.8 经典案例

TAO Y,2022. Russian language teachers' professional agency against the backdrop of the New National Teaching Quality Standards in China:An ecological perspective[J]. Current issues in language planning,23(5):457−465.

内容概要

本篇论文以《高等学校外语类专业本科教学质量国家标准》("新国标")和《普通高等学校本科外国语言文学类专业教学指南》("新指南")为语言教育政策,指出该政策构建了近年来中国高校俄语教师教学及科研的生态环境。数据来源主要是对四位俄语教师的访谈和课堂观察。以此为基础,论文研究了该生态环境中的大系统、外系统、中间系统和微系统中有哪些因素促进或阻碍了俄语教师能动性,哪些因素为俄语教师所忽略。研究发现:①虽然该政策(大系统)从词汇和文本层面表现出强制性,但是它仅为教师设置了宏观框架,对其能动性影响不大;②学校(中间系统)对教师能动性影响最大,它能够开放或关闭宏观语言政策所允许的空间;③教师个体素质构成了另一个潜在的微系统,对其能动性的作用不可忽视。该研究对于外语教师发展环境的研究具有理论借鉴意义,并希望以此文引起政策制定者对俄语教师群体的关注。

质性研究方法简评

作者使用半结构访谈的方式，对四位来自国内不同地区和不同类型高校的俄语教师进行了访谈，探讨了新的教育政策对非通用语种教师能动性的影响。作者选择访谈对象遵循了如下的原则：至少具有五年以上的俄语专业教学经验；至少教授过五门以上本科课程；教授过俄语专业的核心课程，即"基础俄语"或"高级俄语"等；最好有担任行政职务的经验，因为有行政经验的教师在解释和执行语言政策和教育方案方面发挥着关键作用（Johnson et al.，2015；Cheng et al.，2019）。根据这些原则，作者选定了 A、B、C、D 四名俄语教师进行访谈，其中，A、B 和 C 均从事过多轮"综合俄语"课程的教学，A 担任过某外国语大学俄语学院副院长，并且教授过"高级俄语"的课程，同时，四位教师分属于不同的年龄段，自身能动性发挥的微系统有所不同。

访谈的问题源于相关研究文献的梳理和对教育政策的解读。访谈提纲根据"新国标"和"新指南"所构建的微系统、中间系统、外系统和大系统展开，旨在探讨新的语言政策对俄语教师能动性的制约或促进作用、他们在政策制定和政策变化中所发挥的作用、他们在教学中自主决策的能力，以及他们在"新国标"和"新指南"的语境下进行教学改革的自由度。访谈的问题均为开放式，受访者可以谈论他们对"新国标"和"新指南"的理解、他们的教学活动及心态的变化等，以期为本研究提供更多的信息。

作者注意到了四位受访者的年龄、性别、职称、教育背景等，确保有一定的代表性。在数据分析的过程中，作者能够根据研究问题，从收集到的数据中选取非常具有针对性和代表性的文字并通过下划线的方式，突出数据对研究问题的解释力，回答了如下的研究问题：①"新国标"及"新指南"形成了怎样的俄语教师发展生态系统？②该系统中中国俄语教师的能动性受制于哪些因素？③"新国标"和"新指南"语境下，哪一级系统对教师能动性影响最大？

论文遵循了质性研究中使用访谈法收集数据的流程和步骤：根据研究方向进行文献梳理并提出研究问题；准备访谈工具，选择受访者、访谈地点、确定访谈时间并实施访谈；转写数据，描写数据并对数据进行编码和分类；解释数据并回答研究问题；得出研究结论。

思政元素分析

语言教育政策是个跨学科的概念，既涉及应用语言学范畴，又涉及教育学的范畴，体现出国家一定时期语言教育和发展的教育理念和目标。2018 年 1 月 30 日，教育部颁布的《高等学校外语类专业本科教学质量国家标准》（"新国标"）和 2020 年 4 月教育部高等学校外国语言文学类专业教学指导委员会颁布的《普通高等学校本科外国语言文学类专业教学指南》（"新指南"）体现出国家新时期对语言人才培养的顶层设计和整体谋划。

就外语教育而言，"新国标"是高等院校本科阶段外语专业准入、建设和评估的重要依据。就英语教育而言，"新国标"提出英语类专业的培养目标是"具有良好的综合素质、扎实的英语语言基本功、厚实的英语语言文学知识和必要的相关专业知识，符合国家经济建设和社会发展需要的英语类专业人才"，因此，在教学改革过程中"要融入学生国际视野、责任意识、思辨能力的培养"，才能提高学生的综合能力，使其具有更强的拓展和竞争能力。

在"新国标"规定的"综合英语"等课程的基础上，"新指南"在专业核心课程中增加了"中国文化概要"课程，以增强英语专业学生对中国文化的了解。"专业核心课程也设置了体现人文属性的课程，……从而拓展文化事业，提升人文素养的逻辑思辨能力"。"新指南"里体现出"跨文化思辨育人"的教育理念，"在外语教学中，通过跨文化思辨活动，增强人文素养，塑造正确的世界观、人生观、价值观、文化观"。

作业

1. 简答题

(1)什么是访谈法？它的特点有哪些？

(2)访谈有哪些类型？

(3)如何确定访谈的内容？

(4)访谈中如何提问和追问？

2. 实践题

请使用本章介绍的质性研究路径或方法，选择自己的研究方向中感兴趣的话题，简要设计一项研究。

第8章

观察法

课前思考

- 你曾经观察过课堂吗？观察的过程中你会注意什么？
- 外语教学中的观察法指什么？有哪些类型？各自有什么特点？
- 观察法应用于外语教学研究中有哪些优势与不足？
- 外语教师应如何利用观察法开展实证研究？

8.1 观察法的定义和类别

观察法（observation）指研究人员有意注意、审视参与者在自然环境中的行为。在应用语言学研究中，观察的场所既可以是课堂，也可以是课外讨论、自主学习、双语家庭等语言环境（Heigham et al.，2009），研究人员既可以通过眼、耳等感官收集观察数据，也可以借助辅助工具，如观察表、录像设备等记录与储存相关资料。尽管少有研究人员使用观察法作为单一的数据来源，但其经常与访谈、问卷（包括开放性问卷）、音视频资料收集法等共用于民族志、个案研究和行动研究中，因此也被视为应用语言学研究中最重要的研究方法之一。外语教学研究中的观察法通常具备以下特点：与其他科学研究方法一样，使用观察法须有明确的研究目的的指导，并经过科学、严密地设计；研究人员应系统地记录观察过程，留下详细的实地笔记以供后续参考，并对其信度和效度进行控制和检验（杨鲁新等，2012）。

根据研究人员在观察过程中的参与程度，戈尔德（Gold，1958）将观察者的身份由深至浅分为四类：完全参与（complete participant）、参与性观察（participant as observer）、观察性参与（observer as participant）和完全观察（即非参与性观察，complete observer 或 non-participant observation）。完全

参与指研究人员不仅在现场，还会介入研究过程，影响观察对象的正常语言活动，如一线教师在自己班级中开展的行动研究。而完全观察则指研究人员与观察对象保持距离，不参与其语言行为过程，并采取各种措施不让别人注意到自己的存在，如以旁观者身份观看课堂录像等，以此减少外来人员对观察对象自然行为的影响。值得注意的是，观察者所处的位置和视角取决于研究背景与目的，并且其立场可能会随着研究的推进而发生改变。在四类身份中，参与性观察通常扮演着最微妙和复杂的角色，因此也能代表观察法研究中各类研究人员所面临的具体问题。

参与性观察是人类学和民族志中常使用的数据收集方法。正如名称所暗示的，参与性观察要求同时"参与"和"观察"特定研究场所。此时，"参与"未必要求研究人员充分介入观察对象的活动，而是为深入了解所观察的对象，研究人员会在执行正常活动（如语言教学活动）时与观察对象产生互动。在此过程中，研究人员尤其需要将有关地点、人员和互动的细节记录在现场笔记中。考虑到在开展实地观察时，研究人员很容易忽略一些习以为常的行为或现象，错失其背后蕴含的研究价值，因此现场笔记在参与性观察研究中发挥着十分重要的作用。参与性观察能让研究人员沉浸于研究场所，以主位视角深入了解研究对象，但也有耗时费力等弊端。更重要的是，由于研究人员深入其中，缺乏旁观者的敏锐度，可能会对其判断的客观性造成负面影响。

观察性参与主要出现在一次性访问访谈中，指研究者的观察比非正式观察或任何形式的参与更为正式。与完全参与或参与性观察相比，它的"同化"风险较低。然而，观察性参与者与信息提供者的接触短暂且可能流于表面，更容易误解信息提供者，也更容易被信息提供者误解。而且，短暂接触还会导致错误感知、沟通障碍等。

由于观察法常与访谈、问卷（开放性问卷）和音视频资料收集等共同应用于外语教学研究，本章可视为对民族志、个案研究和行动研究的补充。民族志和个案研究人员往往为外部人员，他们在获得准入资格后进入研究场所，开始观察与记录；行动研究则更多为内部人员之间的相互观察，以改进或发展语言教学实践为目的。外语教学研究中的观察研究主要以学校环境中的语言教师和学生为研究对象，对课堂教学环境进行相对长期、稳定的观察以解决教与学过程中涌现的实际问题，而非对众多教师进行日常、广泛的课堂观察。后者往往是出于评估目的，但对深入的学术研究和持续的教师发展来说却并不适用。

8.2 观察法的特点

观察法作为应用语言学研究中的重要方法之一，其首要贡献在于研究人员可以获得有关研究场所的第一手经验，而这点是其他研究方法无法提供的。通过亲身经历与观察，研究人员可以对处于研究背景中的人物、构造、声音、氛围等有更深刻和直观的印象。仅出于此考虑，研究人员就值得实施观察法对研究对象进行深描。

具体来说，观察法的首要特点在于可以帮助研究人员从开放、归纳和整体的角度来描述研究对象的行为，理解实际发生的事件，而非人们希望或预设的事件(Anderson et al.，1994)。教师和学生在课堂活动中往往遵循一定的惯例，对在哪里、应该做什么有相对固定的信念和假设。通过观察，研究人员不仅可以发现教育现场中这些约定俗成的习惯，还能以局外人的身份，相对客观、冷静地看待研究对象的语言行为，并赋予其新的语境化解释。因此，观察法可以帮助研究人员了解所关注的语言学习行为与现象的真实情况，并为深入解释它们提供重要的外部见解。如杨鲁新和高绍芬（Yang et al.，2013)就采用了观察法对研究所处的社会文化环境进行宏观感知，以此分析中国 EFL 课堂背景对教师写作教学信念可能产生的影响。

观察法经常与其他数据收集方法配合使用以形成三角验证，为主要数据来源提供可靠支持。如在个案观察中，研究人员可以通过访谈获取研究对象的主观想法，继而通过观察法验证他们的观点及自我描述的行为，并结合实际观察到的环境因素理解观点背后的原因及可能造成的影响。如果访谈对象所说的与研究人员实际观察到的有出入，那么这就为研究人员指明了值得探索的方向。例如威尔逊（Wilson，2021)在观察英国英法双语家庭的家庭语言政策时，通过实地观察家庭餐桌用语，发现尽管家长总体上对孩子混合使用英法两种语言持积极态度，但这种积极态度并不一定有利于灵活的家庭语言政策的实践。在实际观察到的家庭语言行为中，仍有家长使用单一的语言管理，实施语言分离政策。为深入探究其语言政策信念及实际行为的差异，研究人员指出产生这种差异的主要原因在于实用主义，即为子女创造最大化的传承语言(heritage language)输入。而如果观察所得与其他来源所得的结果一致，则可以形成互证，增加研究的信度。又如许悦婷和邱旭研（Xu et al.，2020)为探究大学英语教师有关课堂参与的评价素养，采用了问卷、访谈及课堂观察法。其中课堂观察所得数据构成了主要数据来源，研究人员同时根据观察过程中涌现的有关评价学生课堂参与程度的新问题，在后续访谈给予实时跟进。

观察法还经常用于行动研究中，因为同行（如教师）之间的合作有利于更好了解彼此的工作情况，改进实际的工作效果。行动研究中的观察法又与一般的观察法研究目的有所不同，因为它不以客观性为基准，而以解决工作中出现的问题为目标，更强调研究在解决问题方面的实用价值而非客观性。如周小舟等（Zhou et al.，2021）以中国某大学的内容与语言融合（content language integrated learning，CLIL）的阅读课堂为研究背景，采用观察法（课堂录音）和问卷法，探讨了教师的超语教学策略以及学生对其策略的态度。根据学生对教师在课堂中采取的超语教学法的反馈，该研究展示了教师如何结合学生需求，调动多语学习者的全部语言资源来实现教学目的，最终建立师生共赢的课堂生态。研究结果对改变传统的单语教学方法、利用超语资源促进学生的学习过程，具有重要意义。

研究人员在实施观察法研究中，其研究实践与语言教学实践有很多共通之处——两者都试图理解纷繁复杂的研究现象，需要研究人员和教师探索、熟悉研究场域（Hitchcock et al.，1995），以获得对研究对象的全面理解。在这方面，因为教师在参与课堂（即授课）的过程中要同时进行观察，所以观察法特别适合应用于一线教师的课堂研究中。

8.3　收集观察数据

8.3.1　准备观察

与其他质性研究方法类似，研究人员在实施观察前需决定以何种方式进入研究场所。这涉及两个重叠的问题：进入观察场地和预知观察中要重点留意的问题，如选择观察的对象、背景和观察的时间等。进入研究场所指研究人员获得对观察场所的访问权，进而与研究对象建立联系。研究人员可以通过自愿招募、熟人介绍，甚至依靠自身的便利条件征募或接近研究对象。此时，研究人员需告知研究对象该研究的项目名称、目的、流程、预期成果和参与人员所需要做的工作，并征得他们的同意。如果研究所涉的参与者是未成年人，还要征得其家长的同意。这是研究开展的前提和必要条件。

进入研究场地对大部分外语教学研究人员来说并不困难，尤其当教师身份的研究人员以自己的课堂为观察和研究场所时。在观察他人的课堂时，研究人员还要决定自己在观察中扮演的角色和视角（Richards，2003）。正如霍利迪（Holliday，2007）所指，定性研究关注的是人与人之间的关系，对于研究参与者来说，被观察，尤其是被内部人员（如同事）观察会激起其很多本能反应，进而使其隐藏或夸大他们的正常表现。此时，替代方法是通过第三方找到一个新场所（如学校），以及一些研究人员允许的可以观察他们的陌生人。当然，这些陌生人的身份及职位也可能会影响观察对象的行为，研究人员应当仔细筛选。

除进入研究场所外，研究人员在准备观察阶段要做的第二件事是提供预设的问题，即计划好观察时要留意的线索或特征。在准备问题时，需尽可能减少先入为主的猜想，应以全新的眼光审视所观察到的内容，尽量注意到熟悉环境中呈现的新方面。观察目的也决定着观察的时长。为揭示不同文化群体的内部复杂性，一般情况下的观察研究可以持续六个月至数年不等，而为撰写硕士论文所用的观察时间则会大大缩短。如果教师研究人员对自己的课堂进行观察研究，那么很可能是为了解决一个特定的问题，并受此问题驱动开展行动研究。如"学生是否或为什么会拒绝学习？""我应如何吸引学生注意力？"等。这类实践性问题会鼓励教师注意课堂教学中的某些行为和事件，也通常会促使行动研究的实施。在这种情况下，即使是非常短暂的课堂观察，也可以对研究问题产生有用的见解。但在条件允许的情况下，长时间的观察更有可能引发对课堂事件更深入、丰富和有根据的理解。无论是观察自己的课堂还是其他环境，都要注意不要过早地聚焦于某个特定问题或特性，因为这可能会让自己遗漏其他有价值的信息，而错过的信息可能会为研究提供更长远的价值。因此，研究人员在观察过程中切忌贸然下结论。

8.3.2 确定观察内容

一个好的观察者应具备良好的观察意识，可以通过观察练习让自己变得更加清醒、客观。例如，研究人员可以安静地坐在公园里，环顾四周，注意公园里有什么，观察树的种类，体会坐在阳光下的感受，空气中弥漫的气味，等等。对环境的观察和记录完成之后，研究人员可以转向人群，描述人们的穿着，他们在做什么、说什么，等等。一般来说，做30分钟的观察练习就可能让大多数人精疲力尽。但如果经常练习，就会使自己更加了解周围的环境，并逐渐提升自己的观察能力。

实地记录（field note）对分析观察研究所收集的数据来说，发挥着关键性作用。在记录实地笔记的过程中，需要考虑两个重要方面："详细描述"（thick description）和"使熟悉的事物变得陌生"（make the familiar strange）。"详细描述"指研究人员提供尽可能详细、丰富的描述（Geertz，1973），包括对研究环境的描述等，使读者可以身临其境，以增加研究报告的真实性。"使熟悉的事物变得陌生"是指研究人员应避免采取理所当然的态度（Holliday，2007），尽可能将全部情况都记录下来。正如舒茨（Schutz，1964）所指出的，我们总是需要尝试在新环境下扮演一个陌生人——质疑外界环境中正在发生的事情，并试图解释未经质疑的事情。当我们第一次去某个地方时，我们很容易对正在经历的事情感到新鲜，并就周围的一切提出问题。然而，当我们身处熟悉的教室或者学校环境中，就很难做到这一点，因为学校都有着相似的管理模式、仪式和惯例，很难在其中发现新鲜点。因此，能以全新、客观的视角审视外界环境是观察者必须具备和保持的技能。

在上述两个原则的指导下，研究人员可以根据不同的研究目的和研究所处阶段，选择宏观的、走马观花式观察或细致观察。走马观花式观察可用于研究初期，方便研究人员对观察场所的空间位置和人文环境，如学校所处的地理位置、教室布置、校园氛围和师生关系等有一个大致的印象，杨鲁新等人（2012）为我们进行此类观察提供了一些参考问题：

- 学校在什么样的地理位置？
- 教室的硬件设施看上去怎么样？
- 学校里都有些什么样的人？这些人之间是什么关系？
- 这些人的年龄和性别？有哪些具体的特征，角色分工是怎样的？
- 教师、学生的衣着打扮、精神状态等是怎样的？
- 近期在学校里发生了什么事？学生们课间都在做什么？

例如，王丹萍（Wang，2019）在探究中文作为外语的自然课堂中，老师和学生对超语现象的态度和实践时，首先采用大规模问卷调查和深度访谈获取了受访者的态度看法，访谈结束后，她观察了三位老师针对初学者的课程，并通过音频将其记录下来。在她选取的研究方法中，观察法最适合用来收集学生和老师在课堂环境下的语言选择与超语实践。

8.3.3 如何做现场笔记

同普通笔记一样，现场笔记本身就是个性化程度极高的，不同的研究人员面对同样的场景可能会有完全不同的记录。在初学阶段，研究人员可以将笔记页面分成三栏，左边一栏给出时间、地点等详细信息，中间一栏是现场笔记的主体内容，右边一栏用于书写完成现场笔记之后的分析或评论，或用作备忘录。一些研究人员还有撰写研究日志（research log/journal）的习惯，以便反思整个研究过程。这对于推进其研究进展、串联观察过程中所发生事件与潜在原因具有极大的帮助。除现场笔记外，研究人员也可以通过便利贴、备忘录、实时录音等方式记观察笔记。这些方法在开展行动研究时尤其有效。

有关现场笔记的记录内容，斯普拉德利（Spradley，1980）提出了在观察法研究中使用的"操作方法清单"（how-to checklists）。清单中明确指出了观察者应特别关注的九个关键维度：空间（space），即观察所处的实际位置；人物（actors），即观察的对象及相关人员；客体（objects），即处于观察场所中的客观实在；行为（acts），即观察对象发出的单一行动；活动（activities），即观察对象发出的一系列连续、相关的行为；事件（events），即观察对象发出的一组连续、相关活动；时间（time），即观察事件按发生时间的排序；目标（goals），即人们努力完成的事情以及感受（feelings），即人们表达的情绪与体会。当然，并非每次观察笔记都要涵盖所有的维度，但它们可以指导我们进行全面、系统的观察，由此研究人员可以避免局限于特定事件，保持旁观者的公正、客观的视角。

8.4 分析观察数据

整理、解读和分析观察数据是一项耗时费力的工作，研究人员首先要将观察笔记及时整理到研究日志中，进行对比、归纳和总结，因此数据分析的过程也是一个总结、反思，最终达到理论化的漫长过程。

霍利迪（Holliday，2007）将分析观察数据的过程分为三个阶段，从"描述"开始，到初步"理解"观察结果，最后转向"论证"，即在研究报告中向读者阐明所经历和观察到的现象。在论证阶段，研究人员必须明确自己的观点，并阐明数据与想法之间的联系。由此，观察法最终呈现的研究报告是体现研究人员所闻所见的故事，但其与普通叙事型故事的区别在于这份研究报告能够综合所有论据、论点和理论，体现了特定的理论或分析框架。尽管研究人员在开展实际研究前会有一定的理论指导，但随着观察的深入，研究人员逐渐接触到研究对象的本质，其理论依据往往还会因此发生改变（Hammersley et al.，1983）。

曼苏里等人（Mansouri et al.，2021）的论文是体现观察法及观察数据分析过程的一个典型案例。他们采用开放式问卷、课堂观察和刺激性回忆、半结构化访谈等多种数据来源，探讨了伊朗的机构政策对非母语的英语教学中教师评估素养和政策实施过程的能动性的影响。其中，开放式问卷围绕与教师评估素养相关的九个维度，与半结构化访谈互为补充和验证。为获得教师具体的语言教学评估实践，研究人员进行了共计 19.5 小时的课堂观察，并对每位教师的课堂评估实践进行实地笔记。具体来说，研究人员采用非参与性方式观察课堂，记录并归纳了与教师评估实践相关的细节。课堂观察在期中进行，以此确保教师和学生不会受到学期初始和结束带来的波动影响。每次观察后，研究人员立即在课下与教师进行刺激回忆访谈，提醒教师对某一具体评估实践进行阐述，以获取教师的即时反馈和思考。访谈通常不会特意让教师们解释学校的相关政策会如何影响自己评估实践，但当教师主动提及时，研究人员会邀请教师进行阐明和补充。数据分析阶段主要采用主题分析法，即通过"整合、压缩和解释人们所说的以及研究人员看到的"（Merriam，1998），将数据分析视为一个自下而上、创造意义的过程，对参与者在问卷、访谈、观察和刺激性访谈等不同阶段中提供的数据进行单独分析。

8.5 撰写研究报告

不同研究目的下，研究报告的呈现方式也有所差异。研究人员若进行长期、详细的参与式观察，其撰写的研究报告既可类似于民族志研究，也可对研究背景做出具体的理论化描述（Delamont，2004）。民族志研究主要呈现描述性结果，且很大程度上基于研究所收集的第一手数据，而理论研究，例如扎根理论研究，则更具假设性，能对参与者的特定身份或经历进行更具类属性和主观性的描述。如马丁-贝尔特兰（Martin-Beltrán，2014）基于社会文化理论研究了学生如何利用西班牙语、英语和超语（translanguaging）作为文化和认知工具来创造学习空间。数据来源主要为课堂观察、学生写作过程观察、访谈，以及同伴互动、合作撰写和修改文本时的音视频记录。社会文化理论指导下的微观起源法（microgenetic analytic methodologies）为该研究提供了数据分析框架（Fazio et al.，2013），详细揭露和解释了学习者在特定背景下具体到时刻和片段（moment-by-moment）的语言发展，帮助研究人员理解超语在学习者认知变化中所起的中介作用。由此，其呈现的研究报告便围绕社会文化理论，对超语资源在"邀请他人参与知识建构、支持单词学习并加深理解、同伴间语码转换以共同构建意义、承认学习者的多语身份、突出进步空间和未来发展轨迹"五个方面的作用进行主题汇报，更具类属性，属于观察法研究报告中常见的理论化描述类型。

8.6　经典案例

GUO H，2023. Chinese primary school students' translanguaging in EFL classrooms：What is it and why is it needed？［J］. Asia-Pacific education researcher. (32)：211-226.

内容概要

作者使用课堂观察、采访等方法，深入探究了某小学英语课堂中35名学生进行超语实践时的内在需求。研究在描述特定背景下学生超语实践的同时，还关注学生在自然课堂中的真实需求，解释其具体的超语行为背后的原因与动机。研究人员采取了多种数据收集方法，包括课堂观察、录像、实地笔记、与授课老师的访谈和与学生的随意交谈。其中，为期三个月的课堂观察与实地笔记为主要数据来源，用以支持分析过程中涌现的类别和主题，并对学生的超语实践及所处的课堂环境进行细致描述(thick description)，以此凸显研究的客观性、全面性。

质性研究方法简评

在研究方法部分，作者首先阐述自己如何进入场地并获得观察研究的许可。被观察的对象为两位教师(即该教育机构的教学主任彻丽和有二十多年教学经验的教师安娜)，以及来自三个班级的35名小学生。研究人员征得了未成年人监护人的同意之后进入课堂，对课堂情况进行非参与式观察。随即，作者对教科书、参与者的个人信息与背景(包括学生的家庭经济背景、老师的教学程序)、研究场所(即位于北京的私人培训机构)进行了介绍。

关于数据采集，为全面了解课堂上真实发生的超语实践，作者进行了一学期的课堂观察：每周花三个下午观察、记录和录制英语课堂。在此期间，作者为保持旁观者视角、不干预师生间的正常互动，只坐在教室的角落，并让学生逐渐习惯她和相机的存在，以减少对课堂自然言语的影响。最终，作者收集的课堂录音共计48小时，同期记录了30页的现场笔记，采访了一位老师，并在课间休息时与10名小学生进行了非正式访谈。现场笔记主要记录在课堂上观察到的超语实例。课后与学生的访谈旨在获取他们对自己所做出的超语实践的看法，而采访教师彻丽时则主要询问她对学生在英语课堂上混合使用中英两种语言的看法。由于老师比研究人员更了解自己的学生，因此教师的观点可以验证研究人员对学生超语实践的理解是否恰当。

数据分析阶段，作者遵循定性分析一般性步骤，试图找出学生在课堂上超语实践背后的原因。首先，作者结合现场笔记和观察记录，识别出课堂中由学生发起的超语实践，并根据教学环境和目的进行标注。作者共挑选了 39 个与此相关的超语案例，并结合语境对每个超语案例背后是否涉及理解或表达的需求进行分析，以充分体现学生理解知识、表达自我的内在需求。其次，作者根据学生的超语需求，对案例进行进一步分类，比较相同标签下情境因素的异同，以此识别不同的内部需求因素。

在详尽描述数据收集及分析方法后，作者在呈现研究报告时受具体的超语理论指导，因而采用了相应的主题报告形式，分为两个主题：①受未知事物驱动，学生采用超语以完成学习任务(如帮助学生理解新内容、产出完整句子等)；②受已有知识驱动，学生采用超语以满足自我表达需求。研究报告旨在根据学生的内在需求，描述并阐明其超语实践的主要类型。为此，各部分均引用了作者在课堂观察中记录的具体的师生、生生互动言语。

思政元素分析

本研究有助于深化对低龄外语学习者语言实践的认知，为解决学界长期以来的争议点——在外语课上是否应该使用学习者的母语——提供全新视角的解释，凸显了尊重儿童内在需求，即通过超语来理解学习内容、满足自我表达欲望在课堂教学设计中的重要性。由此，在贯彻课程思政理念的指导下，外语教学研究人员也应据此对学习者需求予以更多关注，面对一线课堂中观察到的、客观存在的学习者行为，应承认其正当性而非加以抑制，并进一步倾听学习者对此的需求和动机，将其视为实现教学目标、培养学生学习兴趣、促进学习参与与投入程度的重要资源。

✍ **作业**

1. 简答题

(1)简述应用语言学研究中的观察法的定义。

(2)应用语言学研究中的观察法有哪些类型？

(3)应用语言学研究中的观察法有哪些特点？

(4)简述应用语言学研究中的观察法的实施步骤和流程。

(5)在应用语言学的研究中，如何确定观察的内容？

2. 实践题

根据自己的研究方向和感兴趣的话题，进行一项研究设计，注意突出观察法的研究路径。

第9章

反省法

课前思考

- 小明的期末考试成绩不太理想，他选择了如下几种方法帮助提升成绩：
  - 回顾自己之前的学习状态，改正阻碍学习进步的一些行为；
  - 寻求老师和家长的辅导；
  - 与同学组成学习小组，共同督促彼此进步；
  - 查漏补缺，反思错题，引以为戒。

以上方法中，你认为哪几种属于反省法？

- 结合自身的学习经历和以上事例，谈谈你认为什么是反省法？反省法会给你的学习带来什么好处？

9.1 反省法的定义

对于语言习得的研究者来说，观测学习者的脑内学习过程有一定的难度，而反省可以反映决定人们行为的思想、情感、动机、推理、心理状态(Nunan，1992)，且可被观测到，有助于研究者更深入地探究教与学的过程，了解教师和学生真正的所思所想，且这些思想能够与受试者的行为相匹配(Gass et al.，2016)，能反映受试者的教与学策略(Cohen，2013)，因此研究者常将反省作为一种方法纳入外语教学的研究中来，并且运用十分广泛。反省法(introspective techniques)是对一个人的思维过程的检验和观察(Lyons，1986)，能够揭露研究对象认知状态下的信息处理过程(Matsumoto，1993)。使用反省法，研究者能够间接性地接触到研究对象的脑内学习过程，特别有助于二语学习过程的主题研究，能更好地帮助研究者洞悉学习过程的发生特征及路径(De Silva et al.，2015；Hu et al.，2017；秦丽莉等，2021；欧阳西贝等，2022 & 2023)，能够弥补二语教学研究中重结果少过程(Lantolf et al.，2006；Ellis，1999)、重"教"少"学"的不足(陈美华，2021)。

反省法的形式通常是口头报告，可以是即时或是回溯的，数据来源于学习者(即研究对象)对他们自己组织和理解信息的方式的评价(Gass et al.，2016)。刘润清(2015)指出，反省法也可称为口头自陈，能够研究受试对象行为产生的一些内部原因，如思维过程、内心感受、动机、推理过程等。也有研究者指出反省法的形式不仅包括口头报告，也包括书面反省，如反思日志(Mckay，2009；陈向明，2010)。包威斯(Bowles，2018)指出，一些研究社会文化理论和会话分析的学者们认为反省不仅仅反映了个人的思想活动，还能够作为一种教学方法用于改善新知识的内化(Vygotsky，1987)。基于此，斯温(Swain，2006)提出了语言表达(languaging)的概念，也着重强调了口头与书面两种形式的语言表达对新知识内化的促进作用(秦丽莉等，2021；欧阳西贝等，2022)。

在本书中，我们偏向于将口头与书面形式的反省法均纳入反省法的范畴，且我们将不仅是研究方法也是教学方法的语言表达(Swain，2006)也纳入反省法范畴加以介绍，具体内容可参见下节"反省法的分类"。

9.2　反省法的分类

盖斯和麦基(Gass et al.，2016)将反省法从汇报时间、形式、提供的支持三个方面进行了分类。汇报时间可分为即时与回溯，形式可分为口头与书面，提供的支持可分为有声思维(支持仅任务本身)与刺激性反馈(任务产物提供刺激支持，如产品、视频、录音等)。具体来说，按照口头和书面形式的不同，反省法的具体操作形式可分为口头报告和反思日志。其中，口头报告按照汇报时间分为有声思维和回溯性口头报告(或称刺激性反馈)。反思日志则可以根据不同的日志所有者的来源，分为教学日志、学习日志、管理者日志等(Mckay，2009)。此外，根据反省法操作过程中有无研究者或事物的参与和影响，反省法的具体操作形式还可分为独立式和启发式。独立式反省法，即研究者不实施干预，反省过程中也无事物的影响，如不提供各类产品、视频、录音等的刺激，受试对象以独白的形式产出反省的内容。启发式反省法则相反，反省的内容是在研究者干预下以对话的形式呈现的，或是在各类事物等的刺激下产出的。

有声思维是与学习过程同步进行的，研究对象会在开展学习任务的同时将自己的思维路径用声音表达出来，这便是有声思维的原始数据。例如学生在运算"27+19"时，有的学生会说出"个位 7+9 等于 16，十位 2+1 再进 10，答案是 46"，有的学生会说出"27+20-1，答案是 46"，这两种运算的思维过程不同，能够反映学生解决问题的不同思路(纪好原，2022)。回溯性口头报告与有声思维的不同在于其并不是与学习同时发生的，在收集回溯性口头报告数据时，研究对象是在回想自己的学习过程，将回忆用声音表达出来。例如先前的运算例子中，学生在做完题目之后告诉老师，"我当时是'27+20-1，答案是 46'这样想的"。需要注意的是，由于有声思维是口头形式的，因此在口语产出任务中无法使用，而书面任务则可以使用即时和连续的有声思维汇报(Kasper，1998)。埃里克森等人(Ericsson et al.，1993)认为，由于时间长了可能会导致遗忘，因此有声思维比回溯性汇报更加准确。

在二语教和学的研究领域，研究者常使用反思日志以第一人称叙述记录研究对象的二语学习/教学经历(Bailey et al.，1983)。反思日志的使用可以帮助研究达到如下目标：①获得可靠的个人信息；②获得个人内部随时间的变化特征，以及这种变化的个人差异；③对个体内部的变化和这些变化中的个体差异进行因果分析(Bolger et al.，2003)。具体来说，反思日志可以是老师针对每一堂课的教学反思，也可以是学生对自己阶段性学习的查漏补缺，或是研究者对于研究进展的日志式记录。所有的反思日志都是过程性的记录，反映整个事件流程中记录者的所见、所想、所做、所感。而反省的过程中，往往因为研究对象未受专业训练，或是为了让研究对象的反思直入研究主题，有的研究者会采用对话式反省的方法，在口头报告中呈现研究者问研究对象答的形式。同时，研究者会采用记录要点大纲的方式来指导反思日志的记录。罗斯(Rose，2020)按照反思日志记录内容的自由程度对反思日志加以分类，认为反思日志的内容按照由束缚到自由的程度可区分为"logs"(记录)、"jour-nals"(日记)、"diaries"(随笔)。logs 是一个相对被约束内容的日志形式，用来获取一些特别的信息，数据通常以数字或预先定义的类别内可测量的记录形式进行收集。diaries 则相对自由，很少有研究者规定其结构，参与者除了会记录一些研究者要求的内容，还可以记录自己的想法和反思，甚至可以记录一些被与研究主题相关的行为或事件所影响的情绪。journals 的自由度介于 logs 和 diaries 之间，通常要求研究对象记录与所调查的研究主题相关的非常具体的和具有高度针对性的信息。

除以上最常见的有声思维和反思日志以外，斯温(Swain，2006)根据维果斯基提出的言语化行为能够促进新知识概念内化的理论，提出语言表达这一概念。通过语言表达，研究者能够在任务开展的同时跟踪研究对象的思维发展过程。语言表达任务同样也包括口头和书面两种形式，由于开展口头任务时研究者的工作任务量大，因此口头语言表达更适用于研究对象范围小且数量少的研究主题，而书面任务有操作简单、反映时间多的特点，更适合于研究对象范围大且数量多的研究主题(Suzuki，2012)。根据语言表达中是否有他人参与，语言表达可分为独白式和对话式(van Compernolle，2014)，这与盖斯等人(Gass et al.，2016)的"支持"分类有类似之处。

9.3　反省法的适用范围

　　鉴于反省法是在解决观察学习者思维活动的问题中应运而生的方法，故其多被用于受试者思维发展的历时过程性研究中，如研究二语学习者的习得过程中思维的发展变化(Wigglesworth，2005)。麦凯(Mckay，2009)总结了反省法的适用范围：口头报告常被用于行动研究和话语分析中，反思日志则常被用于叙事研究、个案研究、民族志研究、行动研究和混合方法研究中。鲍尔斯(Bowles，2010)也指出，在二语研究中，有声思维与刺激性反馈经常被用于研究阅读与写作，研究主题包括二语学习策略、词汇组织、翻译在二语学习中的使用、二语语用等。综上，反省法在质性研究和混合方法研究中最为常见，尤其适用于过程性的历时研究，它能够帮助研究者探究教与学发生过程中的思维发展表现和其内在影响因素。

9.4　反省法的操作步骤

　　反省法的操作步骤大致包括培训与准备、口头报告/书面报告，以及录制全过程。数据分析的步骤大致包括编码方案确定、主题分析、归纳普遍规律。以下具体介绍口头报告(有声思维和刺激性反馈)和反思日志的操作步骤。口头语言表达的操作步骤可参照口头报告，书面语言表达的操作步骤可参照反思日志，但需注意语言表达任务本身即为学习过程，任务材料应该用于引出研究对象的内化知识概念，如在跨文化交际课的任务中询问"你对'个人主义'的定义是什么？"(欧阳西贝等，2022)，研究者就是通过前后两次对研究对象内化知识概念的检测，描绘出研究对象在学习过程中内化概念的思维过程变化。

　　格林(Green，1998)总结了五个开展口头报告的步骤。①准备实验，给受试者提供清晰的指导。②简介实验，向受试者简单介绍需要做什么以及流程是什么。③练习技能，给受试者提供练习任务以确保他们熟悉口头报告的形式。④练习任务，练习特定的任务流程以确保研究顺利进行。⑤给予反馈，对受试者在有声思维等活动中的表现给予反馈。

麦凯(Mckay,2009)将口头报告的七个重要步骤加以总结,并归纳了数据分析的六个重点。①给受试者进行任务训练,如给受试者提供一段阅读短文进行有声思维的训练。②简单指导受试者,即告诉受试者完成任务的同时,需要他们将所想的一切都说出来,就好像是在对自己说自己在想什么。③当开始测试时,要做到尽量不打扰受试者,以防打断他们的思路。④在特定的时间点,提示受试者汇报自己的思维过程,如在阅读材料中给出星号加以提示受试者。⑤不问引导性的问题,可以问"你在想什么"而不是"你是否认为听力材料让人困惑"。⑥整个报告过程需进行录制,以便在开展刺激性反馈时可以使用,或丰富研究数据。

要注意受试者的非语言行为。由于口头汇报只能代表思维过程的一部分,而非全部,因此,对其认知过程的分析还要靠研究人员的合理推理(Kasper,1998),参考受试者的非语言行为,研究人员可以尽可能真实地还原受试者思维过程全貌。分析口头报告的数据时需注意以下六点。①转录数据。②回顾现有的口头报告的研究,看是否有现有的编码系统可供数据分析时使用。③将数据内容按不同主题划分思想单位。④根据现有的或自行设计的编码系统,将每个思想单位分配到主题类别中。⑤进行编码一致性检验,即让其他研究者对同一份数据进行编码,检验数据的分类是否客观。⑥在分类中寻找普遍的规律。

海尔斯(Hyers,2018)总结了反思日志的三个操作步骤:①收集数据前,根据研究问题确定反思日志是否适用,制定研究计划,并征得相关部门机构的同意。②收集数据时,应积极寻找已有的日志文献资料,并获得资料所有者的同意;对于需要自行收集的日志资料,应召集受试者,征得其同意并进行写作的指导。③收集数据后,对数据进行质性编码分析,归纳结论。

努南等人(Nunan et al.,2009)强调反思日志的操作中研究者需注意以下五点。①要熟知受试者的个人背景和经历,以便更好地分析数据。②日志要定期撰写,且记录内容要全面和真实。③要对重要因素加以记录,无须考虑分析。④公开发表的日志中要隐去受试者的真实姓名,保护受试者的隐私。⑤分析日志数据时要聚焦于研究主题和重要事件,避免迷失于数据中。

9.5 反省法的优势及意义

反省法能够对语言学习者和教师的思维过程提供有价值的见解(Mckay,2009),能够为二语习得研究带来新的突破,在心理学的研究中还能够帮助研究者获得心理发展过程的数据(Rose,2020)。此外,反思日志将数据收集的能动性交由受试者,由研究者主导转为受试者主导,因此,数据更加自然且真实。在语言学习方面的研究中,通过受试者的回顾和自我反思,研究者还能获得受试者在学习环境以外自主学习行为的数据。海尔斯(Hyers,2018)认为反思日志是心理学和社会学概念中个人特点和行为的"解药",由于个人的特点和行为是预设于个人特质和其社会环境地位中的,而反思日志正好能够揭示群体、语境和时间的交叉性,解释个人行为特点。

　　具体而言,口头报告和反思日志的两种模式又各有优势。盖斯等人(Gass et al.,2016)认为口头报告的主要优势在于它可以直接揭示过程,其中刺激性反馈工具有四大意义。①能够将特定的"事件"从意识流中区分出来,即当受试者在解决特定的交流问题、做出语言选择和评价,或是在理解和产出活动中时,能够识别出其学习到的或应用到的知识。②能够确定知识的特殊组织方式。知识的组织方式有很多,有些结构可能相当持久,有一些可能是动态的、短暂的。③能够确定特定的认知过程在何时或是否发生。④在教师及教育方面的研究中能够帮助教师理解不同教学策略的适应性。反思日志的收集渠道更加丰富且时间相对灵活,研究者可以通过现代科技手段收集数据,十分便捷,如使用网络日记等形式(Krishnamurty,2008)。反思日志的书面形式能够减少受试者在口头叙述中可能会存在的社交压力,免除了与研究者面对面交流或是录音录像等数据收集手段的打扰,书面形式的反思日志能够给受试者提供更为自由轻松的回想氛围,回想更多思考过程,从而呈现更多反思细节。

9.6　经典案例

ABDELHALIM S M, 2022. An investigation into English majors' self-regulated writing strategies in an online learning context[J]. Language teaching research, 00(0)1 – 38.

内容概要

　　该研究以视频形式对受试者的两次线上写作活动进行了刺激性反馈,收集了共50位沙特的英语学习者的反思数据,其中高水平组23人,低水平组

27人，探究了线上模式中英语学习者的自我调节策略。研究者提出了两个研究问题：①沙特的英语专业学生在完成两项写作任务时，采用了哪些自主写作策略？②写作水平低和写作水平高的学生使用这些自我调节策略方式有何不同？研究在兹默尔曼等人(Zimmerman et al.，1997)的自我调节社会认知模型的指导下展开。两次线上写作活动中，研究者均采用录屏的方式将学习者参与写作任务的全过程录制下来，随后又在刺激性反馈任务中将录屏播放给学生，并要求学生回想他们是如何思考的，他们做了什么，以及为什么他们在两个写作任务中作出了某些选择。研究发现，两个水平组的学习者都展现出了11种自我调节策略，在其中的6种策略上两组学生表现出显著差异，且高水平学生在个人、行为和环境过程的自我调节方面胜于低水平学生。

质性研究方法简评

研究采用视频刺激性反馈的方法收集数据，这一方法特别适合用于研究学习策略。研究者运用录屏软件录制视频，运用ZOOM会议进行刺激性反馈，发挥了现代技术在数据收集中的便捷优势。整个刺激性反馈的操作步骤在研究方法部分描述得十分详细，遵循了反思法的基本操作步骤，值得参考学习。研究者还特别提到刺激性反馈的任务应该在写作活动结束后的48小时之内完成，有利于学习者对短时记忆进行更为清晰的反馈，这也值得我们在开展回溯反省时注意。该研究对数据分析的操作流程也描述得非常详尽，不仅严格按照"编码方案确定—主题分析—归纳普遍规律"的流程进行操作，且为了增加编码的信效度，编码还交由两名研究者完成并计算了编码的一致性。

思政元素分析

从研究内容上来看，关注学习者线上写作的自主学习策略，是紧跟时代背景的一项研究。在当前线上课程学习必不可少的情况下，该研究是十分必要的。当学生们在没有教师面对面监督的情况下，培养自主调节的学习策略有助于其自主学习能力的发展。自主学习能力是当代大学生必须具备的一项能力，自主学习的能动性能够激励学生永不停下学习的脚步，养成良好的学习习惯，将学习融入生活，时刻充实大脑，用科学文化知识武装大脑。

俗话说，"吾日三省吾身"，几千年来祖辈的教训与反省法有着异曲同工之处。反省法，无论之于学生、老师，或是研究者，都是了解自身、改变自身、发展自身的有利途径。

作业

1. 简答题

(1)反省法是什么？常用于解决何种研究，解决何种研究问题？

(2)反省法有何特征？

(3)反省法有哪些类别？

(4)反省法的操作步骤是什么？

(5)在使用反省法时，哪些细节要特别注意？

(6)反省法的优势及意义有哪些？

2. 实践题

作为大学英语课助教的你发现，学生们在准备大学英语四级考试的过程中似乎都有不同的学习策略。为了探究学生们在备考过程中会使用哪些学习策略，这些学习策略与大学英语四级成绩又有何关系，请你运用本章所学的反思法，设计一项研究。

第 10 章

话语分析

课前思考

- 你认为什么是话语分析？
- 如果你是口语教师，你知道如何对课堂中的师生互动进行分析吗？
- 如果你是写作教师，你知道如何构建学生作文语料库并开展研究吗？

10.1 什么是话语分析？

话语分析（discourse analysis）是诸多学科的研究重点，涉及领域广泛，包括语言学、人类学、传播学、认知心理学、社会心理学、哲学、文学批评和人工智能等，不同学科对"话语"和"话语分析"有着不同的界定。希夫林等（Schiffrin et al.，2015）对目前话语分析的不同定义作出了全面的总结，认为话语分析的应用范围可以归纳为三大类：语言使用研究；超越句子的语言结构研究；有关话语的社会实践和意识形态研究。

语言使用研究主要从语用学、言语行为理论、功能语言学、变体研究和语域研究等视角开展，探讨词汇和语言结构如何在不同语境中表达不同的意义，如通过对语言变体的研究，能够揭示语言选择在真实语境中是如何系统化和原则化的。在此类研究中，大型语料库的作用愈加明显，使用语料库方法可以揭示各种语境中语言使用的系统模式。如《朗文英语口语和书面语语法》将基于语料库的分析应用于更全面的英语语法描述，展示了语法特征既可以通过语言结构也可以通过语言使用模式进行描述。《英语口语和书面语语法》使用的语料库超过 4000 万字，包括六大语域类别，展示了不同语法特征在口语和书面文本中的结构和使用模式。

超越句子的语言结构研究主要是从语言学、语言认知和计算话语的角度开展。语言学角度主要关注标记语篇结构的词汇语法特征，如书面语篇中段落结构的词汇标记描述了特定词汇的话语功能，这类词汇通常被称为话语标记(Schiffrin，1994)、提示词(Passonneau et al.，1997)等。也有学者关注语篇中标记信息结构、主题发展或修辞结构的语言手段(如 Mann et al.，1992)，分析语篇中的衔接表达(如 Halliday，1989)等。语言认知研究主要关注语篇的连贯程度，确定语篇中表达的命题、不同命题之间的逻辑关系，以及读者如何根据这些命题关系来构建整体的语篇意义(Biber et al.，2007)。计算语言学研究主要致力于建立语篇结构模型，用于信息检索和自然语言处理。

有关话语的社会实践和意识形态研究侧重于话语的社会建构，关注焦点在社会文化维度，而不是对特定文本的语言特征进行描述。批评话语分析(critical discourse analysis，CDA)是该领域的主要方向之一，旨在解构和揭示语言使用中被合法化的社会不平等现象，不仅关注报纸、电视等大众媒体话语，也关注教学、医患互动及日常谈话等。批评话语分析学者认为，看似规范的话语实际上都不是中立的，须根据话语所体现和传达的意识形态、社会历史及权力结构进行分析。

10.2 话语分析的应用

具备理解和产出话语的能力对于语言学习者而言是至关重要的，外语教师须了解话语的结构以及如何对其进行分析，才能更好地进行有效的教学，提升教学效果。在教学过程中，话语分析可以帮助教师解答各种各样的问题，本小节围绕以下五个问题进行举例说明。

· 如何对学生信件写作的开场白和结束语进行合理分析？

在语言教学研究中，可以采用会话分析(conversation analysis)研究信件的开场白和结束语。会话分析是一种社会学方法，旨在揭示会话结构的系统特征，以及会话互动体现的社会实践(Lazaraton，2002)。

· 如何分析学生的不同言语行为，如称赞、请求、道歉、拒绝、抱怨等？

言语行为分析(speech act analysis)在二语教学和应用语言学研究中有着悠久的历史，奥斯汀(Austin，1962)和塞尔(Searle，1969)的言语行为理论被众多学者用来分析各种言语行为的构建。

· 如何分析外语写作中学生使用的衔接表达，以及这些表达的使用是否有利于作文的连贯性？

针对衔接的研究有很多，如韩礼德等人(Halliday et al.，1976)认为衔接不仅涉及短语和句子层面的话语标记(如代词、连接词等)，还涉及更大语篇中的话语标记，如在作文的结论部分使用的标记词等。

· 如何分析学术写作中学生是否使用了口语化的表达？

为了确定某些语言形式是如何在不同的语境中使用的（如口语与书面语），可以使用语境分析法（Celce-Murcia，1980），也可以借助相应的学术语料库，进行对比分析。

· 如何用批判的眼光看待学生的课堂话语，学生们是如何通过他们的谈话展示他们的性别、种族和文化身份的？

批评话语分析致力于揭示话语的社会政治属性，认为课堂话语也是社会生活的缩影，融入社会政治和历史背景之中（Pennycook，2001）。

虽然以上例子不能穷尽话语分析在外语教学中的应用，但足以证明将话语分析用于外语教学研究的诸多方面会对外语教学产生积极影响，推动教学研究的进步。实际上，在外语教学研究中使用话语分析可以弥补其他研究方法的不足，如使用实验法、问卷、访谈等方法获得的数据往往需要信度和效度考查，但是在使用话语分析的研究中我们收集到的是语境中的真实语言数据，不必担心数据的可靠性。此外，话语分析的结果也可以随时观察到，通常不需要研究者具备统计知识，方便操作。最重要的是，因为话语分析能够聚焦于具体文本，如课堂师生互动的某个话轮，因而能够对特定语境中的话语进行全面丰富的描述和分析（Lazaraton，2009）。

10.3　话语分析的步骤

本小节我们讲解如何在外语教学研究中使用话语分析，并结合拉扎罗顿（Lazaraton，2009）著作中的案例进行展示，以方便理解和操作。

第一步，收集语料。在做任何研究之前，我们都应大量阅读相关文献，了解研究主题的背景知识，准确界定与研究主题相关的关键概念，并在此基础上确定研究语料。目前越来越多的话语分析基于大型语料库中的数据开展，利用公开数据资源的最大优势在于不必记录和转录数据，可以直接在语料库中检索特定的语言特征。除了大型的通用语料库如 British National Corpus（BNC）、Corpus of Contemporary American English（COCA）等之外，还有各种外语学习者语料库可供使用，包括 International Corpus of Learner English（ICLE）、International Corpus Network of Asian Learners of English（ICNALE）等。

但是，如果无法从公开的语料库中找到合适的数据，或者我们研究的对象是某具体群体的语言使用情况，就需要亲自收集语料，或自行构建相应的语料库。在收集语料之前，我们要注意应先取得研究对象的许可，向所在机构的学术道德与伦理委员会提出正式申请并获得批准，并且保证研究对象知情且同意。在语料收集过程中，我们要保护研究对象的隐私，对机构、城市等具体信息也应采取匿名的原则。收集语料前，还要考虑一些实际问题，如确保录音或录像设备的正常运行，以及数据的保存等。如果收集的是口头语料，还要对其进行转录，大量语料可以借助转录软件完成，但须对转录后的语料进行校对。无论是人工转录还是借助设备进行转录，通常需要对转录结果进行信度验证，如分别由两位研究者转录数据并验证一致性。

拉扎罗顿(Lazaraton，2009)选取了美国某大学一位英语教师的案例。这位名叫艾伦的英语教师教授的课程是中级口语课程，她在研究中关注师生互动中的修补环节(repair)，也就是教师或学生如何纠正自己或他人的错误。在前期文献回顾环节，艾伦阅读了关于修补的开创性论文，明确了修补和纠正这两个关键概念的含义。在转录过程中，艾伦采用了前人研究中的会话分析系统(Atkinson et al.，1984)，对声音的产生、话轮转换和语调进行标注，具体见例1。转录后，教师被标记为"T"，学生被标记为"S"，"＝"表示前后发言连接紧密，中间没有停顿或沉默。在第3行中，学生说话不流畅，每个词之间有短暂停顿，被标记为"(.)"，在第4行中教师使用了延长音，被标记为"：：："。

例1

1 S：in Korea＝
2 T：＝uh huh＝
3 S：＝uh(.)we(.)say(.)the man(.)is(.)wolf.
4 T：o：：：h.

例2

1 S：yeah okay, teacher(.)what's mean(.2)the job like
2 (.5)jesy futoura(.8)jesy futoura
3 (.8)
4 → T：jesse ventura? governor.
5 S：＞yeah yeah yeah＜
6 T：governor

第二步，合理组织语料，进行分析解释。根据前期文献回顾，依据选定的理论基础和分析框架，对语料进行系统分析。在艾伦的研究中，她将会话分析作为理论框架，对课堂中的修补言语行为进行解释。首先，找出语料中关于修补的会话序列，这样的会话序列通常有清晰的边界（如例 2），在会话分析中被称为相邻对（adjacency pair），然后描述会话参与者在每个序列中做出了什么样的言语行为。在例 2 的话轮中，学生在第 1～2 行中尝试说出某个工作头衔的名称，并提到拥有该头衔的一个人名"jesy futoura"。他是明尼苏达州的州长，但学生把他的名字弄错了，这个错误就是可修补的错误。在第 4 行中，教师通过正确说出"jesse ventura"修补了该错误，她使用了疑问的语调，以确定是否正确理解了学生的意图，这种纠正行为就是修补。然后艾伦进一步思考该修补行为的实施是否反映了会话参与者的身份及关系。在上例中，可以看出学生把教师看作是语言和文化专家，而教师在回答中展示了这样的身份。整体而言，对该例的分析可以表述为：教师表现出重复学生话语的倾向，是经常使用的一种教学策略，具有双重目的。一是对学生的话语进行确认，二是对课堂上其他学生进行二次说明。如果学生的话语不正确，教师会通过重复进行纠正，例如，老师纠正学生"jesy futoura"的错误发音，同时回答他的问题。

第三步，呈现研究成果。话语分析最突出的特点就是举例论证（Lazaraton，2002），话语分析通常会产生大量的数据，这意味着研究者在呈现研究结果的时候，需要确定采用多少实例来说明研究发现，或以什么样的形式来呈现研究发现，以及应附带多少分析解释内容。此时，最关键的标准就是数据分析的质量。撰写研究成果时，总体步骤可以归纳为：①清楚地陈述研究的经验性论点；②举出充足数量的实例进行说明；③对一些例外情况做出解释。在这个过程中，不仅要考虑实例呈现的顺序，还要思考如何在不同的例证片段和类别之间建立联系，并始终围绕研究论点展开。在思考如何提高研究结果的逻辑性和连贯性时，我们可以参考前人的相关研究。在撰写研究发现时，可考虑如下几个问题（Jackson，1986）：

- 研究中的数据是否可以支持其他观点？
- 有什么理由让读者从数据中得出该研究中提出的观点而不是其他观点呢？
- 需要补充什么额外数据才能排除其他观点呢？
- 案例的选择会对结论产生什么影响？

此外，清晰地组织行文，如对实例片段进行编码、为实例内容和论述内容选择不同字体等，都会提高研究论文的可读性。

话语分析作为理解语言交流的工具，对外语教学研究者来说是重要的研究方法之一。虽然相对于其他研究方法而言，话语分析更容易上手，但是要提高话语分析的质量，还需注意以下几点。首先，话语分析的样本量通常较小，因此研究者汇报研究结果时须明确会话参与者的身份和语境。对定性研究的可信度和可靠性的考核，与定量研究不同。对语境和会话参与者进行丰富描述，不仅能够增强研究的可信度，同时也有利于研究结论推广到其他类似的案例中。其次，在外语教学中应用话语分析时，与其他质性研究方法一样，会遇到"观察者悖论"问题(Labov, 1972)，也就是我们需要思考如何减少录音或录像设备对参与者交流的影响，从而获得更加真实的数据。再次，话语分析研究者面临的一个棘手的问题是该方法的模糊性，我们到底是如何分析语料的？如何保证整个分析过程的客观性和一致性？这些问题都需要在数据分析的各个阶段进行明确，从经典文献中获取这些问题的答案对于很多研究者，尤其是新手研究者来说，具有重要的参考价值。最后，有些研究者认为话语分析有局限性，因为这类研究通常不能得出概括性的结论，因而也不能推而广之。但是，这正是话语分析法的最大优势所在，我们可以把对于少量语料的丰富描述和分析看作是理解语言交流漫长过程中的一个步骤，大量语料本身并不能保证研究的可靠性、有效性和推广性，深入地理解一种语言现象比肤浅地理解多种语言现象更重要。

目前，基于大型语料库的话语分析越来越受到学者们的关注，各种语料库方法和文本挖掘方法的应用使分析大规模语料更加方便，这极大地增强了研究结果的信度、效度和可推广性。

10.4　经典案例

曾蕊蕊，2023. 话语-历史分析视角下中国形象的话语建构：以2020年至2022年新冠肺炎疫情期间习近平主席对外讲话为例[J]. 外语研究，40(2) 10-17.

内容概要

国家领导人在外交活动中的话语不仅是传达政策的方式，也是构建国家形象、塑造国家身份的重要手段。通过这种话语实践，领导人不仅可以向世界展示其国家的立场和价值观，还能有效地影响国际社会的观点和态度，进而在全球事务中占据更有利的地位。该研究采用话语-历史分析法作为理论基础，并结合语料库语言学方法，对中国国家主席习近平在 2020 年 1 月至 2022 年 4 月的 46 篇外交讲话进行了全面分析。该文通过对讲话中的主题、互文性、话语策略及社会历史背景的细致研究，探讨了习近平主席如何通过外交话语塑造中国作为"负责任大国"的形象，以及话语所蕴含的深层意义。

质性研究方法简评

该研究的主要语料来自中国外交部官方网站，研究中收集并构建了包含 48,910 词的专门语料库，同时使用兰卡斯特大学的 LCMC 语料库作为参照语料库。

数据分析过程分为三个步骤。第一，识别出语料库中的高频主题词，确定语料库中的关键概念和话题，把握整个语料库的核心内容；第二，使用 N-gram 技术找出语料库中的高频短语，理解语料库中不同文本间的互文关系，同时通过索引行分析，揭示语料库文本与其他文本之间的关联和引用关系；第三，分析讲话中使用的话语策略（如命名、述谓、辩论等策略）及话语的社会历史语境。

通过对比参照语料库，研究者提取出了高频主题词。除了对频率最高的前二十个主题词进行分类分析外，研究者还对排名前五十的主题词进行聚类，揭示出了九大主题。与中国有关的主题词，如"中国"和"我们"，强调了中国自身的身份和角色；与国际社会有关的主题词，如"世界""国际""全球""国家"和"各国"等，描述了中国与国际社会的关系和参与全球事务的行动；关于中国与国际社会的高频词，如"人类"和"人民"，表明了中国与全球的联系和共同责任。通过对这些高频主题词的分析，可以看出中国与世界紧密联系，相互依赖。

在语料库中可以观察到两种显著的互文模式。第一，重复和呼应。讲话中最高频的短语搭配包括"团结合作""合作共赢"等，这样的重复和呼应的互文结构传达了一个核心信息：面对全球经济、社会发展的新挑战，中国始终与国际社会同舟共济，共同应对困难。第二，引经据典。这种引用传统典故的方式不仅体现了中国文化的深厚底蕴，而且以深入浅出的方式表达出中国长期以来坚持的以人为本的发展理念，阐释了中国对于构建人类命运共同体的深刻见解。

通过话语策略分析，研究者发现这些语料能够加强国际社会对中国抗疫努力的理解和认识，有力推动中国积极、负责任大国形象的建构。例如，采用命名策略来建构中国与其他国家之间的集体身份认同；采用辩论策略，通过引用客观的经济数据、对外援助等信息来证实中国政府作出的努力。同时，结合社会历史语境分析，梳理出中国外交理念的再语境化与话语重构。

思政元素分析

本章的经典案例不仅有助于我们提升语言分析能力和跨文化交际能力，还能够在潜移默化中加强思想政治素养，拓宽国际视野。

习近平主席提出的"人类命运共同体"的理念，超越了国界和种族，强调了全人类的共同利益和责任。通过学习这一理念，我们能够拥有更加宽广的国际视野，认识到在全球化的背景下，各国之间相互依存、休戚与共的关系。

中国在国际事务中的积极作为和贡献，彰显了中国作为一个负责任大国的担当。这不仅能够激发我们的民族自豪感和国家认同感，还能够引导我们更加积极地投身到国家的发展和国际合作中去。

此外，习近平主席的讲话中还蕴含着对传统文化的尊重和传承。他多次引用中国古代经典名句，用中国的话语体系来阐释中国的外交理念和国际主张。这不仅能够让我们更加深入地了解中国的传统文化和价值观，还能够培养我们的文化自信和文化自觉。

作业

1. 简答题

(1)什么是话语分析？

(2)应用于外语教学研究的话语分析，有哪些优点和缺点？

(3)在外语教学研究中进行话语分析的主要步骤是什么？

2. 实践题

(1)利用现存大型语料库，辨别 historic 和 historical，systemic 和 systematical，economic 和 economical 等同根形容词的区别。

(2)录制 5 分钟的课堂对话，并进行转录，找到其中一个会话特点，尝试做出解释，并撰写研究发现。

(3)选择一个感兴趣的研究话题(例如"气候变化")，从某个有影响力的英文报纸中收集至少 100 篇相关的新闻报道，建立一个小型新闻语料库，使用经典案例研究中的话语分析方法尝试进行话语分析。

第11章

问卷开放型问题法

课前思考

- 你是否填写或编写过问卷?
- 问卷问题有哪些类型?
- 不同类型的问卷开放型问题有哪些特点?
- 在编写开放式问卷时应该遵循哪些原则?

11.1 问卷的功能和特点

通过提出问题来获取自己想要的信息,几乎是人类的一种本能(杨延宁, 2014)。在科学研究中,通过提问的方式从研究对象处获取所需信息就是进行问卷调查。问卷是一种非常常见的数据收集工具,可以用于收集定量数据、定性数据和混合型数据。研究者通过问卷可以获得研究对象的想法、感受、态度、信仰、价值观、认知、人格和行为意向等方面的信息(Johnson et al.,2015)。

和其他研究方法一样,问卷法既有优点,也有缺点。其优点在于问卷法的实施可以不受时间和地点的限制,同时问卷可以分发给大量的研究对象,可以在短时间内获取丰富的数据。专用问卷网站(如问卷星)的出现,大大地减少了发放和回收问卷的费用和时间。但是,与访谈法相比,问卷的针对性较差、回收率低、不能获取深度数据、与研究对象之间缺乏实时互动等问题值得关注(储荷婷,2019)。此外,问卷属于自陈式数据(self-report data)收集工具,所收的集数据可能会受到社会期望的影响,需要其他来源数据的验证。

11.2 问卷问题的种类

根据答案的开放程度,问卷调查中的题目可以分为封闭式问题(close-ended

questions)和开放型问题(open-ended questions)。

封闭式问题也称结构式或闭口式问题。封闭式问题可能是分级题、二选题或多选题，如图 11.1 所示。

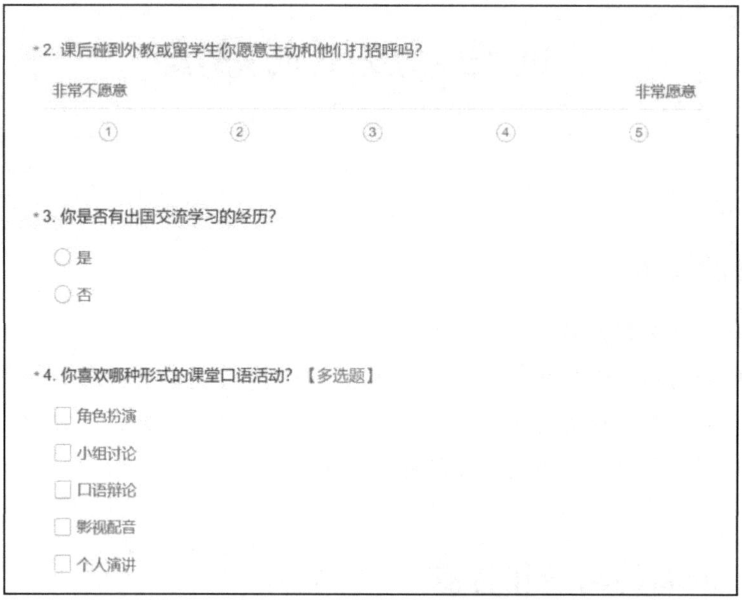
*2. 课后碰到外教或留学生你愿意主动和他们打招呼吗?

非常不愿意　　非常愿意

① ② ③ ④ ⑤

*3. 你是否有出国交流学习的经历?

○是

○否

*4. 你喜欢哪种形式的课堂口语活动? 【多选题】

□角色扮演

□小组讨论

□口语辩论

□影视配音

□个人演讲

图 11.1　问卷封闭式问题示例

这类问题不仅有题干，题干后还有备选答案。作答者对备选答案的标记可以被转化为数据进行统计，因此封闭式问题主要用于提供定量研究数据。

开放型问题也称开口型问题，不设置备选答案，作答者需要在空白处填写答案。因此，开放型问题的作答者能够按照他们喜欢的任何方式来回答问题，可以带领研究者进入其自然语言描述的思想世界。开放型问题主要提供定性数据，但有时也可以通过计算同类回答出现频次的方式将其应用于定量分析(Johnson & Christensen，2015)。

问卷开放型问题适用于探索性研究(exploratory study)，而问卷封闭式问题适用于验证性研究(confirmatory study)。具体而言，当某一研究主题处于起始阶段时，研究者可能对这一主题知之甚少，甚至不知道该主题的中心问题是什么，某一研究变量应该包含哪些维度，每个维度又包含哪些指标，这时就非常适合提出开放型问题进行探索性研究。开放型问题提供了一种以非结构化方式了解人们对特定主题或问题的想法的方法(Brown，2009)。开放型问题常用于个案研究、行动研究、民族志研究等质性研究中，也出现在混合式研究中，能够和通过观察、日志、访谈等质性研究方法和量化研究方法所获得的数据互为补充并相互验证，使研究数据更加全面和准确。利用开放型问题所收集的数据可以为研究者后续设计封闭型问题开展验证性研究提供依据。

11.3 问卷开放型问题的种类

根据问题的聚焦程度和答案的特点，问卷开放型问题可分为填空和简答两大类。

如表 11-1 所示，填空类题目可进一步细分为简短填空和完成句子两种类型。简短填空类题目要求作答者根据提示填空，答案通常为一至多个单词，有时也需要填写数字，比如调查性别、年龄、年限或收入时。通常情况下，这类题目的答案非常简短，并且答案内容通常在问卷设计者的大致意料之中。完成句子类题目通常以完整句子的形式出现，包含提示信息和填空处两部分，填空处应填写的答案的数量已经确定，长度多为数个单词或短语。通过填空型问题获得数据的优点是便于作答者回答，也便于研究者统计分析，但缺点是对于某些问题无法进行深入探究。

表 11-1 问卷开放型问题的分类、特点及答案要求

题型	分类		特点	答案要求	示例
问卷开放型问题	填空	简短填空	提供提示；明确具体；便于回答；易于分析	答案非常简短	性别 _____ 年龄 _____
		完成句子		答案由数个短语组成	英语听说课上我最喜欢的三种活动形式是： ① _____ ② _____ ③ _____
	简答	特定开放型问题	不提供提示；询问特定信息	答案一至两行	课下你会采用哪些方法记单词？
		宽泛开放型问题	不提供提示；问题更宽泛；探究更深入	答案不超过两段	你如何有效地将课程思政元素融入日常英语教学？

简答类题目可进一步细分为特定开放型问题和宽泛开放型问题，两者都不提供提示。特定开放型问题旨在询问特定信息，而宽泛开放型问题不局限于特定信息，旨在获得宽泛的、甚至是作者始料未及的信息，因此能够使研究者对研究问题产生更为深入的了解。特定开放型问题的答案通常为一至两行，而宽泛开放型问题的答案通常较长，但受作答者时间的限制，通常最多不超过两段。需要指出的是，简答题目的答案没有好坏或对错之分，研究者"以非评估的方式"寻求"受访者的信息，不根据一组标准或规范组的表现来衡量其表现"（Dörnyei，2003）。在定性研究中，开放型问题用于收集针对其内容（即"内容分析"）而非其语言（或"语言分析"）进行分析的数据（Brown，2009），即研究者重点关注作答者提供的答案的内容或其中包含的信息，而不是其答案的语言表述质量，除非语言质量本身是研究的侧重点。

在编制一份问卷时，很少仅仅包含特定开放型问题或宽泛开放型问题，研究者通常还会根据需要增加简短填空类题目，对受试的人口统计学信息做基本的了解，以便在得到数据分析结果后对其进行解读。完成句子类题目也可能会作为铺垫，在其基础上再提出具有针对性的简答题目。在实际的调查研究中，我们还会看到混合型问卷。在这种问卷中，封闭型题目和开放型题目往往被有机地融合在一起。比较常见的组合方法是以封闭型问题为先导，将调查对象的注意力集中在较小的课题上，在随后的开放型问题中，研究者会因此获得该聚焦领域内更深入的信息（杨延宁，2014）。需要注意的是，无论研究者阅读的文献有多么丰富，设计问卷问题时进行的思考有多么深入，研究者都有可能会没有考虑到某些因素。而在进行问卷调查中，最糟糕的情况莫过于花费了大量时间编写了问卷问题，且使用了很多资源调动研究对象作答，却在收回问卷后发现遗漏了某个重要问题或某项重要信息。为了避免这种情况，最好在问卷结尾处加入一个补充性的开放型问题，例如，"我们试图使这份问卷尽可能全面，但你可能会觉得我们遗漏了一些东西。请在下面写下你的想法"（Gillham，2008），或者"关于……，您是否有什么需要补充的"，或者"关于……，您是否有什么建议或意见"等。

11.4　问卷开放型问题的特点

与量化研究中常用的封闭式问题相比，开放型问题具有以下优点。

①易于编写。如果采用封闭式问题，在编写问卷题目后，研究者需要进行先导研究（pilot study）和正式施测收集数据，并在此基础上对问卷题目和所得数据进行反复检验，根据受试者、专家等各方意见反复修改，最终才能

够形成清晰准确、具有良好信度和效度的测量工具。然而，对于问卷开放型问题所要研究的对象，研究者能够从现有文献中获取的信息可能较为有限，需要自己进行探索性、开创性的研究。研究者在文献阅读的基础上编写问卷开放型问题，虽然也需要在作答者、同事或专家反馈的基础上进行修改，但不需要进行因子分析、信度和效度检验等，相比于量化研究中采用的封闭式问题，其编写难度相对较低。

②灵活深入。在设计封闭式问卷题目之前，研究者需要阅读大量文献、进行深入而细致的思考，以充分了解研究问题的范畴和重点、研究对象的特点等。通过封闭式问卷题目，研究者能够较好地回答"是什么"的问题，而对于"为什么"的问题，受研究者视野、题目选项数量和问卷篇幅等的限制，通常无法获得深入细致的了解。不同的是，开放型问题赋予了研究对象更大的主动权，不再将其思路限定在几个选项内，因而研究者可以获得更加广泛的信息。同时，通过这种做法收集到的研究资料也更具有深度（杨延宁，2014）。使用开放型问题可以让研究对象以主位视角（emic perspective）叙述自己的经历，阐述自己的观点。因此，开放型问题可以产生图形示例、说明性引言，还可以引导研究者识别出以前没有预料到的问题（Dörnyei et al.，2010），丰富现有文献数据，催生新的学术观点。

③耗时耗力。封闭式问题的答案常以量化数据的形式呈现。分析这类数据时可以利用 SPSS、Stata 等软件，方便快捷，精准高效。而开放型问题的答案多以文本数据的形式呈现，体量庞大。在使用 NVivo、MAXQDA 或 Atlas.ti 软件对这些文本数据进行分析时，需要反复阅读，不断反思，才能对其进行开放式编码、主轴编码、选择性编码等多个段的编码，并且在这一过程中研究者可能还需要和其他分析人员合作，以便进行背靠背标注编码、检查编码的一致性、讨论修订编码方案等，对编码的不一致之处进行商讨并最终确定。因此，这一过程会耗费大量的时间和精力，对研究者来讲是一种考验。

④易受影响。问卷属于自陈式工具，这种工具的一个已知弱点是它具有社会期望反应的敏感性期待（Booth-Kewley et al.，2007）。社会期望反应的敏感性是指研究对象倾向于给出研究者期待的答案，或倾向于"为了给人留下好印象而夸大事实"（Martin et al.，1989）。目前，心理学界已经认识到这种社会期望效应对问卷结果有效性的潜在影响（Edwards，1953）。相比于封闭型问题，作答者在回答问卷开放型问题时更有可能受到社会期望的影响，想要展现自己好的一面，从而给出不同程度上背离事实的答案。

11.5 问卷开放型问题的编写原则

在过去的五十年里，研究人员积累了大量的知识和经验，了解是什么使问卷题目变得更好，以及潜在的陷阱是什么。大多数专家也强调，问题设计不是百分之百的科学活动，因为要写出好的问卷问题，还需要一定的创造力和大量的常识(Dörnyei et al.，2010)。在编写问卷开放型问题时，研究者可以借鉴已有问卷中的题目，因为它们往往经过了广泛的先导研究、正式施测，甚至是广泛应用，"其中的问题已经被解决"(Sudman et al.，1983)。除此之外，研究者还可从与研究相关的访谈中寻找受访者的话语，从中获得编写开放型问题的启示。如果这些仍然不能够完全满足研究者当前的研究目的，那就需要自己编写新的题目。为确保问卷中的开放型问题不会使作答者产生误解，确保研究者能够准确地获取想要了解的信息，在编写问题时可以借鉴布朗(Brown，1997 & 2007)、道恩叶等人(Dörnyei et al.，2010)和约翰逊等人(Johnson et al.，2015)提出的原则。下面将结合具体示例对其中一些主要原则进行解释说明。

原则1：问卷结构合理

合理的结构框架是问卷设计的核心之一。在设计问卷开放型问题时，需要借鉴现有的理论框架和前人的研究成果，最好是国内外本研究领域的权威研究，并且需要在自己的研究中阐明，为什么这些研究成果适合自己的研究。同样，如果不适合，也需要说明哪些部分不适合，需要具体做哪些修改。通常，我们在设计一份含有开放型问题的问卷时，会将一些人口统计学的问题(如年龄、性别等)放在前面，之后再出现开放型问题。然而，有研究(Roberson et al.，1990)表明，如果将回答者认为最重要的问题放在前面，将人口统计学问题放在后面，可以获得最高的问卷回收率。对于开放型问题在问卷中的顺序，约翰逊等人(Johnson et al.，2015)的建议是将那些积极的或者没有威胁性的问题放在前面，因为这样做有助于获得参与者对填答问卷的支持。

原则2：避免问题冗长

如果开放型问题过长，并且夹杂着冗余信息，很可能会使作答者对问卷的质量产生怀疑，变得不耐烦，无心读完题目，甚至放弃答题，从而导致数据收集失败。因此，在编写开放型问题时，要尽量使用简洁明了的语言把问题表达清楚，避免掺杂可有可无的信息。杨延宁(2014)认为，如果使用汉语编写，问题的长度最好不要超过 30 个汉字，而道恩叶等人(Dörnyei et al.，

2010)则认为，只要可能，问卷题目应该简短，尽量保持在 20 个单词之内，并且最好用简单句而不是复合句或复杂句来写，避免造成理解困难。例如：

问题：英语写作对于大学生来说非常重要，因为它在大学英语四、六级考试和研究生入学考试中都会出现。在平时的学习中，你们的英语老师是如何帮助你们提高英语写作能力的？

这个问题中包含两句话，其中第一句话强调学习英语写作的重要性，这则信息对绝大多数作答者而言属于已知信息。因此，它没有必要在这个问题中出现。为使表达简洁明了，可以将其删除，并对第二句稍做修改。

修改后：平时老师如何帮助你们提高英语写作能力？

原则 3：避免一题两问

一题两问是指在一个单独的问题中包含两个甚至两个以上的子问题或态度目标。在设计开放型问题时，如果一个问题中包含两个子问题，不同的子问题可能会使作答者产生不同的态度和观点(Johnson et al.，2015)，也有可能会使作答者侧重于思考其中一个问题，而对另一个问题表述过少，甚至忽略。因此，想要引发作答者的积极思考，从而获得对某问题的深入了解，就需要把不同层次的含义编写成不同的问题，促使作答者的思维聚焦。例如：

问题：老师和同学的反馈对你的英语写作有帮助吗？

大量研究(如 Tian et al.，2020；Mahvelati，2021)表明，在英语写作学习过程中，学生对于教师反馈和同伴反馈的有效性持有不同观点，对两种反馈表现出的吸收率(uptake rate)和学习投入(engagement)也不尽相同。因此，如果问卷中出现一题两问的现象，就会使作答者感到困惑和纠结。在这种情况下，如果作答者认识到需要分开回答，有可能会因为觉得麻烦而放弃作答，也有可能会敷衍了事。如此一来，答案就会变得模糊不清，使研究者难以区分答案是针对问题中的哪一个部分给出的。

修改后：(1)老师的反馈对你的英语写作能力的提升有帮助吗？(2)同学的反馈对你的英语写作能力的提升有帮助吗？

原则 4：避免诱导性或暗示性问题

诱导性问题(leading question)是指题目描述的措辞方式暗示了某个答案的问题。暗示性问题(loaded question)是指题目描述包含的词语可能引起作答者强烈情绪反应的问题。诱导性问题或暗示性问题会影响作答者对问题做出的回答(Johnson et al.，2015)。在编写问卷开放型问题时，如果研究者有意无意地表现出先入为主的态度，或者暗示作答者给出某种答案，那么获得的信息的客观性、真实性和准确性就会大打折扣。因此，在编写问卷开放型问题时，应该将回答的主动权交给作答者，避免提供任何诱导性或暗示性的信息。例如：

问题：你认为英语分级教学的弊端体现在哪些方面？

2004 年教育部颁布的《大学外语课程教学要求》掀起了众多高校进行分级教学的热潮（刘泽华等，2015）。分级教学在实施过程中既有利也有弊。然而，对于学生而言，他们很难全面了解分级教学的利弊。因此，如果在问卷中直接对接受英语分级教学的学生提出这样的问题，可能会使其受到误导，认为英语分级教学弊大于利。因此，该问题需要进行修改，以确保问题的中立性和客观性。

修改后：分级教学能否帮助你更好地学习英语？

原则 5：避免使用否定形式的句子

在编写问卷开放型问题时，如果使用否定形式的句子，容易造成两个问题：一是作答者在阅读问卷题目时一般速度较快，快速阅读的作答者可能不会注意到否定形式，尤其是当问题是用英语提出并且否定是通过前缀体现时；二是作答者对否定问题的不同程度的否定会对研究者在理解层面造成较大的认知负荷，容易导致分析错误。因此，需要尝试将否定形式的问题转换为肯定形式的问题。例如：

问题：为什么有些学生不愿意在课堂上发言？

修改后：你认为哪些因素会影响学生在课上的发言意愿？

原则 6：避免令人尴尬或带有偏见的问题

豪斯（House，1990）曾经指出，研究者和研究对象应该相互尊重，理解对方的目标和利益，不伤害对方的自尊。同样，在设计问卷开放型问题时，研究者应该尊重作答者的个人隐私，避免设置令人尴尬的问题。除此之外，研究者应该客观公正，避免设置带有偏见或歧视的问题。例如：

问题：年轻教师有足够的能力指导学生学习英语写作吗？

修改后：年轻教师指导学生学习英语写作时面临哪些挑战？

原则 7：避免无关问题

提出问卷开放型问题的目的在于解决研究问题，因此，问卷中的所有问题必须紧紧围绕研究目的。如果问卷中出现与研究目的相去甚远或者毫无关系的问题，所获得的数据将毫无意义。除此之外，在设计问卷开放型问题时，还要考虑研究对象的身份、特点、所处环境等，确保编写的问题不脱离潜在研究对象的实际情况，否则作答者可能会无法回答问卷中的部分问题。

原则 8：注意问卷使用的语言

拙劣的问卷是以高于或是低于目标研究对象阅读水平的方式编制的（Johnson et al.，2015）。在设计问卷开放型问题前，研究者应充分了解作答者的年龄、受教育程度、相关文化特征等，以便使用适合作答者理解水平的语言编写问卷。在编写过程中，应尽量避免使用行话、专业术语或者比较孤僻的词。否则，作答者可能无法完全理解问题的含义，自然也就无法给出反映其真实意见的答案。此外，如果要在不同母语背景的作答者中开展问卷调查，就要将问卷翻译成不同语种，并通过回译、校对等方式确保译文的准确性，从而避免因为理解错误而造成回答错误的情况。

原则 9：进行问卷试测或试用

在问卷应用于研究之前，研究者必须对问卷进行"试用"或"试测"。测试时至少需要 5~10 个被试，他们可以是身边的同事或周围的朋友（Johnson et al.，2015）。在试测进行过程中，研究者可以采用有声思维法（think-aloud technique），使被试讲出自己的感受和想法。也可以在试测结束后，与被试进行有提示回溯性访谈（stimulated retrospective interview），即研究者以提供与某任务相关的视觉或听觉材料为刺激或提示，帮助被试回忆其完成任务时的心理过程（Gass et al.，2000），或者和该项目的其他研究者进行小组讨论。通过这些方法，研究者可以获得许多有价值的信息，例如在实际情况下需要多久可以完成问卷、问题的文字表述是否清晰得当、是否需要增加其他重要信息等。通过试测获得的信息能够有效帮助研究者对问卷问题进行修改和完善。

11.6 经典案例

丁强，卢家楣，陈宁，2014. 青少年责任感问卷的编制[J]. 中国临床心理学杂志，(5)：831 – 834.

内容概要

青少年责任感是青少年个体对分内之事乐于承担并尽力完成以及对行为后果勇于负责的情感，是青少年相对稳定的一种情感特质，受到国内外教育研究者的广泛关注。鉴于国内普遍存在测量青少年责任感的工具较少、测量维度较为单一、所选受试类型单一等问题，该研究基于现有文献，通过实践归纳和理论探索两条路径，厘定了青少年责任感的理论维度，指出了青少年责任感包括自我责任感（对学业、生活、未来）、人际责任感（对亲人、同伴、一般他人）、社会责任感（对生态、社会、国家）等三大类九个子类，为研究青少年责任感提供了理论借鉴和测量依据。在此基础上，研究者编制了青少年责任感量表。量化分析表明该量表具有良好的信度和效度，是测量青少年责任感的可靠工具。

质性研究方法简评

该研究采用了质性研究方法和量化研究方法相结合的混合式研究方法。该研究中的质性研究方法为开放型问卷调查法，旨在搜集青少年责任感的行为样例、确定青少年责任感的划分维度，为下一步的量化研究建立基础；量化研究方法包括探索性因子分析、验证性因子分析和信度效度检验，旨在验证基于开放型问卷收集数据所构建的青少年责任感莱克特等级量表（Likert scale）是否可靠。本节仅讨论该研究中质性研究方法的使用情况。

鉴于以往研究所选受试类型较为单一，该研究依据青少年心理学家斯滕尔博格（Sternberg，2019）的分类，将青少年按照年龄划分为三个阶段，同时选取了来自初中、高中、高职和大学的 236 名学生作为开放式问卷的被试。

在现有文献的基础上，研究者编制了问卷开放型问题，内容包括：①你认为什么是责任感？②班级中责任感比较强的人有哪些特点或表现？③你认为学生应该履行的责任有哪些？④请写下最近几个月中，最能体现你良好责任感的一件事，以及当时你的内心感受。开放型问卷调查为研究者提供了青少年责任感的行为样例，为确定青少年责任感的测量指标提供了依据。对于开放型问卷所收集的文字数据，研究者采用了质性分析方法和量化分析方法相结合的分析手段。首先，研究者对开放型问题的文本数据进行了归类统计，归纳出了青少年责任感的三个一级维度和九个二级维度。在此基础上，研究者对每一维度的信息进行了频率统计，通过频率了解该信息在整体构想中的重要性。

思政元素分析

青少年不仅是其自身发展主体、人际关系主体，也是社会公民，因此，青少年责任感就包括发展主体、人际主体和社会主体所应承担并完成的分内事（丁强等，2014）。从本质上讲，责任感体现的是个人与社会、人的自我价值与社会价值的关系问题。人生的价值是人在承担各种社会责任中实现的（廖小琴，2015）。

我国传统文化强调个人责任感的培养和践行。"苟利国家生死以，岂因祸福避趋之"的担当精神，先忧后乐的忧患意识，"天下兴亡，匹夫有责"的家国情怀等，这些无一不体现出中华优秀传统文化中古老的责任伦理、朴素的责任情感，以及对国家、对社会整体上的义务观照和责任担当（艾楚君，2019）。时代在发展，社会在变革，但责任感的重要性始终不变。全世界无产阶级和劳动人民的革命导师、无产阶级的精神领袖、国际共产主义运动的开创者马克思（1960）就曾指出："作为确定的人、现实的人，你就有规定，就有使命，就有任务，这个任务是由于你的需要及其与现存世界的联系而产生的。"在21世纪的今天，在奋力实现中国梦和中华民族伟大复兴的今天，更加需要青年一代具有强烈的责任感和使命感，勇于担当、甘于奉献。

重视青年工作、重视青年社会责任感的培育，是中国共产党的优良传统。自党的十八大以来，习近平总书记多次发表有关青年责任感的重要论述，这些论述的内容可概括为四个方面：以促进德智体美全面发展为核心的对自己的责任，以友爱亲朋、心系他人为核心的对他人的责任，以促进民族团结、传承优秀传统文化、展示国家形象为核心的对国家的责任，以促进人文交流、维护世界和平、传承人类文明为核心的对世界的责任（马建青等，2016）。习近平总书记站在国家与民族命运的全局高度，从实现中华民族伟大复兴中国梦的战略高度，围绕新时代青年"为何担当""担当什么"，以及"如何担当"这三个维度进行了全方位多角度的系统阐述，深刻揭示了新时代青年担当时代责任的内在规律（苑晓杰等，2020）。

✎ 作业

1. 简答题

(1)研究者在研究中使用问卷的目的是什么？

(2)问卷具有哪些优缺点？

(3)问卷封闭式问题和开放型问题分别适用于哪种类型的研究？

(4)问卷开放型问题都有哪几类？

(5)在编写问卷开放型问题时需要注意哪些方面？

2. 实践题

"思维模式"理论认为，普通人具有的信念或世俗理论构建了他们感知和解释社会及世界的模式（Dweck et al. , 1988）。持固定型思维模式的学习者认为个人的能力是固定的（fixed），而持成长型思维模式的学习者认为个人的能力是可塑的（malleable），这两种思维模式引导人们以不同的方式思考、感受和行动（Dweck，2000）。近年来，国内外研究者对学习者思维模式展开了大量的研究，但研究焦点主要集中在这一变量与其他相关变量的关系上，对于学习者思维模式的影响因素研究甚少。因此，这是一个值得开展探索性研究的领域，非常适合采用问卷开放型问题进行研究。如果你对该课题感兴趣，可以尝试阅读相关的文献，编写问卷开放型问题，并在此基础上展开自己的研究。

第 12 章　书面材料和音视频材料收集法

课前思考

- 回想你最近一次收集书面材料或音视频材料的经历，当时的情形是怎样的？
- 外语教学中的书面材料和音视频材料收集法指什么？具体包括哪些类型的材料？
- 为什么要在外语教学研究中采取书面材料和音视频材料收集法？
- 收集材料时应注意什么？

材料收集法与访谈、观察与叙事日志等一样，都是应用语言学研究中重要的质性数据来源（Heigham et al.，2009）。收集的材料通常分为书面材料和音视频材料两种类型，能够帮助研究者推进研究进程，获得更加全面、直观的认识。本节将从书面材料和音视频资料的类型、使用目的、使用方法三个方面展开讨论。

12.1　书面材料的归类

与质性研究中的访谈、观察数据相比，书面材料更加直观、形象，并相对较少受人为主观性的干扰，能为研究人员客观剖析研究现象、解决研究问题提供重要的线索和证据，因此被视为外语教学研究中的重要数据来源。为充分发挥书面材料在研究课题中的价值，研究人员收集的书面材料类型没有统一固定的表现形式，应依据具体的研究题目而定。例如，恩戈（Ngo，2018）为了解 L2 写作教师的认知发展，收集了包括访谈、教学单位资料（如试卷、教科书）和政策文件在内的书面材料，并将其以故事的形式展现，最终对故事进行主题分析，全面展现了教师在写作教学中经历的认知转变。其中，有关教学机构的政策文件与访谈数据相辅相成，能够帮助研究人员深入了解受访者的身份背景和所处环境，并在综合分析的基础上得出研究结果。同理，托特等（Toth et al.，2017）关注两所瑞典学校 EMI 课堂中的语言选择模式，重点聚焦课堂中出现的超语现象与其发生的课堂环境间的关系。在此研究目标下，作者在采取课堂观察、教师学生访谈之余，还收集了所观察的教学过程中使用的课本、随堂材料、试卷和讲义资料，尽量还原真实的授课过程与课堂环境。由此可见，如果研究者想要全面了解研究对象的语言教学心理、认知及行为，那么收集各级各类政策文件、课堂资料以及与研究对象相关的背景材料就显得不可缺少。

杨鲁新等（2012）曾根据数据来源，将书面材料分为两大类：现成的书面材料和研究过程中产生的书面材料。现成的书面材料指在研究开展前就已经存在的材料，例如叙事研究需收集教师的反思日志，如果受访者本身就有记录日志或书面反思的习惯，并且所涉主题与研究问题直接相关，本人也愿意分享给研究人员，便可作为宝贵的数据来源，大大减少研究者收集数据的时间和精力成本。研究过程中产生的书面材料则指研究人员在开展课题后遇到的、与研究主题有关的材料，包括研究设计要用到的辅助工具，如试卷、阅读文本、写作模板或评价量表等，或研究对象参加课题活动所生成的材料，如请研究对象撰写反思日志、制作多模态项目或修改同伴作文等。研究过程中产生的书面材料经常用于行动研究，因为在此类研究中，研究参与者需要接受特定的干预，生成研究所需的材料。比如，罗萨等（Rosa et al.，2021）为关注科学教师霍利如何在五年的写作教学过程中运用自己不断发展的系统功能语言学知识，设计了行动研究，其收集的数据来源包括：课堂观察的现场笔记，包括受访教师霍利的教学记录和他与学生的互动记录；计划性资料，如会议记录、电子邮件和教师笔记本等，以此帮助研究人员在计划单元课程时厘清思路；课堂物品，如讲义、物理模型和学生的作业副本等。在此项研究中，作者所收集的材料及物品均生成于研究过程中。值得一提的是，无论书面材料的来源是已有资源或最新产生于课题进程中，研究者在获取它们之前均需征得受访者或参与者的同意。

12.2　书面材料的收集与使用

质性研究是一项耗时费力的大工程，收集书面材料的过程不是一蹴而就、一成不变的。为此，研究人员可以在访谈和观察的过程中初步收集一些容易获取的资料，并分析已有资料，以此逐渐确定研究目标，缩小所需资料的范围。

随着课题的推进，研究人员还应根据课题推进过程中涌现的新问题或实际操作中的困难，实时调整所需收集的材料。对此，杨鲁新等（2012）提出书面资料的收集可以从以下两个方面着手：

第一，关注研究所处大环境的相关资料。如果研究议题涉及教师，如教师能动性、教学认知或教学实际，那么研究人员势必应关注教师所处的宏观、中观和微观环境。如陶源（Tao，2021）以生态理论为视角探究影响俄语教师能动性的环境因素时，便在研究设计中收集、分析了全国性的外语教育政策与规划文件，并结合课堂观察与半结构化访谈，以此全面、深入地解释了纲领性文件及政策文件实施过程中对俄语教师教学能动性产生的不同影响。

第二，关注与研究课堂直接相关的资料。这类材料往往与研究设计和研究参与者的行为有着更为紧密的联系，如教师的教案、上课使用的课件、课堂中发放的阅读材料等。麦克雷尔等（McGreal et al.，1984）曾对教师发展与教育研究中采用书面资料辅助教师培训的重要性展开论述，指出在课堂观察之余，教师为促进学生学习而采用的资料，如教科书、补充文本（supplementary texts）、学习工具（learning kits）、地图、影片（films and movies）、学习手册（study guide）、答题卡（answer sheet）、测验（quizzes and tests）等与天然材料（natural artefact）相对的材料，因其可作为数据来源且能够直接显示教学效果，应得到研究者的足够重视。关于与研究课堂直接相关的资料，杨鲁新（2012）认为可大致分为三类：教师编撰的教学资料（teacher-developed materials）、随堂笔记和家庭作业；数据收集阶段的测验与考试（quizzes or exams）；学生课上互动时使用的实验器材、设备等。如宋燕婕等（Song et al.，2021）关注到学习者驱动型移动辅助学习工具（mobile learner generated content tool，m-LGC）对学习者具有赋能作用，其收集的数据主要为学生使用 m-LGC 时所产生的词汇学习日志（如图片、笔记和评论）及录制的学习视频。

同样地，杨鲁新等（2012）将外语教学质性研究中的书面材料分为七种主要类型：课程教学大纲、课程日程安排、学生所用教材、教师授课的幻灯片、相关学生的幻灯片、相关学生的口头报告视频材料、课堂上所发的补充材料及课程网站上的相关内容。如田中锋（Tian，2022）采用参与式设计法，研究者作为研究的直接参与者与一位中文教师开展合作，在三年级语文、科学和社会学三门科目的课堂教学中，共同设计并实施了超语教学活动。在此项研究中，研究者收集的数据便涵盖了课堂上使用的教学材料、学生的作业和他们翻译或设计的作品样本，以及研究人员在例行研讨会上的会议资料，如反思笔记、设计草稿等。

12.3 音视频资料作为质性数据

音视频资料能够通过更加直观的方式，记录真实的语言使用行为与广阔的语言使用背景，为外语教学的深入研究带来更多可能性。例如，卡尔纳斯（Canals，2022）的研究意在调查两所大学的 32 名英语和西班牙语外语学习者在基于任务的虚拟交流中的口语互动情况。为此，研究者采集并分析了学生在视频软件（video-based synchronous computer-mediated communication，即 SCMC）上参与的三个口语任务的视频记录，以此识别、转录和编码受试学生的语码使用与转换情况。随着多模态研究的深入发展，音视频收集在外语教育研究中的应用日益广泛。当然，在收集数据的过程中，需要引起研究人员特别注意的是由于摄像机镜头无法捕捉到研究场所中的所有场景，因此采用音视频资料收集法可能造成数据遗漏的风险。例如，研究者试图观察学生的线上写作过程，便只能通过录制屏幕或镜头拍摄电脑的方法得到学生在计算机辅助情境下的学习行为，而可能忽视其查阅课本、手写笔记、头脑风暴等计算机环境外的学习行为。又如，研究者如果采取录像法观察课堂，便只能观察到教师在讲台上的授课过程，而忽略其走下讲台与学生的互动，或学生在台下的自主学习或同伴互助的过程。因此，研究者在收集音视频材料时，需认识到镜头记录的片面性和微观性。鉴于质性研究注重描述特定教学行为和心理发生的全面背景，研究者在使用图像、音视频材料之余，可结合使用访谈、实地观察和记笔记等多种质性研究方法，利用多来源数据相互印证，以此实现对研究场所的宏观感知，得出较为可靠的研究结论。在这一点上，塔伊等人（Tai et al.，2021）为我们提供了一个很好的例证，因其在结果部分使用音视频资料与文本数据相互验证，大大增加了研究的可信度和结果的直观性，为深入讨论提供了可能。

12.4 音视频资料作为数据收集手段

音视频资料不仅可以作为数据供研究者进行深入分析，还可以作为数据收集过程中的工具，与访谈、叙事日志等结合使用，激发受访者更为具体、深入、全面的讨论。比如，为了阐释超语视域下的动态意义建构与灵活实践如何为教师提供机会，帮助他们将学生的外部知识与体验带入课堂，促进新知的讲授与学习，研究者塔伊等人（Tai et al.，2020）采取了课堂观察法与音视频录制，并同期对教师和学生进行了自发的非正式访谈，以获得课程的详细信息。同时，为了比较教师的客观教学实践、语言使用情况及教师本人对这些行为的主观解释，研究者还将录像作为刺激物，要求教师针对某一具体的课堂情境或教学活动展开解释并发表评论和见解，并在结果部分将课堂实录与教师的录制后刺激性访谈结果（A post-video-stimulated recall interview）并列比较，作为解决研究问题的重要依据。还有研究者则在研究设计中采用基于文本和视频的刺激回忆法（text-and video-based stimulated recall）测量受试者在英语写作过程中有关汉译英修辞迁移的元认知意识，即学生是否为主动、有意识地进行跨语际迁移（Wei，2020）。其中，长时间的停顿被视为学生发生元认知作用的标记。研究者通过邀请学生们观看他们写作时手部动作的视频回放，并请他们在停顿超过 5 秒处标记其思维过程，从而认定这些停顿可能代表着认知活动的发生，如确认问题并采取策略解决问题，也可能表明其写作活动因英语写作知识不足而受阻。在刺激回忆过程中，研究者首先将学生们的注意力转移到汉英修辞部分，并邀请他们观看录像，记录其中相应的书写动作或停顿，最后对创作这部分的思维过程进行口头描述。

除了在研究设计中使用录像、照片、非正式访谈相结合的方式外，照片也可以用于半结构化访谈或小组访谈。在进行半结构化访谈前，研究者通常已设定了采访主题或范围，在采访过程中再结合所收集的实物，就能够方便受访者更直观、形象地回忆起当时的情景和自己的感受，并发表相关看法。考虑到这点，音视频作为数据收集手段已被广泛应用于多模态叙事研究中（Greenier et al.，2021），为叙述提供更为具体、清晰的现实生活背景，帮助他们更好地连接到故事，引发对具体案例的生动讨论。如尼库洛等人（Nikula et al.，2008）利用受访者提供的图画（visual narratives）帮助他们叙述自身的正式和非正式语言学习经历，这项研究便是将视觉激发作为研究工具，深入获取"语言学习者的主观体验"和在校外的非正式语言学习经历的案例。在小组访谈中，照片和视频可以作为访谈开始时的暖场工具，激励小组内成员根据与话题相关的视频、图片进行深入讨论，进而达到调节气氛、为后续访谈做铺垫的目的。

12.5　经典案例

WONG L H，CHEN W，JAN M，2012. How artefacts mediate small-group co-creation activities in a mobile-assisted seamless language learning environment？［J］Journal of computer assisted learning，28(5)：411-424.

内容概要

学习者日常所处的环境蕴含着丰富的学习资源，尽管这些资源为促进课堂的学习效果提供了重要的给养，但它们在外语教学研究和课堂实践中却常常被忽视。为此，研究者开展了一项名为"移动吧，成语!"（"Move, Idioms!"）的教学干预研究，借助移动设备将中文学习与日常生活中的具体场景连接，结合语境学习中文词汇帮助学生们消除课堂正式学习与课后非正式学习之间的壁垒。该研究以中介理论和分布式认知概念为指导，重点分析在校园内学生面对面的协作学习过程。在这项研究中，学生们要使用智能手机拍摄与中文成语或俗语相关的现实生活场景，用成语造句，并发布到社交平台上让同伴评价。研究者提出了一种全新的用于对小组活动进行描述性分析的可视化方法，并且通过分析收集到的材料发现，生活中的各种资源对学生的语言学习过程具有中介作用。由此，他们强调应重视学习者的思维习惯和技能，培养其识别、利用周围环境中的可用资源来实时调节自己外语学习活动的能力，而不是为课堂环境所限，被动接受教师或课堂环境所提供的固定的、有限的资源。

质性研究方法

该研究重点关注学生在课堂外搜集到的资源对其课内词汇学习的中介作用。为研究此问题，研究者首先设计并实施了教学干预，并在此过程中收集了大量的书面与音视频材料。教学设计如下：

（1）学生们四人一组，集思广益，利用本课所学的成语造句（每句话里包含一个成语），并在纸上画出情景草图。

（2）学生在接受技术培训后，在教室里表演句子所描述的场景并使用智能手机拍照。

（3）每个学生小组被分配到校园内的特定区域（例如食堂、篮球场、生态花园），并在指定区域进行头脑风暴，将现实场景与所学成语联系起来，拍照并造句；鼓励学生在一句话中至少用到两个成语。

（4）每个小组用多个学过的成语编一个故事，并在校园里完成拍摄。

通过上述步骤，研究者得到了学生小组合作所写的句子、段落等文本材料，以及音视频材料。这些材料是本案例质性数据的主要组成部分。研究者首先对课堂录音、录像进行转写，并结合课堂上学生小组互动的现场笔记进行描述性分析，以初步确定各种材料（实物和非实物）如何调节学生的学习进展。在此基础上，研究者还通过焦点小组访谈的方式，要求学生确认并进一步阐述有助于他们合作学习、共同造句的语境和因素，从而对研究所得结果进行三方验证。

思政元素分析

以往的外语教学实践及研究通常关注课堂情境，较少发掘课堂外广阔的校园及日常生活情境中所存在的学习资源，以及学生如何利用这些资源、如何看待其在正式语言学习中发挥的作用。本文以社会文化理论中的中介调节理论为视角，探究了移动辅助外语学习如何通过整合课内外资源激发学生自主挖掘学习资源、创造更多学习机会的可能性。外语教师在实施课堂思政的过程中，也可借鉴本文思路。为提高学生的学习体验、贯彻落实立德树人的原则，在教学设计上应避免将关注点局限于封闭的学习环境中(如传统教室、小组活动或特定电子学习门户)，应考虑广阔的课外生活空间及互联网环境对学生学习产生的交互与中介作用。事实上，通过互联网，学习者可以基于自己已有的知识或学习实践经验，提取回忆中的相关元素或信息，并将其转化为调节、促进新知识习得的中介资源。为此，更多的外语教学工作者与研究人员应关注如何衔接学习者的线上/下与课内/外学习体验，将学习者打造成自主的学习情境创造者、利用者、受益者。

作业

1. 选择一个应用语言学领域内你感兴趣的话题，如学生同伴互动中的认知过程、方言差异等，设计研究实施方案和步骤，包括明确调查对象、设计开放性问题、选择录音和录像设备、考虑采访场景等。

2. 对一段你收集的材料进行转录和注释，运用质性研究方法进行分析。

第13章

口述史研究法

📚 **课前思考**

- 你认为口述史研究具有哪些特点？
- 你知道应该如何开展口述史研究吗？要遵循哪些原则？
- 你认为口述史研究法与访谈法之间存在哪些方面的异同？
- 你知道传统口述史与现代口述史有哪些方面的异同吗？
- 你知道口述史学与传统历史的区别与联系吗？

13.1 口述史的概念及特点

口述史是以口头传播的方式，将史实、事件、故事等用语言表达出来的历史记录。具体而言，口述史的语意可以从两个层面进行诠释，一是口述，二是历史。"口述"这一概念相对于文字表达，指个人或群体叙述其经历或生活经验的方式；而"历史"则是对过去事件和社会发展的描述与分析，关注社会、文化、政治、经济的发展，表明人类社会和文化的变革历程。口述史从史前时期开始流传，人们以诗歌、歌谣、高唱、神话传说等口头形式记录历史，并且在传播的历史过程中加以演绎和创新，形成传说、民间故事等内容丰富的口述史文化。现代意义上的口述史指研究者通过口述及访谈的形式，对受访者进行采访并记录和整理口述史料的过程，历史当事人通过口述形式讲述自身经历，由访谈者对被访者的口述史料进行整理，最终形成口述史研究文本。而口述史学工作者则被称为"搜集历史声音的人"(Ritchie，2014)。

作为一种质性研究方法，国外研究者对口述史进行了更为精确的界定。里奇(Ritchie，2014)在 *Doing Oral History* 一书中将其定义为"通过记录访谈收集具有历史意义的记忆和个人评论"，并做出进一步解释，"访谈者以音频或视频的形式记录被访者的口述内容，采访记录被转录、汇总或索引，保存在图书馆或档案馆中。这些记录可用于出版物、广播、纪录片、博物馆展览或其他形式的公开发表活动中"。里奇随后补充，"口述史不包括随意或涉密的录音，也不包括通过窃听或从日记中得到的信息文本。"阿布拉姆斯（Abrams，2016）认为，"口述史不仅仅是揭示过去事实的一种手段，更是一种具有创造性、互动性的方法，使人们掌握历史记忆中所包含的多层次的意义和解释。"

以上概念体现出口述史研究方法的五大特点：

第一，主体性和主体间性。口述史料的基本特征来自至少两个人之间的对话。"口述"就是在访谈人和被访谈人之间的深度问答中完成的，与对谈如何进行密切相关，因为"口述"涉及的不仅是被访谈人的谈话内容，而且涉及访谈人如何提问，甚至包括局外人的闯入、插话等（刘亚秋，2023）。因此，作为一种复杂的社会交往过程，主体间性是口述史的重要组成部分。与主体间性密切相关的是主体性，口述者如何描述、是否如实描述事件，使得口述史料具有一定的主观性。

第二，深度互动性。基于第一个特点，即口述史访谈需要主体间深入、真诚地交流，这使得口述史研究方法具有深度互动性。与新闻采访等社会访谈活动相比，口述史对于信息挖掘的深度以及内容的广度与其他访谈有所差别。由于访谈目的不同，新闻采访的针对性、目的性和时效性较强，且只摘录部分有效内容进行保存和报道，而口述史访谈则围绕访谈提纲进行长时间、多角度的漫谈，试图得到受访者所描述事件的全貌。在采访时，口述史访谈者所扮演的角色不完全是"问题的引导者"，而是"有目的的倾听者"，其访谈过程具有深度互动性。

第三，大众建构性，即口述记忆的底层性。传统史学多由社会上层群体书写，关注政治制度和精英阶层等官方叙事，重视史学的资治和垂训作用，忽略了对普通民众的关注。20 世纪 70 年代以来，随着社会变迁及文化变革，历史学家开始重新审视传统历史的书写方式，转向寻求来自不同社会群体的人物记忆，以自下而上的研究视角对社会大众、边缘人群以及无话语权的底层人民进行访谈，如农民工群体、女性群体、少数民族、政治难民等。因此，口述史不仅能够在收集史料方面发挥其学术价值，亦能够作为"过程"进行研究，在权利平等、社会赋权等公共价值方面发挥其社会功能。

第四，作为研究资料的价值性。口述史及口述资料的价值来源于其使用价值，可供一般研究、重新解释和验证。只有当采访被记录下来，经处理后储存于档案馆、图书馆或其他公共服务机构，或以文字形式出版时，才成为口述历史(Ritchie，2014)。口述历史学家通过保存采访的录音带和文字记录，留下尽可能完整、真实的记录以供使用，充分发挥口述史料的使用价值和研究价值。

第五，跨学科性。从学理层面看，口述史结合了新闻学的采写技巧、人类学的参与观察、社会学的个案研究以及叙事心理学等多学科理论。从实践层面看，不同学科运用口述史这一质性研究方法开展了实证研究，记录并保存了相关领域的学术史，同时也深度融合了口述史研究中的术语、概念等理论知识。因此，口述史具有跨学科性。

13.2　口述史的发展

口述历史在文字形成之前就已存在，随着社会变化和科技发展，口述历史这一形式逐渐发展成为一门学科，其研究方法也随之更新和完善。综合研究方法、研究目标和成果形式等多方面因素，口述史的发展历程可划分为两个阶段，即传统口述史和现代口述史(周新国，2004；张宜著，2011)。

13.2.1　第一阶段：传统口述史(20世纪以前)

口述史学界普遍认为，古希腊文学家修昔底德是历史上第一位口述史学家(Yow，2014；Ritchie，2014)，他通过严格和详细的步骤采访了伯罗奔尼撒战争的经历者，并在采访中采用了他认为的"部分基于我所见，部分基于他人替我所见"的方法(Ritchie，2014)。同一时期，历史学家希罗多德以第一人称视角，收集了公元前五世纪关于波斯战争的信息(Sharpless，2008)。此外，由古希腊民间短歌编写而成的《荷马史诗》、古巴比伦王国时期的《吉尔伽美什史诗》、印度最古老的诗歌集《梨俱吠陀》都是古代西方口述史著作。到了16世纪，西班牙方济各会传教士贝尔纳迪诺·德·萨哈贡和他的同事对阿兹特克人及印加人进行了大量采访，并保留下访谈文本以及近两千幅插图。美国加利福尼亚人休伯特·豪·班克罗夫特认识到，在他收集的关于北美西部的书籍、期刊、地图和手稿中，缺少许多与加利福尼亚和西部发展有关的生活记忆。因此，从19世纪60年代开始，班克罗夫特雇用了一些助手，对生活在美国西部的不同人群进行采访并创作传记，由此产生了数卷回忆录和口述史料(Sharpless，2008)。

在中国历史上，口述史的发展亦有迹可循。西周时期的"左史记行，右史记言"中，"记言"即记录口述内容。春秋战国时期的《诗经》和《楚辞》也是将民间故事通过口述形式编为诗歌才能得以保存流传。《史记》中也使用了大量口述材料,司马迁曾多次赴各地搜集民间故事,收集了关于尧、舜、禹等上古帝王的事迹,编入《五帝本纪》中。清代蒲松龄的《聊斋志异》和顾炎武的《日知录》中也有大量民间口述史料。

13.2.2 第二阶段:现代口述史(20 世纪 50 年代以来)

1948 年,哥伦比亚大学历史学教授艾伦·内文斯成立了哥伦比亚大学口述历史研究中心,标志着口述史作为一门学科正式形成。美国首批口述史项目和传统历史研究方法相似,采取"自上而下"的研究视角,以政府和精英阶层为研究对象。直到 20 世纪 70 年代,"自下而上"的视角才在美国普及,口述史学家们逐渐将研究对象转向社区、种族、性别等社会问题上。在此期间,大量口述史协会和研究中心相继成立,如田纳西大学口述史研究中心(1952 年成立)、加州大学口述史研究中心(1954 年成立)、美国口述历史协会(1967 年成立)、英国口述史学会(1973 年成立)、国际口述史协会(1987 年成立)等。

口述史的发展波及全球,除美国和欧洲外,口述史的发展也蔓延到非洲、亚洲和拉丁美洲地区。以中国为例,中国的口述历史研究最早可以追溯至 1980 年中国科学院自然科学史研究所发起的"口述科技史"项目。1996 年,北京大学历史学系开设"口述史学研究"课程,这被认为是口述史学在中国成为研究学科的里程碑。周新国(2004)将我国 20 世纪中叶以来的口述史发展进行了回顾梳理,大致将其分为"20 世纪 50 年代至 60 年代"和"20 世纪 80 年代以后"两个阶段。在前者阶段,我国史学界已经开始了具有现代意义的口述史调查和口述史实践,从 20 世纪 80 年代开始,我国的口述史学与国际口述史在理论与实践上逐步接轨,主要体现在我国学者与国外学者合作开展课题研究或按现代口述史学的要求对重大题材、重要人物等开展口述史调查、采访,或在高校科研机构开设口述史课程、增设中国口述史网站或网页等。

13.2.3 传统口述史与现代口述史的异同

传统与现代口述史的嬗变并不是非古即今、割裂开来的。在口述史的发展过程中,逐渐出现并形成了较为成熟的研究方法与衡量标准,而不同层面的发展异同也被学界视为划分现代口述史与传统口述史的要素。

周新国(2004)认为,传统与现代口述史的共同点在于它们都是口述历史的记录,并以口述和文字为基础形成史料或史学著作的形式代代相传,有的还形成了以音像为载体的史料或史学著作。其不同点也较为明显,主要可概括为表 13-1。

表 13-1 传统口述史与现代口述史的区别

分类	方法与手段	理念与目标	成果形式	组织机构	工作规范、守则与法律规范
传统口述史	口述代代相传，辅以笔记	社会精英、王侯将相等	代代相传的传说或在部分著作中作为史料	无	无
现代口述史	口述、笔记、录音、录像、光盘、电视、电影等	整个社会从精英阶层到各个阶层，尤其重视社会下层和习俗等	实践成果：著作、资料汇编、录音、录像、电影等；理论成果：研究论著并形成若干分支学科	口述史协会口述史研究会口述史档案馆口述史博物馆	完整的工作守则、工作规范、法律法规等

13.3 口述访谈过程

一个完整的口述访谈项目涉及团队协作、专业知识、学术伦理、法律法规等多方面内容，为规范口述史研究的访谈过程，学界对口述史的工作程序进行了详细讨论。中国学者张宜著（2011）在里奇（Ritchie, 1997）提出的口述访谈流程的基础上对口述访谈过程进行了细化与说明，将口述史工作程序划分为三个阶段。

项目准备阶段

①确定项目选题：根据个人或机构开展项目的目的以及所需口述史料类型选择恰当的口述史选题。具体项目选题应大小适中，既要有一定的学术容量，也要有明确的学术边界，使之具有切实可行的可操作性。

②编制项目计划大纲：大纲的具体内容视选题而定，通常包括研究目的、团队成员、时间安排、项目经费、受访对象、访谈计划等。

③制定协议书文本：为了维护受访人的合法权益，在项目实施时应由项

目主办者与受访人签订一份"项目口述史访谈协议书"，协议内容通常包括项目概况、访谈计划、访谈内容范围、口述记录的整理步骤与权限、受访者对整理后文稿的确认与签字、文稿的使用约定（发表与否、使用年限等）、文稿发表或被引用时的署名、受访者对口述文稿的使用权利、文稿收益（出版发售、收费调阅、影视改编或与此有关的其他收益）的分配，以及其他相关条款。

④收集相关历史背景资料：包括历史背景、重要事件、重要人物、专业术语等。

实地访谈阶段

①划分与培训访谈小组：确定各小组的受访对象，并对访谈者进行系统培训。当访谈者人数较多时，采访标准则较难统一，因此访前培训至关重要。除了统一标准和访谈方法外，小组成员也能够借此机会深入了解整个计划的范围和架构，并讨论出访谈的核心问题。

②准备访谈器材：依据制定的访谈计划草案配备必要的访谈器材，如录音笔、录音机、抄录机、照相机、摄像机等。

③查询受访对象情况：调查具体受访者的主要经历及当前状况，包括受访者目前的健康状况和生活起居习惯等。

④联系受访者：与受访对象进行初次接触，表明采访目的，签订项目访谈协议书，落实访谈计划，包括访谈内容、方式、时间、地点、次数等。

⑤编制访谈提纲：问题的设置应当中立、开放且目的明确，尽量避免访谈者的个人倾向引导。

⑥实施访谈计划：既要按既定计划和访谈提纲进行，又要根据现实情况灵活变通。充分运用各种采访技巧，以期从受访者口述中获得符合项目目标的真实资料。

⑦做好采访记录：现场成稿的记录资料，应请受访人确认并签字。未成稿的记录资料需要做后期加工的，要当面告知受访者，并在约定的日期将确定的记录资料返回，请其确认签字。

⑧填写采访记录表：对采访原始资料进行编目汇总。

资料整理阶段

①收集采访记录：以采访单元为单位分别集中相关采访原始记录，小组讨论或项目组集中讨论整理加工的原则、办法和注意事项。

②口述资料整理：主访人负责口述原始资料的整理。整理后的文本要及时送请受访者确认签字。汇集每个受访者的口述记录原始资料、现场影音资

料和受访者捐赠资料以及经受访者确认签字的成文资料等,分别填写相关报表。

③口述资料管理:将汇集的资料移交指定的收藏保管部门,办理移交手续。

④口述资料使用权:根据与各个受访者签订的口述资料协议的条款,区别情况进行口述资料的处理。主要包含以下情况。

·同意公开出版且达到出版要求的,应尽快安排出版事宜,并与受访人签订相关协议;

·有限期公开协议的,在协议期内应予以封存,确保资料的文本安全和信息安全;

·可公开使用但目前无出版必要的,应向社会开放,以供学术研究查阅。

⑤项目结题:提交项目总结报告,项目完成。

萨默等人(Sommer et al.,2018)则将口述历史访谈流程划分为七个阶段,具体流程如表13-2所示。

表 13-2 口述历史访谈流程

阶段	具体事项
口述项目计划	·确定项目负责人和团队成员 ·项目命名 ·撰写任务声明 ·商讨口述材料归档处 ·选择项目咨询委员会 ·确定项目时间安排 ·建立程序以保存相关记录 ·制定宣传计划 ·培训采访者
预算安排	·制定项目预算 ·寻找财务支持和资金来源
道德与法律问题	·识别法律问题 ·遵守道德标准
设备准备	·确定录制设备和媒体 ·确定麦克风、电源和其他录音相关需求 ·确定转录设备

阶段	具体事项
访谈准备	• 进行背景研究并查找参考书目 • 根据背景调查编制与主题相关的提纲 • 罗列采访中的主题或话题 • 确定潜在的受访者，并确定各访谈中涉及的主题 • 对受访者进行特定研究 • 拟定采访提纲 • 安排访谈
访谈过程	• 进行采访 • 填写相关表格
资料整理	• 整理资料 • 将口述历史材料交付至存储库

通过对比多本口述史论著可以发现，国内外口述史研究的采访流程大致相同，仅个别步骤存在差异。例如，国外学者在访谈过程中增加了设立项目顾问委员会这一环节。顾问委员会能够帮助选定合适选题、评鉴计划内容、提供受访对象人选或协助筹集经费等。如果口述史项目隶属于较大的机构，如图书馆、高校、档案馆等，主管人员未必完全了解项目的真正需求，因此设立顾问委员会能够提供有力的学术支持(Ritchie，2014)。与国外不同，国内口述史项目通常由领域内研究人员、学者及专业团队开展，团队成员对于项目和专业知识已经具备深度了解，因此较少出现外包或设立委员会的形式。

13.4 口述史研究主体

纵观国内外口述史论著，其研究主体可大致分为两类，人物个体和社会群体。

以个体人物为研究主体的口述史论著注重人物的个人经历，以及个人经历对社会产生的影响。而以社会群体为研究主体的口述史论著则通过个人经历建构集体记忆，从多角度记录某一社会现象或事件。个人经历不可避免会具有碎片性、主观性和特殊性，但同一社会背景下的群体性记忆则可以从不同视角合构出较为完整的历史事件或社会现象，这些个人记忆即可作为口述史料成为解释某社会现象的因素。

群体口述史可根据访谈内容的特点被划分为三类：①根据受访者群体划

分的，如女性群体、少数民族群体、农民工群体等；②根据重大历史事件划分的；③根据地理区域划分的，如"北京口述历史系列"、《坛根儿往事：天坛地区口述历史》等。

13.5　经典案例

郑新蓉，武晓伟，熊和妮，2018. 开拓者的足迹：新中国第一代乡村教师口述史[M]. 南宁：广西教育出版社.

内容和研究方法概要

乡村是中国文化之根，而乡村教育是乡村发展和治理的基础之一。在教育基础薄弱的年代，乡村教师的存在对于推动乡村教育发展具有重要作用。这部口述史著作从乡村教师的角度，再现了乡村教育的发展状况，梳理了乡村教育环境和教育理念的变化。该书以我国农村学校的教育工作者为研究对象，在综合考虑性别、地域、民族的基础上，选择并描绘了15位乡村教师的成长经历、教学故事与家庭生活。

以该书第一章为例，该章内容以乡村教师曹爱琴的口述史展开，开篇以第三人称视角对教师的身份信息、教育背景和任教情况进行了介绍。正文部分以第一人称视角展开，第一节标题为"人生路上多坎坷"，其中包括"我再也没见到过爸妈""文化村里走出的中师毕业生""曲折的人生"三小节，分别对该教师的家庭背景、受教育情况和工作后的经历进行了详细描述，顺序按照抗日战争时期、抗战胜利后、改革开放后的时间线展开。第二节标题为"从教经历：兢兢业业37年"，详述了受访者初为人师、担任教会学校教师、在北岸小学做教师、又回到乡村小学的经历，故事讲述以该教师印象较为深刻的个案为主。第三节标题为"我对教育的一点感悟"，主要讲述该教师在担任乡村教师历程中的心得体会。该章的最后附以访谈后记，对访谈过程及采访者的感受进行了描述。例如，"接待我们的是曹老师和她的小儿子、小儿媳妇，他们也是乡村教师。访谈过程持续一整天，中间由于记忆和身体问题，也可能由于特殊的家庭背景，曹老师对有些问题说得较少，她的儿子和儿媳会在一旁提醒和补充（访谈整理的少数内容已经过曹老师儿子、儿媳补充）。"同时，该章最后还对采访过程中的印象深刻之处做出点评，如"访谈中，曹老师数次提到对学生的关心，在教育教学生涯中如此重视和实践着对学生的关心或许就是曹老师作为乡村教师的最成功之处。"该书剩下的章节均以相似形式展开。

质性研究方法简评

从研究对象的选择来看，该书中记录的乡村教师来自全国多个省、自治区、直辖市，其出生年代覆盖 20 世纪 20 年代到 90 年代，15 位乡村教师涉及 14 个民族，从身份维度上也包含"乡村女教师"和"少数民族乡村教师"两个群体，覆盖较为全面，故口述内容能够真实反映我国农村地区的社会发展与教育环境变化。

从研究方法看，研究人员在采访和组稿时遵循以下原则：在结构上，围绕成长与求学经历、从教经历、家庭生活这三个方面组织口述资料；在语言文字上，修改错别字及不通顺的语句，保留具有地方特色的方言并加以注解，对具有时代特色的历史词汇、历史事件进行注解；在格式上，统一 15 篇口述史的格式，包括口述者个人简介、口述史资料、图片资料、访谈后记，以及字体、字号方面的要求；在采访方法上，采用一对一访谈的方法，因为在进行一对一访谈的过程中，被访者可以畅所欲言，采访者有疑问能够随时追问，谈话从容不迫，且访谈质量高。

从研究团队看，北京师范大学教育社会学研究团队自 21 世纪初以来，一直致力于乡村教师队伍的研究工作，具有该领域历史和研究方法的专业性。北京师范大学于 2012 年开设了相关的研究生课程及讲座，并获得了国家出版基金支持，具备研究该领域主题的条件和能力。同样，国内绝大多数口述史研究均由领域内专家或专业团队亲自采访调查，其对于专业的了解程度和对于历史的敏感程度是初学者或外包团队无法企及的。

✒ **作业**

1. 简答题

(1) 口述史研究有哪些特点？

(2) 试析口述史研究法兴起的原因。

(3) 实施口述史研究法包括哪些步骤？

(4) 口述史研究法的功能与局限何在？

2. 实践题

(1)作为一名英语学习者，你认为口述史研究法能够运用在英语学习的哪些方面？请根据实际情况选择一个适合口述史研究法的主题并开展相关研究。

(2)作为一名英语教师，你认为口述史研究法对于英语教学是否有帮助？如果有，如何将口述史研究法与英语教学相结合？请根据实际情况设计一个口述史研究方案并开展研究。

第四部分

质性研究数据处理及结果呈现

第 14 章　质性研究中的数据管理和分析

第 15 章　质性研究中相关软件的辅助应用

第 16 章　质性研究报告(论文)撰写

质性研究中的数据管理和分析

14.1 质性研究中的数据管理

📚 课前思考

- 数据管理不善的表现有哪些？
- 如何管理音频数据？
- 如何管理田野记录数据？
- 如何管理影像数据？

14.1.1 质性研究数据管理的必要性

量化研究中，通过实验、问卷调查等方式收集的数据，最终以数字形式呈现，通常可采用 Excel 表格进行记录、管理和分析。然而，质性研究收集的数据形式丰富多样，包括文字观察记录、录音（如个体访谈或小组访谈）、录像（如课堂教学录像）、照片、文档资料（如学生的作业、老师下发的学习材料、学生的获奖证书）、书籍与杂志、电子邮件、聊天记录、日志（如学生的学习日志、教师的教学反思日志）、网页等多种形式。这些数据的类型不同、体量庞大，呈现方式、管理方式和分析方式也各有差异。

如果不能对质性研究获得的数据进行有效管理，就很可能出现以下情形：①不同类型的质性数据散乱存储于电脑中的不同位置，在分析关于某一主题的数据时，很难快速找到相关数据；②文件命名规则不清，容易引起混乱；③文件中缺失某些重要信息（如访谈录音文档没有标记访谈者的姓名或其他所需信息）；④对于已经处理过的数据和未处理的数据没有区分，下一步分析时需要重新确认。如果是多名研究人员组成研究团队进行质性研究，每位研究者都需要获取数据，如果数据管理不善，将会对团队成员编辑、分析和解释数据造成障碍，甚至混乱和错误。

14.1.2　数据的有效管理

如果质性研究收集的数据量不大，并且均为纸质文件，可以借助较为传统的管理方式，例如在每份文件上贴上不同颜色的文字标签，存入不同的文件袋、文件盒或纸箱中。但是，随着信息技术的不断发展，质性研究数据收集及整理方式也越来越多样化，诸如音频、视频、网页等电子数据，可以借助电脑进行管理。

建立合理的数据结构

使用简单的编码体系建立一个基本的数据管理结构有利于后期的数据分析（杨鲁新等，2012）。例如，为了解自动写作评价系统（AWE）反馈、同伴反馈和教师反馈三者相结合的混合写作反馈对学习者反馈投入的影响，张喆（Zhang et al.，2022）开展了研究，收集的数据包括作文文本和访谈录音两大类，其中前者为 33 名大学英语学习者一篇题为"A Reflection on University Life"的作文文本，以及这些文本上的混合反馈，后者为研究者与其中 11 名学生和 1 位写作教师的访谈。在对录音进行转写之后，该研究的数据分为作文文本、访谈录音、转写文本三大类，种类较多，并且体量较大，需要研究者利用电脑进行有效的管理。在这种情况下，研究者可以首先建立一个如图 14.1 所示的数据结构：

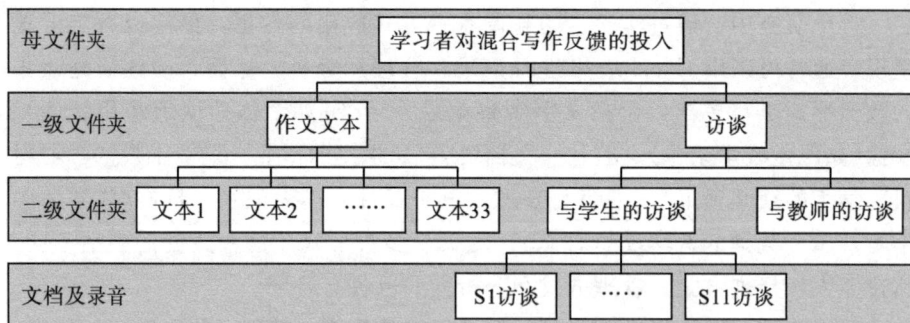

图 14.1　数据结构示意图

除建立数据结构图示外，研究者还可以借助表格的形式对所获得的数据进行梳理，使数据的重要信息一目了然。例如，对于上述研究中所收集的访谈数据，研究者可以建立如表 14-1 所示的表格进行梳理。

表 14 - 1 访谈数据收集整理表格

受访者身份	受访者姓名	访谈方式	访谈日期	访谈时长	所用语言
教师	Mary	面对面访谈	2021 - 03 - 22	42 分钟	中、英文
学生	David	电话访谈	2021 - 03 - 24	31 分钟	中文
	Alex	面对面访谈	2021 - 03 - 26	28 分钟	中文
	Ellen	面对面访谈	2021 - 04 - 01	36 分钟	中文
	Judy	电话访谈	2021 - 04 - 03	50 分钟	中文
	Cindy	电话访谈	2021 - 04 - 04	44 分钟	中文
	Eric	电话访谈	2021 - 04 - 06	27 分钟	中文
	Grace	面对面访谈	2021 - 04 - 07	52 分钟	中文
	Evan	面对面访谈	2021 - 04 - 09	30 分钟	中文
	Crystal	面对面访谈	2021 - 04 - 12	23 分钟	中文
	Nick	面对面访谈	2021 - 04 - 14	29 分钟	中文
	John	电话访谈	2021 - 04 - 15	34 分钟	中文

正确命名各类文件

随心所欲地命名收集的文件会使研究者在后期搜索数据时遇到困难，也很可能会产生误替换、误删除等情况。因此，在确定数据结构之后，应该对每个文件夹中的所有文件建立统一的命名规则，并按照此规则进行相应的命名。例如，将访谈录音文档和转写的文本文档命名为"访谈 1. doc、访谈2. doc、……、访谈 1. mp3，访谈 2. mp3、……"，在查找某位受访者的某段具体陈述或信息时，可能会需要逐一打开查阅并确认，耗时耗力。因此，文件名可以包含受访者姓名、访谈方式、访谈日期等信息，如将第一位受访者的访谈录音命名为"Mary-faceinterv-0322. mp3"，将其访谈录音转写文本命名为"Mary-faceinterv-0322. doc"。将按规则命名后的所有文件进行排序，这样能够一目了然，便于后期检索和分析。

关联相关文件

在质性研究中，研究者可能会收集到非电子数据，例如学生的书面作业，老师下发的学习材料等。在这种情况下，研究者需要将这些非电子文件进行分类整理，贴上标签，并在标签上标明该文件与电脑文件夹中的哪个文件相关，也可以在对应的电子文件中标明对应的非电子文件，这样在分析时就会避免遗漏，使分析更加全面。除此之外，在数据的体量和形式允许的情况下，研究者可以将非电子数据转化为电子数据，例如将照片扫描并存储于电脑文件夹中，或使用软件中将纸质材料的文字信息转化为电子资源。这样一方面有助于避免遗漏，另一方面便于后期撰写质性研究报告时直接提取使用。

14.1.3 访谈数据处理

在质性研究中，研究者经常采用访谈方式来收集数据，这些数据以音频文件形式呈现。为便于分析，研究者需要将音频数据转换为文本形式，这一过程通常被称为"转写"(transcribe)，而这一过程的产物通常被称为"转写稿"或"转写文本"(transcript)。

在可转写录音笔、转写软件等出现之前，研究者需要边听访谈录音边转写，写写停停，甚至需要对某一部分录音反复听，才能将其抄录下来。整个过程工作量巨大、耗时耗力，需要研究人员具备极大的耐心和恒心。随着科技水平的不断提升，可转写录音笔、转写软件等工具不断出现，这对降低录音转写难度和减少转写耗时产生了很大助益。然而，即使在这种情况下，当一项质性研究的访谈录音完成初步转写之后，研究者还需要对照访谈录音，对初步转写的文本逐一检查核对，确保转写无误，这样才能完成转写过程，进入下一阶段的数据分析环节。

在转写过程中，研究人员可以对访谈录音中的全部信息逐字逐句进行转写，也可以选择其中部分内容进行转写。全部信息逐字转写产生的文本可能包含许多表示停顿、呼吸、语音升降、语速等的符号，受访者的口头禅，甚至是不符合语法规范的句子，并且整个过程更为耗时。如果研究的目的不是语言使用的细节，或者受访者的部分回答已经偏离了访谈问题，则可以选择部分重要或相关信息进行转写。在这种情况下，研究者可以侧重于信息所传达的内容，将受访者的话语转写为工整、简洁、符合语法规范的句子。

访谈录音的转写文本通常以两种形式呈现：①话轮标注形式（例1）；②行号标注形式（例2）。以下以许悦婷和陶坚（2020）研究中的部分访谈内容为例进行标注展示。

例 1　以话轮标注的转写文本

T4 – 20190203		
043	I:	作为教师，您如何看待社交媒体上"教师是'网红'主播"的说法？
044	T4:	刚开始的时候，整个社会还有我们老师对自己有一个调侃，比如说主播，它是自己身份某一方面被凸显出来的一种焦虑。但随着网课的推进，我觉得自己还是传统的老师的这么一个身份。如果这个老师的教学内容很不错，教学方法合理，（再）把各种网络平台资源充分利用上了的话，我觉得"好老师"这种 label，和它在传统里面的 label 是一样的。
045	I:	您是如何评价自己的线上教学的？
046	T4:	我觉得我需要学习的新东西就是和网课相匹配的、相适应的教学管理上的一些知识或手段……比如说签到，作业的布置、批改，它有不同的平台，不同的检测的办法……我觉得能够把这一整套各种资源平台整合起来就很厉害。

例 2　以行号标注的转写文本

T8 – 20190203		
052	I:	作为教师，您如何看待社交媒体上"教师是'网红'主播"的说法？
053	T8:	我认为线上教学本质还是教师在上课，而非直播。
054	I:	在线上课程开始前，您做了哪些准备来应对线上课堂可能会出现的问题？
055	T8:	我们组织了一个"焦虑的直播妇女群"……连续几个晚上不同的模式，就
056		在试，音频、视频也试，开麦不开麦，自己在上课之前可能表现出最 stupid
057		状态都在这个群里面展示过了……我说大家一起进了这个群之后，边聊边
058		试了之后，大家一起"扫雷"的时候，我们虽然每一次心惊胆战，但是还是觉
059		得很开心的、有收获的。就是我们自己非官方的方式，民间搞了这样的群
060		试了几次之后，哪一些是"雷区"心里就明白了……你从心理上是更放松的；在
061		做当中去学，而且（在）轻松的氛围（中）去学。

例 1 和例 2 左上角分别标注的 T4 – 20190203 和 T8 – 20190203 是这两段访谈文档的编号，其中编号中的 T4 和 T8 分别是该研究中两位受访教师的代号（T 代表教师），20190203 表示该访谈的进行日期为 2019 年 2 月 3 日。例 1 中最左侧的代码（如 043、046）代表话轮号，例 2 中最左侧的代码（如 052、

061)代表行号。例 1 和例 2 中的 I 均代表访谈者（interviewer）。除了使用 T 表示教师外，研究者还可使用受访者的姓名进行标注。但必须注意的是，无论是采用 T 标注，还是采用姓名标注，整个文档从始至终都必须一致，并且其他同类访谈转写文本中的标注也必须采取同样的规则，以免引起混乱。

在转写录音文本时，具体采用话轮标记法还是行号标记法，取决于多种因素，包括访谈数目的数量、研究理论本身，以及研究者的需求。在访谈者数目较少的情况下（如 5 个左右），数据比较容易管理，就不需要对访谈稿添加"行号"。倘若访谈数目较多（超过 50 个访谈）或研究理论本身（如会话分析理论研究会话过程中人们如何通过呼吸、停顿及话轮转换来传递信息和完成表意）要求添加行号时，则必须对访谈稿添加行号（杨鲁新等，2012）。如果选择使用 Word 文档标注转写文本的行号，可采用如图 14.2 所示步骤操作实现：单击"布局"，点击"页面设置"右下角的箭头符号，选择"布局"选项卡；点击"行号"按钮，点击"添加行编号"前的方框选中；然后根据具体需要，选择"每页重新编号""每节重新编号"或"连续编号"；最后点击"确定"按钮即可。

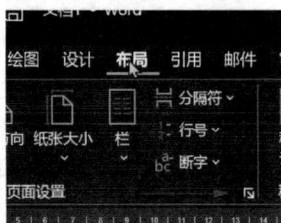

（a）

（b）

（c）

图 14.2　行号添加示意图

14.1.4 田野记录处理

在质性研究中，除使用访谈收集数据外，研究者还会采用观察法收集数据。在观察的同时，研究者通常会进行田野记录。因此，如果质性研究之中含有田野记录，在数据分析之前，研究者也需要对田野记录进行整理。

在有些研究中，研究者不方便携带电脑，因此通常会将观察到的内容记录在活页本等纸质材料上。在这种情况下，研究者可以重新阅读这些纸质材料，一方面帮助自己熟悉有可能已经遗忘的内容，另一方面，也可以在阅读中决定田野记录的归档方式。研究者可以调整活页的顺序，并为不同部分的内容贴上不同颜色和信息的标签。除此之外，研究者还可以将相关信息通过段落文本或表格等形式重新整理为电子文档，存储在电脑上，便于后续检索和应用。刘谦和王正阳（2022）在阐释人类田野工作方法对儿童研究的启示时，将其田野记录整理为段落文本，如例 3 所示。

例 3 段落文本形式的田野记录

> 2020 年 12 月 3 日
>
> 我进入了"京味斋"游戏区，有三个小朋友已经在里面准备了，<u>能看出来他们都很激动</u>，有说有笑，蹦蹦跳跳。每个小朋友需要认领一个角色，包括"厨师""服务员"和"顾客"。我也作为其中一个"顾客"和小朋友们一起玩游戏……吃完饭，该结账了，"服务员"说："这四个（菜）加起来，就是……是……24……14 块钱。"突然，"顾客"小朋友把用彩纸写着数字的"钱"推给我说："大人拿钱，小孩儿不能拿钱。小孩拿钱万一丢了呢。我妈、我爸、我爷、我奶，从不让我拿钱，连一个豆纸（没听清）都不让我拿。"
>
> 2020 年 12 月 5 日
>
> 今天，我吃饭时带的餐具是勺子和饭盒。小朋友看了纷纷捂着嘴嘲笑我，因为班里只有两个小朋友还在用勺子吃饭，其他人都用筷子吃饭了。有一个小男孩跑过来跟我说："老师，你怎么也用勺子呀？难道你是……'儿童人'吗?"<u>我好想笑</u>。

例 3 是刘谦和王正阳（2022）对其田野笔记整理的部分内容。该田野笔记按照时间顺序整理，段落文本的左上角标注出了时间。未加下画线的部分是研究者在幼儿园进行观察时所获取到的客观信息，加下画线的内容是研究者的主观评价和感受。从该例可以看出，在整理田野记录时，研究者可以通过加下画线等方式，区分客观记录和主观记录，以便研究团队的其他成员进行区分和核查。

盛静和韩宝成（2011）以新读写理论为框架，研究了小学英语课堂教学中的读写事件和读写活动，将其课堂观察产生的田野记录以表格形式进行了整理和汇报，如例 4 所示。

例 4 表格形式的田野记录

序号	内容词	读写文本	教师活动	学生活动
10	Jumble sale（出现在课文中 They went to the jumble sale 这句话中。）	《典范英语》课文插图 PPT 幻灯片	Where did they go? Look at the board（the board on the PPT）.	无回答
			在黑板上书写 jum，并提问 How to pronounce?	回答[jʌm]
			在黑板上书写 jumble，并提问 How to pronounce?	回答[jʌmbl]
			[jʌmbl]	重复[jʌmbl]
			jumble sale	重复 jumble sale
			So what does it mean? Jumble sale.	无回答
			拿起一件旧衣服，提问 What's this?	几个学生回答 jumble
			在黑板上写 ￥300 和 ￥100，并说 This clothes used to cost ￥300. Right now this clothes cost ￥100. You can spent ￥100 to buy real expensive clothes. So what does it mean?	一个学生举手（用汉语回答）：二手交易市场
			You can spend less money to buy a good thing. 原来 300 块钱的东西卖 100 块钱。OK?	回答 cheaper
			Yes, cheaper.	
			Jumble means old things. Jumble sale is a place where you can buy and sell old things.	

序号	内容词	读写文本	教师活动	学生活动
10	Jumble sale（出现在课文中 They went to the jumble sale 这句话中。）	《典范英语》课文插图 PPT 幻灯片	提问 Where did they go to? They go to … They went to! They went to the jumble sale.	回答 They go to the jumble sale. 重复 They went to the jumble sale.

14.1.5 影像资料处理

在质性研究中，研究者还可以采用录像等方式收集数据。在分析这类影像资料前，研究者可以通过多种方式对其进行简单的处理，例如通过转写（类似于音频资料的处理方式）或表格（类似于田野记录的处理方式）来处理。

例 5 转写形式的影像资料

片段 1：

A：你爱我吗？=

B：=我爱你

（等号"="表示 A 和 B 两句话之间没有间隙）

片段 2：

A：你爱我吗？

（0.5）

B：hhh(.)uh 嗯

（0.5 表示 A 和 B 两句话之间相隔 0.5 秒，hhh 表示 B 的喘气声）

片段 3：

A：你爱我吗？

B：我当然爱你。你为什么这么问？

除转写形式外，研究者还可以以表格形式梳理影像资料中的信息，例如盛静和韩宝成（2011）在处理影像资料时就采用了如例 6 所示的表格形式。

例6 表格形式的影像资料

时间	教学词汇	教师活动	学生活动
0：12		问：Who're they?	齐答：Mom and Dad.
0：19		问：What were mom and dad doing?	跟随幻灯片答案学生可以马上回答：Spring cleaning.
0：23		答：They were cleaning. Everybody, cleaning.	重复：Cleaning.
0：30		重复三次：Cleaning.	重复三次：Cleaning.
0：45		重复三次：Spring cleaning.	重复三次：Spring cleaning.
0：55	spring cleaning	Mom was spring cleaning.	
1：06		穿上准备好的围裙表演清扫的动作并重复：Mom was spring cleaning.	学生在座位上学教师表演并重复：Mom was spring cleaning.
1：17		把围裙交给学生，让学生表演并重复：Mom was spring cleaning.	学生表演 Mom was spring cleaning.
2：01		戴上准备好的纸帽子，表演清扫的动作并重复：Dad was spring cleaning.	重复：Dad was spring cleaning.
3：15		把纸帽子交给学生，让学生表演并重复：Dad was spring cleaning.	学生表演 Dad was spring cleaning.

例6的梳理形式和例4的梳理形式非常接近，不同之处在于例6中记录了每一组问答出现的时间，更为具体。通过分析各组问答活动之间的时间间隔，研究者可以获取更深层次的信息。

如果使用软件分析影像资料，则需要在分析之前查看该软件对音像资料格式的要求和具体参数，研究人员要按照软件要求转换影像资料的格式，设定其参数，为分析影像资料做好准备。

14.1.6 经典案例

齐学红，陈敏，2022. 回归生活世界的师德建设：基于对九位高中优秀教师的质性研究. 教育科学研究[J]，(7)：80-85.

内容概要

为了解高中优秀教师拥有何种师德观念，该研究选取了九位来自不同地区的班主任进行质性研究，旨在探寻他们对师德的理解，进而获得对日常生活中师德实践及师德发展过程的意义诠释。结果发现，高中教师师德观念的共同之处在于：师德内涵的聚焦化理解、师德实践的具身化表达，以及师德发展的叙事性反思。在此基础上，该研究进一步探索了师德建设回归教师生活世界的可能路径与方法。

质性研究方法简评

该研究采用目的性抽样的方式来选择研究对象。研究以获得过各级各类教育部门表彰，并且在教学质量和学生满意度等方面均优秀为标准选择研究样本。在此标准的基础上，通过预访谈最终确定九位来自不同省份的优秀高中教师作为正式访谈对象。出于对访谈对象隐私权的保护，研究者将教师名字进行编码处理，将姓和名的首字母组合，编码方式为"姓名-年龄段-性别"，如"QBJ-80-男"，表示访谈对象 QBJ 为 80 后男性教师。文中引用的访谈材料均以此种编码方式标注。

在确定研究对象之后，研究主要采用半结构式访谈获取研究资料。研究者对访谈进行全程录音，并将录音转化为逐字记录稿，以求获得最原始、最真实的文本资料。在对文本资料进行整理和分析的过程中，研究者注重使用本土概念呈现教师的主位观点，最大限度还原研究对象的表达，以提高研究信度。在此基础上进一步凝练教师师德观念的主要特征，进而形成研究结论。

思政元素分析

教师素质，师德为首（龚旭凌等，2022）。师德是教师在长期的教育实践活动中形成的较稳定的道德观念、规范、行为和品质的总和（糜海波，2016）。师德观念是师德理论与师德实践的中间环节，也是影响教师个人发展的关键因素（齐学红等，2022）。我国自古以来就重视教师的道德修养，"德高为师，身正为范"便是力证。中国古代书院的老师将"崇高的道德"作为毕生最高的乃至唯一的追求目标。围绕着这一目标，中国古代书院倡导教师正己修身，自觉完善道德人格，以"安天下"为己任，实现为社会服务的根本宗旨（郭艳琳等，2018）。

中国共产党自成立之日起，就十分重视教师师德师风的建设。1993 年 2 月发布的《中国教育改革和发展纲要》将思想政治素质和业务水平确立为教师职业道德的核心要素。同年 10 月，《中华人民共和国教师法》颁布，首次明确教师专业身份、权利义务和法律责任，为制定师德政策提供法律依据（龚旭凌等，2022）。党的十八大以来，中国特色社会主义迈向新时代。2018 年 5 月 2 日，在北京大学师生座谈会上，习近平总书记强调："评价教师队伍素质的第一标准应该是师德师风。师德师风建设应该是每一所学校常抓不懈的工作。"* 新时代的人民教师，应以中华民族伟大复兴为己任，严格遵守师德师风要求、时刻铭记领袖指示精神，在规范自己一言一行的同时，为国家和民族培养更多的优秀人才。

作业

1. 简答题

(1) 如何实现质性研究数据的有效管理？

(2) 音频数据标注形式有哪些？

(3) 可以通过哪些形式整理田野记录？

2. 实践题

你是否对某个研究话题感兴趣？这一研究话题是否可以通过质性方法展开研究？具体可以使用哪种质性研究方法？请在思考上述问题后开展质性研究，采用合理的方法收集数据，并按照本节所讲述的方法整理获得的研究数据。

14.2 质性研究中的数据分析

课前思考

· 质性数据分析的理论基础是什么？

· 扎根理论有哪些版本？

· 如何依据扎根理论进行编码？

14.2.1 质性数据分析的理论基础

理论可以分为"广义的理论"和"狭义的理论"（陈波等，1989），前者是指

---

* 材料来源：《人民日报》2018 年 5 月 3 日 02 版

一系列具有内在联系的范畴的体系或命题的集合，是关于特定领域或对象的系统化知识，而后者是指与假说相对的、经过实践检验的理论。按照不同的标准，理论还可以分为"形式理论"和"实质理论"，前者是指系统的观念体系和逻辑架构，可以用来说明、论证并预测有关社会现象的规律，而后者是指在原始资料的基础上建立的、适用于在特定情境中解释特定现象的理论(陈向明，2000)。同其他类型的科学研究一样，质性研究是一种带有目的性的理性活动，同样离不开理论和理论建构。在量化研究中，研究者通常基于已有文献或现实现象提出研究假设，通过量化研究方法对假设进行验证，其研究结论通常能够解释有关社会现象的规律，具有一定的"普适性"。然而，质性研究多为探索性研究，其研究结论能够拓宽人们对特定领域的认知，但通常只能够解释特定情境中的特定现象。因此，质性研究中的理论属于"广义的理论"和"实质理论"。

在社会科学研究中，曾经出现过理论性研究和经验性研究两种类型的研究，前者侧重于对纯理论的探讨，不重视对事实的描述，而后者多停留在对事实的描述上，很少上升到理论的高度。在这种背景下，哥伦比亚大学的安塞姆·斯特劳斯和巴尼·格拉泽受到美国实用主义和芝加哥社会学派的启发，于 1967 年提出了扎根理论(grounded theory)，试图"弥合理论性研究和经验性研究之间的鸿沟"(Glaser et al.，1967)，开创新的研究模式。扎根理论提出以后在社会科学界产生了巨大影响，被誉为 20 世纪末"应用最为广泛的执行研究解释框架"(Denzin，1994)。

扎根理论是在系统搜集资料的基础上，寻找反映社会现象的核心概念，通过在这些概念之间建立联系而形成理论的一种研究方法(陈向明，2000)，其核心任务在于生成和发展理论(Glaser et al.，1967)。扎根理论采取了一种既不同于假设检验也不同于民族志的材料处理方法，挑战了以下固有的方法论认识：理论研究与经验研究是二分的；资料搜集与资料分析是两个独立步骤；质性研究方法是印象主义式的，是非系统的；质性研究是量化研究的探索性先导；质性研究只能提供描述性的个案，无法得到普遍化的理论(Charmaz，1995)。扎根理论强调，理论不是通过演绎的、自上而下的过程形成的，而是通过归纳的、自下而上的过程形成的。理论不是来源于研究人员的凭空想象，而是深深扎根于原始资料和经验事实。研究人员通过对原始资料和经验事实进行不断整理、分析和浓缩，最终形成理论。其次，扎根理论认为理论建构不是一个一次性的过程，而是一个循环往复、螺旋式上升的过程。原始资料经过整理分析上升为理论并不是研究的终点，所形成的理论还需要回到原始资料中进行验证和完善。这一过程需要多次往复，才能够使理论丰富、充实和成熟。再次，扎根理论要求研究人员对理论具有高度的敏感性，能够区分前人的理论和资料中呈现出来的理论，并在此基础上捕捉新的线索，建构自己的理论。

按其发展阶段的不同，扎根理论可以分为经典扎根理论、程序化扎根理论和建构主义扎根理论，其代表人物为分别为巴尼·格拉泽和安塞姆·斯特劳斯，朱丽叶·科宾，以及凯西·卡麦兹。三个版本的扎根理论之间的区别如表 14 - 2 所示。

表 14 - 2　三个版本的扎根理论之间的区别

发展阶段	社会科学哲学	是否质性研究方法	研究者形象	对研究传统的态度	理论形式
经典扎根理论	批判实在论	否	创造者	忘记	潜模式
程序化扎根理论	实证主义	是	观察者	遵循	因果关系
建构主义扎根理论	建构主义	是	参与者	参考	故事

对经典扎根理论来说，研究方法只提供一套指导性的步骤，研究者自身的研究能力非常重要；程序化扎根理论则提供了一套严格的程序和概念框架，它大大缓解了研究者自身的创造压力；建构主义扎根理论同样提供了一套指导原则，但它远比经典扎根理论松散，研究者可以极大程度地摆脱既有经验证据的束缚，而且它与前两个阶段的扎根理论有着最本质的区别，即前两个阶段的扎根理论致力于寻找"科学"解释，但建构主义扎根理论已经不再有这种追求了（吴肃然等，2020）。

14.2.2　质性数据分析的程序

根据扎根理论，研究人员在分析质性数据过程中，需要遵循以下程序：①对获得的原始资料进行编码，从而从资料中产生出概念；②将所产生的概念与原始资料进行不断的比较，检验生成的概念；③在概念与概念之间建立联系；④建构理论。

在质性数据分析中，最核心的工作就是对数据进行编码或登录（coding）。编码是指在研究过程中对描述性或推理信息赋予符号意义的标签。编码通常附加在不同大小的数据"块"上，可以采用简单、描述性的标签或更具启发性和复杂性的标签（Miles et al.，2014）。在质性数据分析中，编码是研究人员生成的结构，它象征并因此赋予每个单独数据以解释含义，以用于模式检测、分类、理论构建和其他分析过程。正如标题代表和捕获一本书、一部电影或一首诗的主要内容和本质一样，编码也代表和捕获数据的主要内容与本质（Saldaña，2013）。质性编码的分析目的是通过语篇理解和诠释各种社会关系中的价值、身份、规范等观念，描绘无法直观感受的社会画面，进而解释复杂的、因果难断的现象和行为。质性编码的分析逻辑主要是归纳的、自反的（reflexive）。质性编码的分析过程是灵活的，不涉及标准化的模型（王惟晋，2018）。编码在质性研究中具有非常重要的作用，能够帮助研究者建构概念、建构理论，还能够用来检验假说。由于编码在质性研究中发挥非常重要的作用，编码被认为是扎根理论分析的核心要素（Babchuk，1996），作为扎根理论的创始人之一安塞姆·斯特劳斯（Strauss，1989）甚至声称每一个资深的质性研究者都必须掌握好质性编码技巧。

建立编码本

无论开展质性研究的是单个的研究者还是研究团队，在正式编码之前，都应该建立一个清晰准确的编码本、编码书或编码簿（codebook），用于规定如何操作每个编码。"编码本"是一组编码、定义和示例，是用于帮助分析数据的指南（DeCuir-Gunby et al.，2011）。建立编码本可以使研究人员在对原始资料编码的过程中和使用数据编码的过程中保持前后一致，避免混乱。单个研究者在建立编码本时可能只需要进行简短的描述，而多个研究者共同开展研究时，建立的编码本可能涉及更多的详细信息，要尽可能的清晰明了，确保每个团队成员都能够充分理解。这样，在对同一段资料进行编码时，无论是哪位团队成员进行编码，编码的结果都能和其他成员的编码结果保持一致。

麦奎因等人（MacQueen et al.，1998）和萨尔达尼亚（Saldaña，2013）指出，编码本必须包含以下信息：①编码名称，即研究者给某段资料标注的标签的名称；②编码定义，即对该编码含义的解释或简单描述；③包含标准，即能够证明材料应该包含在特定编码中的标准或中心特征；④示例，即最能代表该编码的一个或两个范例，比如访谈引言。基于以上建议，研究者可以建立如图 14.3 所示的表格，形成编码本。

编码名称	编码定义	包含标准	示例
……	……	……	……
……	……	……	……

图 14.3　编码本模板 1

研究者可以根据具体情况，采用 Word 文档编写编码本，也可以采用 Excel 表格编写编码本。将具体的信息输入上表之后，研究者可以根据自身需求和使用习惯，按照字母顺序对编码名称一列及相关内容进行排序，也可以按照话题、概念或理论等对其进行排序，使编码本的内容按照一定的规律呈现，清楚明了，便于后续查看。

编码是一个耗时且需要研究人员进行深入思考和认真判断的过程。因此，在编码过程中，研究人员可能对某段具体资料应该选择编码本中的哪个编码感到困惑，不确定应该选择哪个编码，这种现象在新手研究人员中尤为突出。如果预见会出现这种情况，研究人员在建立编码本时，可以采用萨尔达尼亚（Saldaña，2013)的一则建议，在编码本中增加两列，如图 14.4 所示，介绍能够证明某材料应该排除在某特定编码之外的标准或中心特征，列举与某编码非常接近但并不属于该编码的具体资料的示例，即容易使研究者感到困惑和混淆的示例，帮助研究者在编码过程中进行判断，提高同一研究人员不同时段编码的内部一致性和不同研究人员之间编码的一致性。

编码名称	编码定义	包含标准	示例	排除标准	示例
……	……	……	……	……	……
……	……	……	……	……	……

图 14.4　编码本模板 2

质性研究中的编码不是一蹴而就的，编码本也不是一旦完成之后就无须修改的。在质性研究中，编码是一个循环往复的过程，会随着数据收集和数据分析的不断推进而不断演进，因此，研究者建立编码本之后可能需要根据研究的进展对其进行多次修改。

逐级编码

根据经典扎根理论，在对质性数据进行探索性分析时，要进行开放性编码(open coding)、选择性编码(selective coding)和理论编码(theoretical coding)；根据建构主义扎根理论，要进行初始编码(initial coding)和聚焦编码(focus coding)；根据程序化扎根理论，要进行开放性编码、主轴编码(axial coding)和选择性编码。在这三种扎根理论和编码方式中，程序化扎根理论及其编码方式应用得最为广泛。

顾名思义，"开放性编码"要求研究者在这一阶段的编码过程中尽量摆脱个人已有见解和其他学者的研究定论，保持一种开放的心态，按其自身所呈现的状态对所有原始资料进行编码。研究人员需要将原始资料打散，深入理解，然后以新的方式组合将其出来。开放性编码的目的是"从资料中发现概念类属，对类属加以命名，确定类属的属性和维度，然后对研究的现象加以命名及类属化"(陈向明，2000)。开放性编码的原则是对资料进行仔细登录，尽量寻找能作为码号的当事人的原话，给每个码号命名，对原始资料逐渐概念化和范畴化。连续比较总结被提到频次最多(三次以上)的原始语句及初始概念，将数量非常庞杂且存在一定程度交叉的原始概念进一步提炼并归纳，实现概念范畴化(刘艳春等，2017)。在进行开放性编码时，研究者应该对原始资料中的内容逐字逐句进行编码，所使用的码号尽量来源于研究中当事人的原话，也可以来源于研究者自己的语言。在编码的过程中，研究者可能会对原始资料产生疑问，这时就需要在编码的同时写下分析性备忘录，以便研究者在结合后续的资料分析时更好地理解资料、建构理论。

"主轴编码"也称为轴心式编码或关联式编码，其主要任务是发现、建立、厘清概念类属之间的关系，通过对不同概念之间的反复思考和分析，整合出更高层次的范畴，并确定相关范畴的性质和维度，再归纳出主范畴(刘艳春等，2017)。之所以被称为"主轴编码"或"轴心编码"，是因为研究者在进行这一级别的编码时，主要围绕一个概念类属进行深度的分析，这一概念类属即为"主轴"或"轴心"；之所以被称为"关联式编码"，是因为研究者围绕着"主轴"或"轴心"，不断探索分析所关注的概念类属与其他概念类属之间的关系，寻找梳理出它们之间各种关联。这种关联可以是因果关系、时间先后关系、语义关系、情境关系、相似关系、差异关系、对等关系、类型关系、结构关系、功能关系、过程关系、策略关系等(陈向明，2000)。在确定了多种类属之间的关系后，研究者还需要确定哪些类属是主类属，哪些类属是次类属，以及主类属和次类属之间的关联是什么。在完成了这一步之后，研究者可以采用新的方式对原始资料进行组合。

"选择性编码"也称"核心编码"，是指通过系统分析，在所有类属中选择核心类属进行编码。与其他类属相比，核心类属具有以下特征：核心类属频繁地出现在资料中，并且比较稳定；核心类属的下属类属非常丰富和复杂。由于研究者对核心类属的下属类属不断地编码，核心类属的内部差异性很大：普通类属可能只和某些类属具有关联，和另外一些类属不具有关联，而核心类属几乎和所有类属都具有关联，并且这种关联丰富多样、十分自然。核心类属与其他类属相比更容易发展成为一个具有概括性的形式理论。核心类属应该具有统领性，能够将大部分研究结果囊括在一个比较宽泛的理论范围之内。就像是一个渔网的拉线，核心类属可以把所有其他的类属串成一个整体拎起来，起到"提纲挈领"的作用(陈向明，2000)。在选择了核心类属之后，质性数据分析工作就会集中到与该核心类属相关的内容上，距离理论建构也更近一步。在进行"选择性编码"或"核心编码"时，具体的步骤是：①明确资料的故事线；②对主类属、次类属及其属性和维度进行描述；③检验已经建立的初步假设，填充需要补充或发展的概念类属；④挑选出核心概念类属；⑤在核心类属与其他类属之间建立起系统的联系。

下面将借助徐伟琴和岑逾豪(2021)的研究，展示如何进行开放性编码、主轴编码和选择性编码。为了解硕士生在毕业后会选择读博还是工作，研究者采用了两种来源获取质性数据：一种是与研究对象一对一的半结构访谈，另一种是源于新浪微博超级话题(简称超话)。在获取质性研究资料后，研究者对其进行了逐级编码。

研究者首先对全部研究资料进行开放性编码，即对文本资料进行逐句编码、贴标签，将原始资料逐步概念化和范畴化。经过反复比较、整合与归纳，研究者共提炼出 51 个初始概念。在此基础上，研究者进一步将存在交叉的初始概念归纳压缩为 15 个初始范畴，包括成功入学期望值、如期毕业期望值、成功求职期望值、读博沉没成本、读博预期成本、读博职业收益、读博非职业收益、学术潜能、心理偏好、心理焦虑、家庭环境、培养环境、社会环境、重要他人的主观态度、重要他人的自我选择，如表 14 - 3 所示。

表 14 - 3　开放式编码结果

原始语句示例(初始概念)	初始范畴
A06：我硕士三年级那会感觉自己申博成功的概率差不多有 80％，没有意外的话应该就会读博了(成功入学期望值较高)	成功入学期望值
A10：我有段时间觉得读博对我来说太冒险了，所以摇摆不定(成功入学期望值较低)	
A09：读博的不确定性比较强，不知道能否按期毕业(担心无法毕业)	如期毕业期望值
A13：我深知读博多么艰辛。因为如果你做得不好，老师会让你延期毕业；如果你做得好，老师希望你继续跟他做一些研究，也会花很长时间(担心延期毕业)	

续表

原始语句示例（初始概念）	初始范畴
A06：我硕士毕业时成果不是很好，很难找到一份满意的工作（硕士毕业后成功求职期望值）	成功求职期望值
A10：我们专业读博读出来的选择要多一点，更可能找到一个有编（制）有户（口）的工作（博士毕业后成功求职期望值）	
A05：我在硕士期间时间基本上都投到学习和科研中了，没有什么自己的时间（已付时间成本）	读博沉没成本
A01：我读硕士期间有补助、奖学金，也会干点项目，金钱基本够用，没有让家里出钱（已付经济成本）	
A06：我本硕期间没有参加实习，反正就一直在搞科研（已付实习成本）	
A06：读博时间成本会比较长，少则三年，多则五六年（预期时间成本）	读博预期成本
A01：现在博士的补助确实是有点低，到我们现在这个年纪，应酬又多，所以压力很大（预期经济成本）	
B01：不想读博的一个原因在于，我觉得读博期间比较孤独、畏难（预期心理成本）	
A01：读博出来，你的工作经验和资历肯定很难比得上那些硕士一毕业就出来工作的人（预期机会成本）	
A08：我硕士是边工作边读的，当时在一所大专学校任教，想通过读博跳到一个更好的单位（职业平台收益）	读博职业收益
A17：读博以后出来，可能工资起步会比较高（职业待遇收益）	
B05：硕士的职业上升空间没有博士大（职业晋升收益）	
A17：读博出来以后，年薪可能会比较稳定，工作也会比较舒心（职业稳定性收益）	
A06：我觉得自己硕士期间虽然学了一点东西，但学得并不是很好，想通过读博来提升一下自己（知识/能力提升）	读博非职业收益
A05：读博会让你认识不同的学者，与这些学者交流过程中发生的思想碰撞会让你思维更开阔（眼界提升）	
A12：与其说我想读博，不如说我想证明自己能读博（证明自我）	

原始语句示例（初始概念）	初始范畴
A17：我觉得自己研究能力比较欠缺，如果以后搞学术可能会比较痛苦（研究能力）	学术潜能
B06：我个人喜欢打退堂鼓，退学的念头总是浮现在脑海里，觉得自己抗压能力太差了（抗压能力）	
A16：我读研期间除了硕士毕业论文以外，没有其他学术成果，觉得自己不适合走科研这条路（科研产出）	
A04：我对未来的职业规划就是去大学任教，想去大学任教，就只能读博（职业性质偏好）	心理偏好
A14：我之前之所以想读博，主要是因为觉得高校的环境蛮好的，比较想一直待在高校（职业环境偏好）	
A13：可能博士身份听上去会比较光鲜亮丽一点，但这又能怎么样呢？我以赚钱为目的（高薪偏好）	
A13：很多人读博是为找个稳定的编制内工作，我不想稳定，所以读博并不是我的理想选择（稳定性偏好）	
B15：我对读博和学历有谜一样的执念，非常非常想读博（高学历偏好）	
A05：我知道自己本硕学校平台不太好，所以即使父母不同意，我还是会选择读博（名校偏好）	
A11：我之所以想读博，有一个原因在于期待自己以后能解决某一方面的科学问题（科研偏好）	
A01：我是一个有点保守的人，不会做没有把握的事情，如果申博机会不大，我会先找个工作保底（风险偏好）	
B02：想直接工作的一个原因在于考虑到父母年龄比较大，且身体不是特别硬朗，担心"子欲养而亲不待"（责任偏好）	
A10：我觉得我有一种很享受或者很习惯了这种读书的感觉（读书惯性）	
B05：我希望赚钱，希望和男朋友一起攒钱买房（金钱焦虑）	心理焦虑
B11："老板"不喜欢全职博士在读期间结婚生子，但男朋友及父母均希望我能尽早结婚生子（婚姻焦虑）	
B05：女生在30岁求职时会面临"家庭""生育""冲劲""稳定性"等困难，会被挑剔（年龄焦虑）	

续表

原始语句示例(初始概念)	初始范畴
A03:虽说我们家不是很富裕,但我觉得供我把博士读下来还是可以的(客观家庭环境)	家庭环境
B14:原生家庭是我的噩梦也是动力根源,爸妈全部心力倾注弟弟身上,并半开玩笑地要求我以后负担弟弟工作、房子,至少分担 20 万。他们还多次暗示我,女儿是贴心小棉袄,以后要为他们养老。基于以上原因,我一直很痛苦,我认为读博从长远来看对我个人来说是最理想的选择(主观家庭环境)	
B03:我们课题组读博风气非常浓厚,弥漫着"工作皆下品,唯有读博高"的氛围(师门、课题组的环境)	培养环境
A13:我们班一共 20 个人,读博的只有一个。大家的想法一样,(硕士学历)够用了(班级、专业环境)	
A07:硕士和博士的各项政策都挺好的,至少我不用为了生活担忧(政策环境)	
A10:我们(家乡)那边,不管你是男生还是女生,大家感觉你能读博就很厉害,有种"唯学历"的感觉(学历观)	社会环境
A05:现在很多人觉得女生读博以后当老师挺好的,但男生的话,可能进企业赚钱才是最重要的事(性别观)	
A06:读博出来更可能进高校,高校教师社会地位会比企业员工更高一些(职业观)	
A09:我们专硕二年级时有一个实习环节,我当时去建筑设计院实习了,但工作一段时间后觉得不喜欢设计院的工作环境,想读博留校(行业环境)	
A12:我之所以想要读博,很大一个原因在于家里人希望我读博(亲友态度)	重要他人的主观态度
B13:在我们学院惨淡的就业率之下,导师也一直催学生读博,最好去国外读博(老师态度)	
A10:周围同学都说我是做学术的料,或者底子很好(同辈态度)	
A10:我妈和我舅,一个是教师,一个是农民,通过对他们生活状态的观察,我觉得多读书还是有好处的(亲友选择)	重要他人的自我选择
A13:我觉得我导师现在的状态可能就是我日后发展的一个上限,这种状态不是我想要的(老师选择)	
B10:我身边一些同学直博了,看到别人干什么,自己也不想落下(同辈选择)	

在开放式编码的基础上，研究者对数据做了进一步分析，将开放式编码得到的 15 个范畴进行了归纳，最终形成 6 个主范畴，并建立了主范畴和副范畴之间的联系，如表 14-4 所示。

表 14-4　主轴编码形成的主范畴与对应的副范畴

范畴内涵	副范畴	主范畴
硕士生对自身能够获得博士入学资格的期望值	成功入学期望值	成功读博期望值
硕士生对自身能够如期获得博士学位的期望值	如期毕业期望值	
硕士生对自身硕士毕业和博士毕业后能找到理想工作的期望值	成功求职期望值	
硕士生在面临升学选择时已付出且不可收回的成本，如时间成本、经济成本和实习成本	读博沉没成本	读博相对成本
硕士生面临升学选择时预计还需为读博付出的成本，如时间成本、经济成本和机会成本	读博预期成本	
硕士生预计读博将给自身职业平台、职业待遇、工作稳定性、晋升空间等方面带来的收益	读博职业收益	读博相对收益
硕士生预计读博将给自身知识、能力、眼界带来的提升以及给自身心理带来的满足	读博非职业收益	
硕士生基于自己研究能力、抗压能力、科研产出对未来是否能胜任科研工作的判断	学术潜能	自我认知
硕士生的职业偏好（对职业性质、待遇、环境和稳定性的偏好）与非职业偏好（高学历偏好、名校偏好、专业偏好、科研偏好、风险偏好、责任偏好等）	心理偏好	
硕士生因"读博难以早日养家糊口或结婚生子"产生焦虑	心理焦虑	
硕士生的客观家庭环境和主观家庭环境	家庭环境	重要环境
硕士期间感知到的师门与课题组环境、班级与专业环境及政策环境	培养环境	
硕士生所感知的社会观念（学历观、性别观、职业观等）和行业环境	社会环境	

范畴内涵	副范畴	主范畴
亲友、老师、同辈等重要他人对硕士生读博的态度	重要他人的主观态度	重要他人
亲友、老师、同辈等重要他人对高学历的追求及其当前工作、生活状态	重要他人的自我选择	

在开放性编码和主轴编码的基础上，该研究通过对成功读博期望值、读博相对成本、读博相对收益、自我认知、重要环境和重要他人 6 个主范畴之间关系的反复考察和分析，将核心范畴确定为"硕士生读博意愿的影响因素及其作用机制"，并建立了如图 14.5 所示的核心范畴之间的逻辑关系。

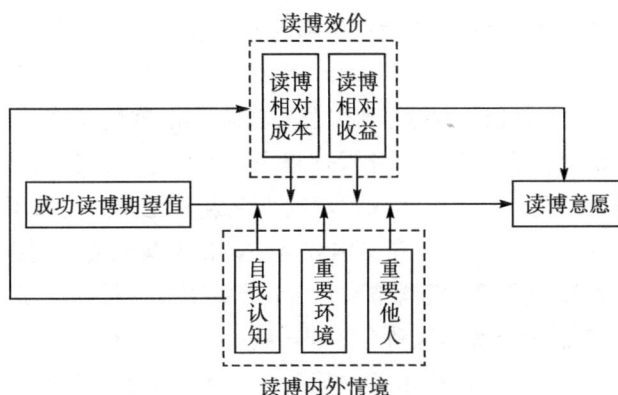

图 14.5 主范畴之间的逻辑关系

14.2.3 资料饱和度

资料饱和度被视为质性研究质量的"保证书"（Morse，2015），也是评判质性研究学术论文质量的重要准则（Hennink et al.，2017）。根据其内容和判定标准的不同，资料饱和被分为理论饱和（theoretical saturation）、编码饱和（thematic saturation）、数据饱和（data saturation）和意义饱和（meaning saturation）。

理论饱和最早由扎根理论的创始人巴尼·格拉泽和斯特劳斯（Glaser et al.，1967）提出，强调发现理论类属的充分发展，具体是指在数据搜集过程中已经无法发展出新的理解，所有相关概念类属（conceptual categories）的属性及其之间的关系都已被探讨、穷尽和确定，继续获取数据资料已不能揭示新属性，无法继续发现新的有助于建构理论的概念，而仅仅是在重复表征已有的概念时，就达到了理论饱和，可以认为新建构的理论是全面的、可信的。

在格拉泽和斯特劳斯之后，许多研究者受扎根理论的影响，进一步发展了饱和的概念，提出了编码饱和（也称主题饱和或类属饱和）的概念，具体是指在数据分析阶段，如果在数据分析阶段如果反复出现相同的编码，无法出现新的编码（Urquhart，2013），或者无法再发掘出新的主题（Birks et al.，2015）、编码本（codebook）已经稳定（Hennink et al.，2017），就可以认为已经达到了编码饱和状态。

数据饱和是指研究者在搜集信息的过程中遇到了信息冗余现象，例如在访谈中，研究者新听到的内容与曾经听到的内容非常接近，甚至是曾经听到的内容的重复。这个时候，研究者就可以停止数据搜集，认为数据已经达到饱和状态。理论饱和与主题饱和的提法深受扎根理论的影响且一贯强调数据的收集和分析是一个交错互动的过程。但数据饱和的概念淡化了这一认识，认为饱和的重点在数据而不在理论，亦即对于饱和与否的判断完全可以基于数据是否冗余做出，不必等到判断理论或主题是否发展充分而做出（谢爱磊等，2021）。

意义饱和是指在数据搜集和分析过程中，研究者已充分理解了所发展出的一系列编码或主题，关于编码或主题的含义及其之间的关系不再出现新的信息（Hennink et al.，2017）。意义饱和是在数据搜集和分析过程中基于编码或主题意义的完整性进行的资料饱和判断，着重于对资料的深度理解（杨莉萍等，2022）。意义饱和与编码饱和有区别，编码饱和是指从一定量的资料中提炼出了所有的编码，无法产生出新的编码，但此时可能仍然存在对某一编码或某些编码的定义还不能进行充分理解和解释的情况，只有在对所有编码的内容获得了充分的认识和挖掘后，才能够认为达到了意义饱和状态。

作业

1. 简答题

(1)扎根理论的主要内涵是什么？

(2)如何建立质性研究数据编码本？

(3)质性研究数据的编码层级包括哪些？

(4)质性研究中的资料饱和分为哪几种？

2. 实践题

学术讲座是了解学术前沿知识、提升学术科研能力的一种重要渠道。为提高广大师生的科研能力，各高校积极举办、推送各类学术讲座。目前，在线学术讲座大量涌现，为师生参与学习提供了极大便利。然而，师生参与学术讲座的意愿及其影响因素、优秀的学术讲座应具备的特征、学习讲座学习投入与学术科研能力提升关系等问题还有待研究者进一步分析解答。如果您对上述问题感兴趣，可以借助本章节所讲述的扎根理论展开质性研究。

14.3 质性研究中的效度保证

课前思考

- 效度的含义是什么？
- 效度的种类有哪些？
- 如何保证质性研究中的效度？

14.3.1 效度的概念

"效度"在英文中用 validity 表示。在定量研究中，效度是指"确定测量仪器是否实际测量了其预期测量的内容"(LoBiondo-Wood et al.，1990)，或"仪器测量其预期测量内容的程度"(Polit et al.，1995)。温特(Winter，2000)认为效度包括两层含义：一是所用的测量工具是否精确，二是所用的测量工具是否能够真正测量研究人员所希望测量的。哈姆斯里(Hammersley，1992)提供了一个定性的观点："如果一个描述准确地反映了它意图描述、解释或理论化的现象的特征，那么它就是有效的或真实的"。约翰逊等人(Johnson et al.，2015)认为效度是指研究结果所做推论的正确性或真实性，诺贝尔等人(Noble et al.，2019)认为效度与研究准确反映或评估被调查概念或想法的程度有关。类似的，菲茨帕特里克(Fitzpatrick，2019)认为效度是指从结果中得出的推论。在教育学研究领域，包括应用语言学研究，检验效度的标准就是"该研究是否准确地反映了所研究内容的真实情况"(杨鲁新等，2012)。

对于是否应该将效度这一概念应用到定性研究中，学者们的观点各不相同，例如史密斯(Smith，1984)认为，传统的信度和效度的定量标准与定性研究是完全不相关的，定量研究和定性研究的基本假设是互不相容的，因此在定性研究中应该抛弃信度和效度的概念。也有许多研究者认为，应该用trustworthiness、credibility、dependability、confirmability、authenticity、rigor、plausibility、goodness、soundness、transferability 或 quality assessment 等词替代质性研究中的效度(validity)的表述(FitzPatrick，2019)。大多数定性研究者接受在质性研究中使用效度这一术语，当他们谈到研究效度时，通常指的是那些似乎可信的、可靠的、值得信任的定性研究，因此他们所说的研究效度是指能够站得住脚的说法(Johnson et al.，2015)。

14.3.2 质性研究中效度的类型

麦克斯威尔(Maxwell，1992)将效度分为五类：概括性效度(generalization validity)、评价性效度(evaluative validity)、描述性效度(descriptive validity)、解释性效度(interpretive validity)和理论效度(theoretical validity)。

概括性效度包括研究的内部效度(internal validity)和外部效度(external validity)。内部效度这一概念最早由坎姆贝尔等人(Campbell et al.，1963)提出，之后库克等人(Cook et al.，1979)将这一概念凝练为"我们推断两个变量间存在因果关系的近似效度"，内部效度因此也被称为因果效度。外部效度是指研究的结果是否能够适用于其他社区、单位或团体(杨鲁新等，2012)，侧重于研究结论的及他性和普适性。评价性效度是指对所研究的人或事件进行的评价是否准确(杨鲁新等，2012)。由于质性研究本身的性质、目的和特点，麦克斯威尔(Maxwell，1992)指出概括性效度和评价性效度不属于质性研究的重点关注范围，描述性效度、解释性效度和理论效度对质性研究非常重要。因此，下面将逐一介绍这三种效度。

描述性效度是指研究者报告中所描述事实的准确性(Johnson et al.，2015)，是指研究人员所看到的、听到的、触摸到的，以及研究中所发生的事件及人物是否真实，也就是研究人员是否客观地描述了其观察到的现象(杨鲁新等，2012)。因为在几乎所有的质性研究中，描述都是其主要目的，是读者了解研究的最主要的途径，因此，只有确定研究中所描述的人物真实存在、所描述的事件真实发生、研究者如实地汇报了自己的所见所闻，才能够确定研究具有描述性效度。

解释性效度是指准确地描述参与者附加到研究者正在研究的内容上的意义(Johnson et al.，2015)，是指研究人员对所描述现象的解释是否真实合理(杨鲁新等，2012)。对于质性研究者而言，最重要的就是准确理解研究对象的内心世界或主观世界，理解研究对象的想法、感受、意图、经历等，并在自己的质性研究中准确地呈现这些信息。如果研究者能够从研究对象的视角出发，理解和感受周遭的事物，并且客观准确地将这种理解和感受呈现出来，才能够实现解释性效度。

理论效度指的是从研究中得出的一个理论解释对数据的适用程度，以及该解释的可靠度与经得起推敲的程度（Johnson et al.，2015），是指某种解释是否能对研究的现象进行理论性概括（杨鲁新等，2012）。理论通常不仅讨论某现象如何发生，而且讨论该现象为何如此发生，因此理论往往比描述和解释更为抽象。

14.3.3 质性研究中效度的保证

为了保证质性研究的效度，研究人员往往需要采用多种策略，如三角互证（triangulation）、参与者反馈（participant feedback）、长期田野调查（extended fieldwork）、研究者自反性（researcher reflexivity），等等。

第一，三角互证。"triangulation"一词来源于中古拉丁语的"triangulare"，原意是"做三角"。在航海和土地丈量等领域，它是以三角形原理为基础的测量定位方法（范明林等，2009）。三角互证思想起源于政治行为主义兴起之初，是指利用多元策略研究相同对象，确保研究结论由验证对象的客观特征或内在因素所致，而非研究者主观选择某一方法分析所致（Campbell et al.，1959）。三角验证法是指对多角度收集的数据进行对比和研究（杨鲁新等，2012），使用多种方法或不同的提供信息的人，反复核对信息和结论。当不同的方法或提供信息的人所得到的结论达成一致时，研究人员就得到了进一步的证实（Johnson et al. 2015）。因此，采用三角互证法可以提高研究的效度。丹森（Denzin，2009）将三角互证分为数据三角互证（data triangulation）、方法三角互证（methodological triangulation）、研究者三角互证（investigator triangulation）和理论三角互证（theory triangulation）。数据三角互证是指使用多种来源的数据以帮助理解某一现象；方法三角互证是使用多种研究方法来研究同一种或同一个现象；研究者三角互证是指使用多个研究人员来收集、分析及解读数据；理论三角互证是指使用多种理论和观点来解读和阐释数据。通过在研究中结合理论、方法或观察者，三角互证有助于确保克服因使用单一方法或单一观察者而产生的基本偏差。三角互证也是一种帮助探索和解释复杂人类行为的方法，使用多种方法可以为读者提供更为平衡的解释（Noble et al.，2019）。

三角互证不仅在定量研究中被研究者青睐，在质性研究中也被广泛使用。例如，为了解中国大学的英语学习环境的给养状况，秦丽莉和戴炜栋（2015）以给养理论和调节理论为基础，开展了个案研究，其中就采用了英语学习历史陈述、课堂观察、半开放式访谈相结合的三角互证法，调查了大学英语学生在社会文化环境中感知、解读的学习资源和互动学习机会，如例 7 所示。

例 7　三角互证

> 吴同学:
>
> 　　从英语<u>学习历史陈述</u>得知,大学前她就读于乡镇地区学校、没有上过听说课的经历严重影响了她的听说能力,她无法听懂全英文授课的大学英语课程,导致其学习目标为"能及格就行"。从环境中感知、解读的学习资源只有课内的教材内容、老师的拓展内容以及少量的听力课内容,课外没有获得学习资源的途径;在互动学习方面,由于性格使然,她也只与同桌就课内教材内容交流,很少向朋友和老师求助。从<u>课堂观察</u>该生转化给养行动得知,课内的积极给养只有很少几次向同桌的求助,课外只有认真背单词和写作文,消极给养反而很多,如课内听不懂、不参加任何老师组织的口语练习等,课外也很少与老师、同学、朋友交流,很少利用网络资源学习英文,<u>访谈</u>中她曾提到"曾经上网做过听力练习,但觉得听不懂,就放弃了"。总之,该生感知、解读的学习资源和互动学习机会较少,转化积极给养的行动也很少。

　　第二,参与者反馈。参与者反馈是指出于理解和检验的目的,研究的实际参与者对研究者的解释和结论进行的讨论和反馈。研究人员在通过访谈、观察等方法收集并整理数据后,可以交给被访者或被观察者,使其对数据进行阅读核查,确保数据的准确性和完整性。研究人员也可以在完成研究报告或论文撰写后,将报告或论文的相关部分交给研究参与者,征求他们的反馈,确保参与者提供的信息不仅得到了准确的描述,并且得到了合理的解释和呈现。例如,王素娥在进行以中国留学生在口头报告课为主题的研究时,在完成研究报告转写之后,给研究对象发送邮件(如例 8 所示),邀请其对研究报告进行核查,尤其是关于与研究对象的访谈的引用部分和对这些访谈内容的分析。

例 8　获取参与者反馈

> From: Sue Wang
>
> Sent: Monday, October 22, 2007, 10: 29 AM
>
> To: Lin
>
> Subject: the paper
>
> Hi
>
> Lin, nice meeting you again!
>
> I am still working on the pilot paper—you will be the first reader of this paper. You might find the "literature review" and "discussion" part boring but I really want your feedback about the "findings" part—if that's possible, particularly whether you think I faithfully represent you in the writing...or you want to add more things...
>
> Also to protect participants, I will change the name—what name would you suggest? I WOULD LOVE TO HAVE YOUR FEEDBACK!
>
> Thank you very much.
>
> Sue

第三，长期田野调查。进行长期的田野调查意味着研究者要花费足够多的时间来研究参与者及其所在的环境，以便使研究者有信心相信正在发生的关系模式呈稳定状态，同时也便于研究者理解为何这些关系会发生。随着研究者在实地花费更多的时间收集数据，形成并检验自己的解释，研究者的理论性解释将会变得更加详细和复杂(Johnson et al.，2015)。如果研究人员仅仅在很短的时间内停留在研究场地，其所获取的信息可能无法反映事件的真实情况。如果一个研究人员或研究小组长期在某一个研究场地进行观察研究，那么这位研究人员或研究小组所获得的信息会更可靠，更接近事情的真相(杨鲁新等，2012)。例如，为了解高中英语教师的写作教学信念和写作教学实践，杨鲁新和李平(2020)对北京某重点高中的两位英语教师进行了为期一年的跟踪调查，通过包括课堂观察在内的多种方式收集了研究数据。其中，研究者对两位教师分别进行了 10 次(累计 9 小时)的课堂观察。长时间的田野工作使其收集到的研究数据更加饱满、全面，从而使研究者能够更加准确、深刻地理解研究对象，产出更为合理、系统的研究结论。

第四，研究者自反性。在进行研究时，研究者需要密切关注有可能会对研究效度构成威胁的因素，其中包括研究者偏见(researcher bias)，这一点对于质性研究尤为重要。因为在质性研究中，承担研究工作的人(即研究者)具有一种特殊的重要性，研究者及其沟通能力，乃是搜集资料与进行认知的重要工具(傅安国等，2020)，研究者面对其研究的场域，以及接触、观察或访谈的研究对象，都不可能采取中立的态度(Flick，2007)。受个人背景、经历、观点、立场、风格等的影响，质性研究者在研究过程中可能会只关注到自己想要关注的事物，只记录自己想要记录的事件，而这些有可能会对数据的解释和研究的实施产生影响。克服研究者偏见的有效策略便是利用研究者的自反性，即研究者对自己的潜在偏见或倾向性进行批判性思考，分析自己的研究是否受到了自身偏见的影响、受到了哪些因素的影响、在哪些方面受到了影响、在多大程度上受到了影响、是否采用了某些方法尽量减少这种影响等。在许多质性研究者撰写的研究报告中，通常会包含一个专门的部分来体现研究者对这一问题的思考。例如，为了探究如何改善对底层"他人"关于人的能动性叙述的表述，凡·斯塔佩利(van Stapele，2014)关注了肯尼亚内罗毕一位基库尤人丘丘·金吉(Çuçu Kingi)的叙述，对当地不同种族的种族形象、种族地位和种族关系的理解呈现出二元对立的现象。为避免研究偏见，研究者在研究报告中的"self-reflection"这一部分，进行了如例 9 所示的分析。

例9 研究者自反性思考

My concern that I read too much into Çuçu Kingi's text epitomises the dilemma of the powerful reader and illustrates the importance of self-reflexivity as a central part of the dialectical process of research. As said, I initially understood Çuçu Kingi's sense of pride when she talked about 'we' as a notion of Kikuyu superiority that inherently described the 'Luo from the other side' as inferior. However, I realised upon reflection that my viewpoint derived from my own positioning in respect to three discourses. . . . Still, there was another layer to it. Having worked and lived in Kenya for several months annually over a period of 22 years, I was also positioned in relationship to the dominant discourse on citizenship and ethnic belonging in Kenya. The mainstay of this discourse holds ethnic groups as primordial and bounded entities that belong to specific regions and that are essentially different from each other. In this imaginary ethnic groups are ranked according to size and (social, political and economic) power, and they are constructed as competitors over access to recourses. Political rhetoric often re-enacts and fuels these reifications and dichotomies by pitting alleged groups against each other for electoral gain. . . . Yet my daily encounters with people in the ghetto, such as Çuçu Kingi, who repeatedly spoke of an ethnic 'us' in terms of pride and an ethnic 'them' in pejorative terms led me to initially take her experience and (re-)enactment of such a dichotomy at face value. My journey of self-reflection and my scholarly positions (that takes ethnicity as fluid and constructed to address present needs) led me to re-examine my initial interpretation and look beyond its self-evidence. I thus realised I needed to talk to Çuçu Kingi again.

14.3.4 经典案例简介

臧玲玲，刘原兵，吴伟，2020. 高校教师参与社会服务的决策机制：一个基于扎根理论的解释框架[J]. 高等教育研究，41(9)：77-83.

内容概要

为了解我国高校教师参与社会服务的影响因素，解释我国高校教师参与社会服务的路径与机制，该研究以扎根理论为依据，在半结构式访谈的基础上，对收集的数据进行了整理和归纳，并进行了三级编码和分析。研究结果发现，我国高校教师参与社会服务的决策机制由三个子系统构成：决策前因系统、决策核心系统、决策结果系统。不同系统之间主要通过个体的内部信息加工建立联系，从而达成决策或破坏决策。

质性研究方法简评

为了更加全面和深入地了解我国高校教师参与社会服务的情况，研究者选取了不同类型高校、不同学科专业和不同职称的 11 名高校教师，并将其分为三组，进行了半结构式访谈。研究者首先与一名普通本科院校的新手型教师进行了访谈，通过访谈发现该青年教师在参与社会服务时存在特有困惑，随后研究者选取了一名具有 30 年教龄、具有教授职称、通过高级人才项目被引入所在单位、已实现大量科研成果转化的成熟型教师进行了访谈，并与新手型教师的情况进行了对比。随后，研究者逐一访谈了另外 9 名居于新手型和成熟型之间的高校教师，对已有编码类属进行了丰富和完善，直至数据饱和。

研究者在进行该研究时依据扎根理论，对收集的数据进行了三级编码：开放性编码、主轴编码和选择性编码，其具体过程如图 14.6 所示。

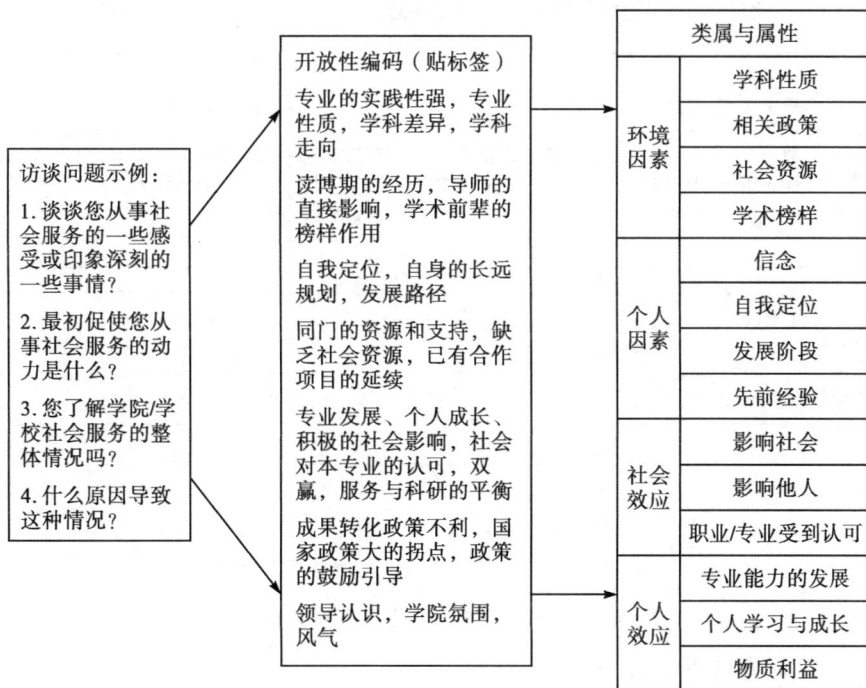

图 14.6　编码示例

具体而言，在开放性编码过程中，研究者尽量采用本土化概念以呈现原始资料中的意义，分别从三组访谈材料中梳理出 14 个、23 个和 196 个代码。在开放式编码结果的基础上，研究者进行了主轴编码，通过编码范式模型进行了线索梳理，总结出了"因果条件——现象——情景——中介条件——行动策略——结果"的关系链，并在此基础上提出了三个研究假设。在选择性编码阶段，研究者选择"教师参与社会服务的决策"作为中心类属，将不同的类属联系起来，形成了一个完整的理论图示。值得注意的是，为了保证研究效度，研究者在完整理论图示生成之后采取了以下两种措施。首先，研究者重新返回原始材料，将理论图示与访谈记录进行仔细比对。结果发现，逻辑上不存在断裂，可以较为完整地阐明材料及其意义。其次，研究者采用了参与者反馈法，即将图示发送给被访谈者进行阅读和检验。在获得几位访谈者的认可之后，形成了最终的理论图示，如图 14.7 所示。

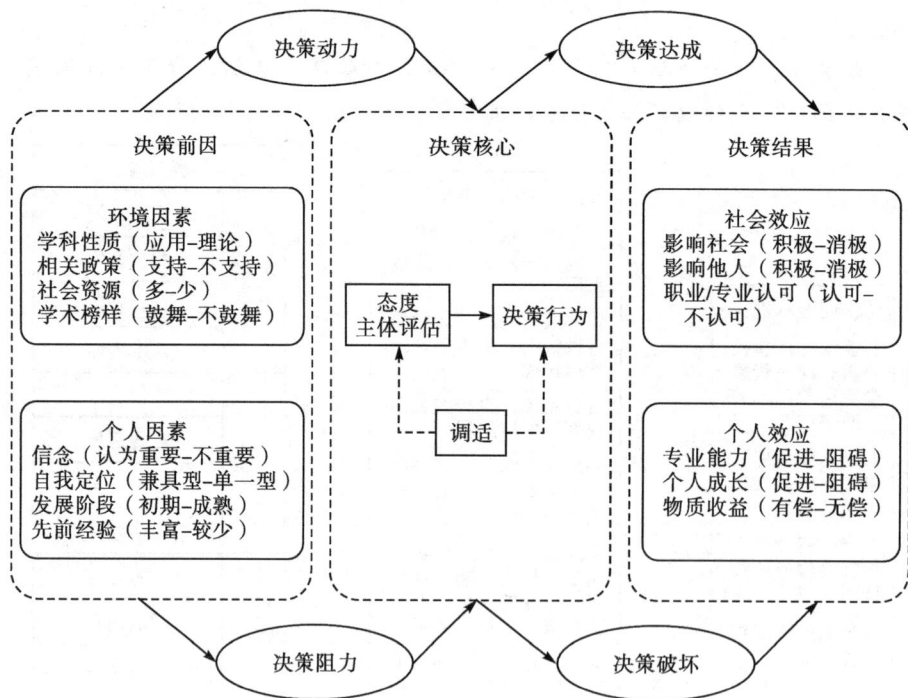

图 14.7 高校教师参与社会服务的决策机制

思政元素分析

高校教师服务社会，是指高校教师从直接满足社会的现实需要出发，利用自己的智力与能力优势，为社会、经济和科技发展提供的一系列支持（曹如军，2012）。服务社会是高校的重要职责和使命（邓辉，2022），1999 年颁布的

《中华人民共和国高等教育法》中就曾明确指出这一点。第四次工业革命的到来给高等教育的变革发展提出了新的时代命题（邓辉，2022）。近年来，随着我国经济的腾飞和创新驱动的高速发展，以及国家战略政策的出台，高校也被赋予了提供更高质量社会服务的期待（严梓洛等，2023）。高校教师作为高校的主要知识群体和社会发展的重要助推力量，应该积极响应党和政府的号召，心怀民族复兴的伟大梦想，将国家战略目标和个人发展目标紧密结合，在保证人才培养、日常教学和科研活动的前提条件下，紧盯社会需求，利用自己的专业特长为社会提供知识性、技能性和公益性等多种服务。

在积极服务社会的同时，高校教师应该认识到，服务社会不应仅仅是高校面向社会的单向输出，对应的社会机构也不应被简单定位为接受服务的场所。高校教师及高校管理层应该将服务社会视为高校教师和社会机构之间的双向输出，将对应的社会机构视为高校师生学习的重要阵地和高校合作的重要伙伴，深化高校和社会机构之间的高质量有效互动，注重服务与学习相结合，促进体验式学习和发展，不断从中获得有益给养，从而反哺高校人才培养（薛国凤，2023）。在合作共赢、互惠互利原则的引领下，高校教师服务社会将实现良性循环和可持续发展，大学已有的存量知识将不断地得到激活、重组与更新，人才培养和科学研究将会被推向更高水平（陈永春等，2021）。

✎ 作业

1. 简答题

(1)质性研究中效度的内涵是什么？

(2)质性研究中影响效度的因素有哪些？

(3)可以采用哪些方法提高质性研究中的效度？

2. 实践题

在公开发表的质性研究中，找到并阅读自己感兴趣的一两项研究，探讨该研究中有可能影响效度的因素，以及研究者采取了何种策略或方法确保了该研究的效度。也可以思考自己正在进行的质性研究中可能存在哪些影响效度的因素、如何通过借鉴已阅读文献中的策略规避这些因素，以提高研究的效度。

第 15 章

质性研究中相关软件的
辅助应用

15.1　NVivo 在质性研究中的应用

📚 课前思考

- NVivo 是什么？
- NVivo 和质性研究的关系是什么？它是否可以辅助量化或混合研究？
- NVivo 日趋智能化，它是否可以完全代替人力进行质性研究呢？
- NVivo 作为一种复杂的质性研究分析软件，没有计算机专业知识的研究者是否可以短时间内掌握并熟练使用它呢？

15.1.1　质性研究与 NVivo

由于各种原因，研究人员需要处理各种非结构化或半结构化的数据解释，处理方式包括探索、描述、比较、模式分析、理论测试、理论构建或评估。研究人员需要评估其研究目的和各种研究方法之间的契合度，以此确定是否选择质性研究方法来实现其研究目的。这不是由个人喜好决定的。以下三种情况的研究通常会采用质性研究方法：需要详细了解过程和经历；需要更多信息以确定所调查问题的边界或特征；数据为非数字形式数据（如文本、多媒体）。质性调查通常需要从目的性抽样中收集密集、广泛的信息。

质性研究人员很少使用先前收集的固定数据。相反，通过观察、访谈、文献分析、文献综述等，他们可能会得到不断变化和增长的丰富记录。数据的来源各不相同（如田野笔记、抄本、扫描文件等），呈现形式也多种多样（如文本、图片、多媒体等）。NVivo 提供了一系列的工具来处理这些丰富的数据，如浏览和丰富文本、可视化或分类编码、注释和准确快速地获取访问的数据记录等。

质性研究人员通常也把关于研究事件的想法和反思的记录作为数据。NVivo 可以以多种方式记录和链接这类数据，或搜索和标记这类数据。其设计初衷是为了消除"数据"和"解释"两者之间的刻板划分，而且它提供了许多方式来链接项目的各个部分，以及整合反思和记录的数据。

质性研究中使用 NVivo 可以帮助研究人员：

管理数据——帮助整理和跟踪定性项目中纷繁复杂的各种数据。包括来自访谈、问卷调查、焦点小组或实地观察的原始数据文件，还包括已发表的研究成果、图像、图表、音频、视频、网页、其他文献来源、粗略的笔记和写在备忘录中的想法、关于数据源的信息以及数据分析中的概念图。

管理想法——组织和提供快速访问研究中产生的概念和理论知识，以及支持它的数据，同时保留对这些数据来源的快速访问。

查询数据——对数据提出简单或复杂的问题，并让软件从数据库中检索与确定这些问题答案相关的所有信息。查询结果被保存后以被后续查询。

可视化数据——在解释过程的不同阶段展示案例、想法、概念、抽样策略、时间线等内容和/或结构，并通过各种（通常是交互式的）图表来可视化这些项目之间的关系。

数据报告——使用质性数据库中的内容，包括原始数据源中的信息，数据分析过程中产生的想法和得到的知识，以及得出这些结果的过程。

(Jackson et al，2013)

NVivo 可以确保分析过程的严谨性，并克服研究人员记忆力有限的问题。它可以迅速查找到术语的每一次使用记录和概念的每一个编码实例，它比人工操作更有条理、更细致、更完整。因此，我们可以说，使用 NVivo 进行定性研究有助于得到更严格的分析结果。即便如此，研究人员的能力依然是最重要的，NVivo 不能把草率的工作变成合理的解释，也不能弥补研究人员解释力的不足。NVivo 再好用，它也只是工具而已，无法代替人去思考、分析和给出结论。

15.1.2 NVivo 操作界面介绍

双击图标打开软件，可见 NVivo 的完整工作区，包括功能区、导航视图、列表视图、明细视图等部分（图 15.1）。

图 15.1　NVivo 工作区

功能区

功能区(图 15.2)位于界面顶部，显示使用软件时需要的各种命令。这些命令按照逻辑分组并显示在不同选项卡下，选项卡包括首页、创建、数据、分析、查询、探索、布局、视图等。除此之外，在功能区最左侧的"文件"选项卡中，有"管理项目""打印"和"设置应用程序"等选项。

功能区的左上角是快速访问工具栏，包括项目保存、编辑及撤销等操作工具。

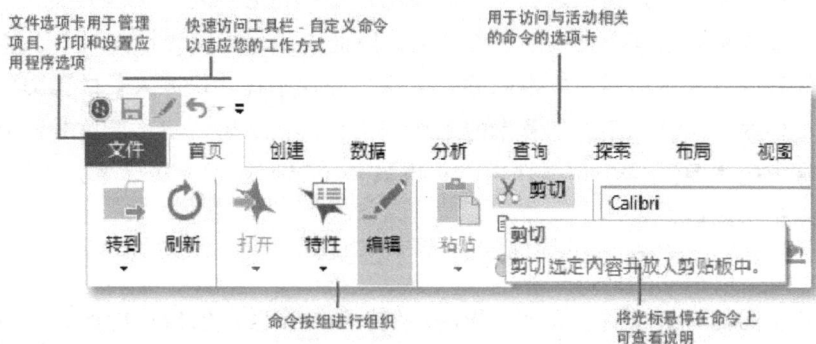

图 15.2　NVivo 功能区

导航视图

导航视图(图 15.3)位于工作区的左侧，用于访问项目的所有组件。

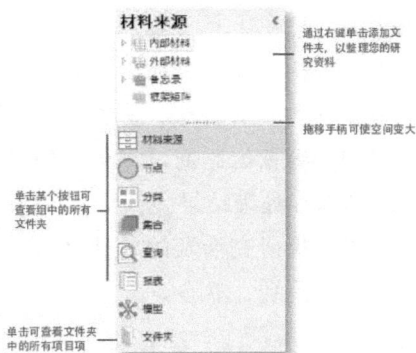

图 15.3　NVivo 导航视图

导航视图具体包括八个部分。

①材料来源：指项目或研究涉及的材料，包括文本、音频、视频、图片等各种形式的数据内容。导航视图的材料来源包括如下三个部分。"内部材料"指已经输入程序、可以由 NVivo 任意快速处理的各种形式的原始数据。"外部材料"指未直接导入程序的材料，如来自报纸、网页、期刊文章、书籍等的材料。NVivo 虽然不能直接处理这些间接相关的数据材料(有时候占内存较大)，但可以通过超链接打开该文件。"备忘录"指研究人员在数据编码和分析过程中的思考和观察记录，可以弥补人力数据分析的不足，辅助数据处理和讨论，使之更具体、深入和具有逻辑性。

②节点：指对材料来源进行编码的逻辑关系，可以实现编码和原始数据参考点的统计及链接。它包括情感、关系和节点矩阵等类型。"情感"是用于处理数据的情感属性的节点。从 NVivo 11 版开始，该软件具有部分智能化数据处理的能力，可以实现自动生成数据情感属性节点，很好地辅助研究人员对数据的情感属性编码。"关系"用于描述数据分析中的各种关系，如两个案例之间的关系、两个节点之间的关系等。"节点矩阵"是通过矩阵编码查询生成的节点集合。在矩阵中可以打开和发掘节点，但不能在这些节点处进行编码。

③分类：NVivo 11 可以实现三种数据分类：通过材料来源特点分类、通过设置人的属性特征对案例分类、通过设置关系类型对关系分类。

④集合：NVivo 可以实现对材料的集中分类并链接数据分析记录，包括

设置分组（可以将不同类型的项目灵活分组）、搜索文件夹（可以链接所有材料来源、所有节点和所有未嵌入媒体的材料来源）、链接备忘录等。

⑤查询：NVivo可以对数据提问、运行多种查询模式并保存查询结果，甚至可以通过新的数据跟踪结果变化。

⑥报表：NVivo可以实现按材料来源列出编码汇总报表、按节点列出编码汇总报表、根据材料来源分类汇总报表、根据节点分类汇总报表等。

⑦模型：NVivo可以进行数据编码的可视化，创建思维导图，也可以直接将其创建为节点，导出和保存处理结果。

⑧文件夹：NVivo可以链接研究涉及的各种材料、数据分析结果等，如备忘录、节点、案例、情感、关系、矩阵等。

列表视图

单击导航视图中的任一选项，其内容就会在此区域显示，如图 15.4 所示。

图 15.4　NVivo 列表视图

在此视图中

※可以添加新的项；

※可以打开现有的项并编辑项的属性；

※可以单击列标题进行排序。

明细视图

从"列表视图"中打开一个项时，它会在"明细视图"中显示具体内容。

在此视图中

※双击打开任意"列表视图"中任意项，可在"明细视图"中显示全部内容，可以通过选项卡进行任一打开项的切换；

※可在"明细视图"中对打开的项进行各种编码；

※可在"明细视图"中对开的项进行应用样式、文本格式等的编辑。

15.1.3　创建项目和材料来源

项目是为了某研究任务而建立的一组源数据集以及对相关数据的处理结果。使用 NVivo 来处理数据时，首先要建立项目。双击图标打开软件，随后单击"空项目"，如图 15.5 所示，在"新建项目"对话框中的"标题"和"说明"文

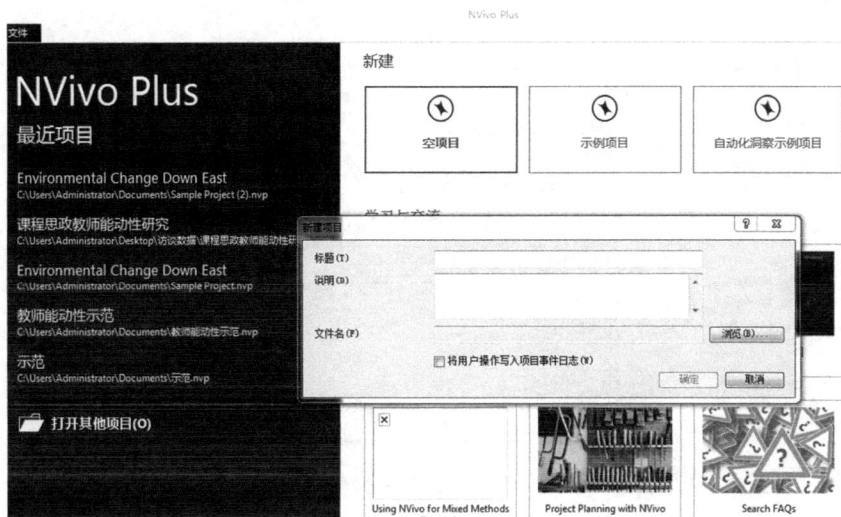

图 15.5　使用 NVivo 新建项目

本框中填写相关信息并单击"确定"。注意其他设置，如是否"将用户操作写入项目事件日志"，若"是"，则在对话框中做出标记。要牢记新建项目的保存位置或将其放在自己熟悉的位置，以便再次操作使用。

除此之外，也可以通过左键单击"文件"，再单击"新建"选项来创建新项目。同时，如需对界面语言、文本语言和用户名等信息进行设置，可以单击"文件"，

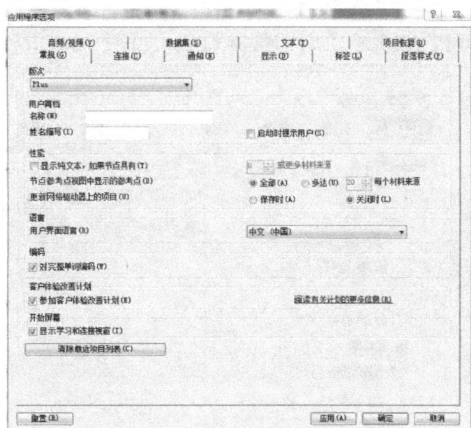

图 15.6　NVivo 项目的"选项"设置

点击"选项"，进入如图 15.6 所示的界面，进行相应操作。

导入内部材料

在 NVivo 中，"材料来源"是指研究人员希望在 NVivo 中分析的材料。这

些材料可以是文章、会议记录、调查结果、音频、视频、图片、网页和社交媒体内容等。我们需要对这些材料分类，建立不同的文件夹。我们可以在功能区点击"创建"，单击"文件夹"，再在"新建文件夹"对话框中填写"名称"和"说明"，如图 15.7 所示。如此操作，我们可创建"访谈""问卷""图片""文献""音频"等项目的结构框架。

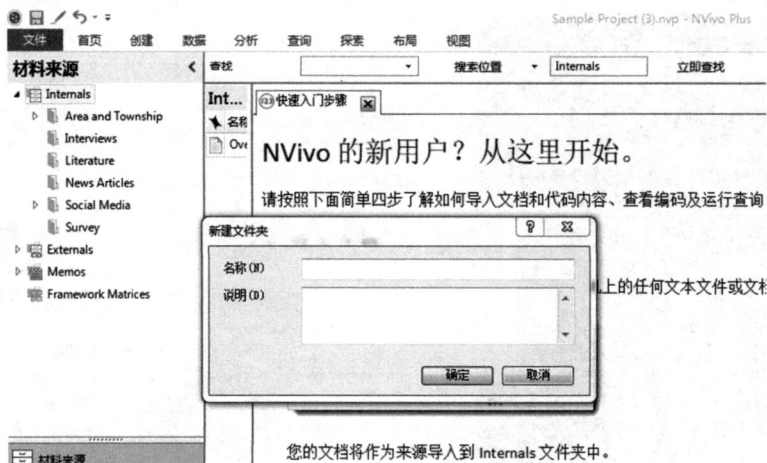

图 15.7　在 NVivo 中创建文件夹

其实导入材料来源也可以通过右键单击对应位置来进行快捷操作。我们也可以右键单击"内部材料"，如图 15.8 所示，创建项目的结构框架。

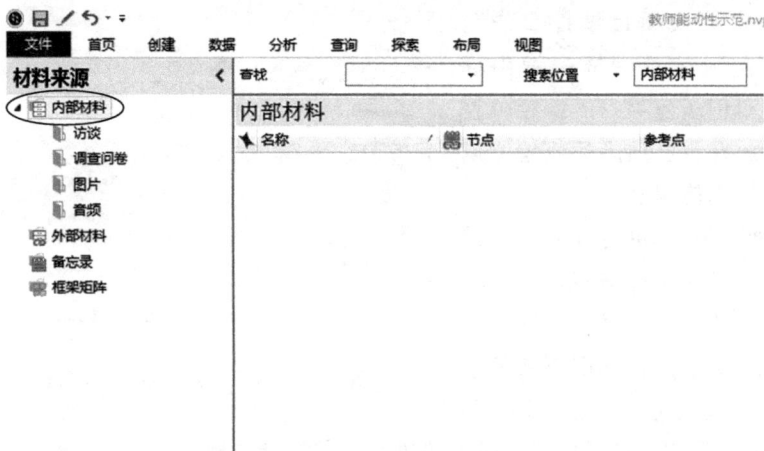

图 15.8　在 NVivo 中快捷创建文件夹

我们已经创建了多个文件夹，下面需要把具体的数据导入到对应的文件夹中。有两种方式可以实现导入。第一种方式是在导航视图的"材料来源"之"内部材料"中单击对应文件夹，如"访谈"，再单击功能区"数据"，根据你的数据类型选择对应选项，在弹出的对话框中选择要导入的文件（按住 Shift/Ctrl 键可以一次性选择多个要导入的文件）之后单击"打开"，再在弹出的"导入文件"对话框中，单击"导入"。此时会弹出"文档特性"对话框，如图 15.9 所示，单击"确定"，即可完成数据导入。

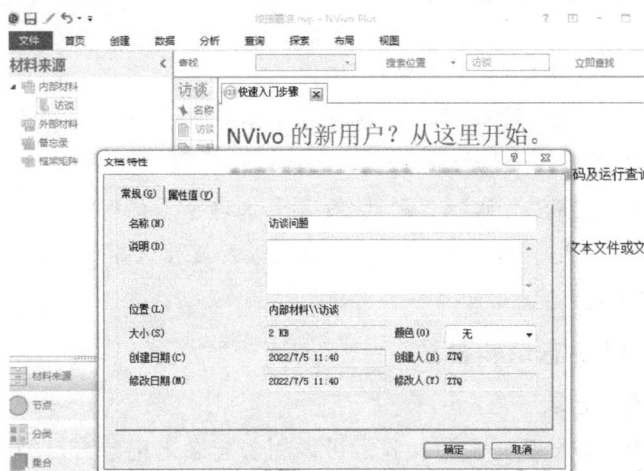

图 15.9 在 NVivo 中导入数据

第二种方式也是在导航视图的"材料来源"之"内部材料"中，右键单击对应文件夹，如"访谈"文件夹，在弹出的菜单中单击"导入文件"，弹出文件选择对话框。同上操作，选择要导入的文件或文件组，之后点击"打开"，弹出"导入文件"对话框，单击"导入"，弹出"文档特性"对话框，再单击"确定"，即可完成数据导入。注意，第二种方式仅支持 NVivo 12 及以上版本。

创建外部材料

由于某些原因（如数据太大），无法将一些数据导入 NVivo 的"内部材料"，我们可以创建"外部材料"并汇总该项内容，这样的操作同样也可以对这些数据进行编码或批注。从某种程度上来说，"外部材料"代表电脑上的一个文件，我们只是创建了指向该文件的链接使其可以在 NVivo 中轻松打开并进行后续操作。具体操作如下所示（图 15.10；图 15.11）。

图 15.10　在 Nvivo 中创建外部材料　　图 15.11　Nvivo 中的"新建外部材料"对话框

※单击导航视图中的"外部材料"文件夹。

※在功能区单击"创建"选项，在下拉菜单中单击"外部材料"选项卡，弹出"新建外部材料"对话框。

※在对话框中的"名称"和"说明"输入文本内容并点击"确定"，在接下来弹出的对话框中输入文件链接的路径以及属性值等信息。

※单击"确定"，完成外部材料创建。

15.1.4　创建备忘录和批注

直接创建备忘录

在数据创建和分析过程中，我们可以用备忘录来记录自己的想法、思考和假设。这些备忘录在 NVivo 上可以随时编辑，并且可以快速调用，从而帮助我们理解和分析数据。其操作过程类似材料来源的导入，创建方法如下所示（图 15.12；图 15.13；图 15.14）。

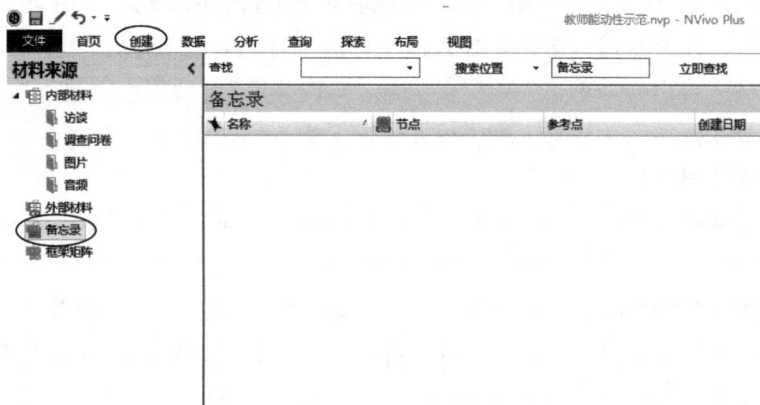

图 15.12　在 NVivo 中创建备忘录 1

※单击导航视图的"备忘录"文件夹。

※单击功能区的"创建"选项，在下拉菜单中，单击"备忘录"选项卡，弹出"新建备忘录"对话框。

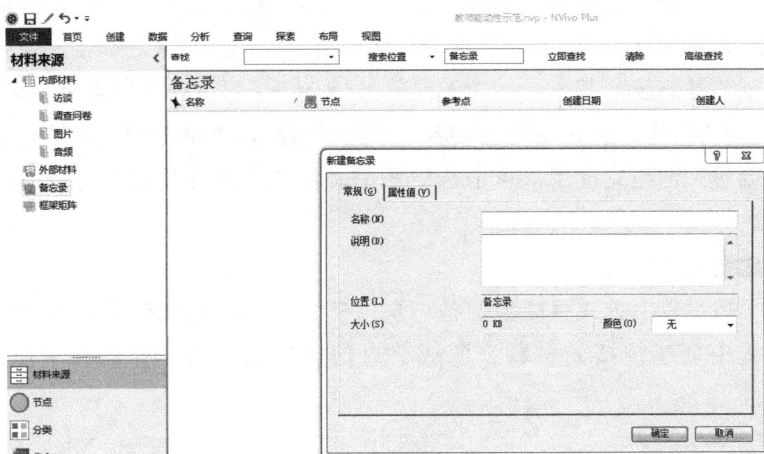

图 15.13　创建备忘录 2

※在"新建备忘录"对话框中填写"名称"和"说明"文本内容，并进行设置属性等操作。

※单击"确定"后，列表视图会显示新建的备忘录文件，在右侧明细视图可以对备忘录内容进行编辑操作。

图 15.14　创建备忘录 3

※按 Ctrl＋Shift＋T 组合键可以插入备忘录编辑的日期和时间。

如果需要创建的备忘录较多，可以分类创建多个备忘录文件夹，再分别创建备忘录。我们可以通过两种方式来创建备忘录文件夹。其一，右键单击"备忘录"，在快捷菜单中单击"新建文件夹"，对新建文件夹命名，再在该文件夹内创建备忘录。其二，在功能区单击"创建"选项，在下拉菜单中单击"文件夹"，在弹出的对话框中对其命名后单击"创建"，再单击"备忘录"，则完成备忘录创建。创建完成后，单击选中任一文件夹，即可在明细视图中进行编辑操作。

创建链接的备忘录

除了通过以上方式直接创建备忘录以外，NVivo 还支持研究人员在数据分析过程中创建链接到材料来源或节点的备忘录，具体方法如下所示（图15.15）。

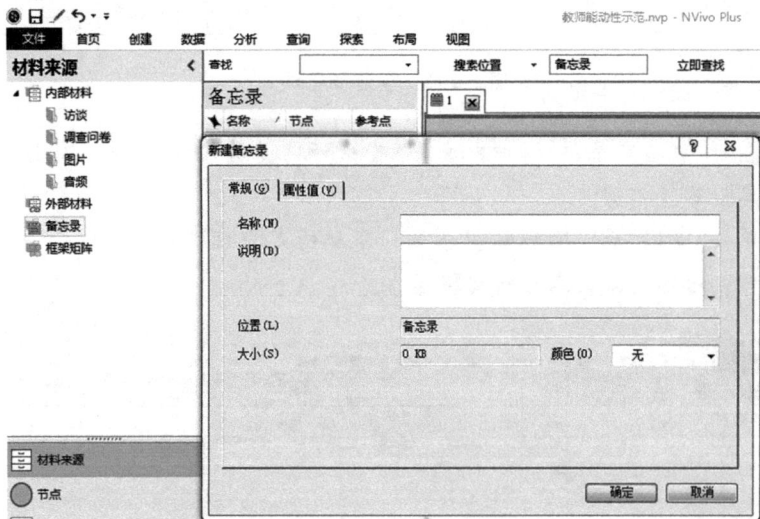

图 15.15　创建链接的备忘录

※在列表视图中单击"材料来源"或"节点"，或在明细视图中打开。

※在"分析"选项卡中，单击"备忘录链接"，选择"新建备忘录"（也可选择现有备忘录），此时会弹出"新建备忘录"对话框。

※在"名称"和"说明"中填写内容，并在"属性值"选项卡中完成设置。

※单击"确定"即可完成创建带有链接的备忘录。备忘录将在编辑模式下打开，并可输入内容。

创建批注

使用备忘录可以从宏观上对材料的分析做信息记录或说明，但在对某个材料进行分析和编码时，我们可能需要做一些批注。创建"批注"的具体操作步骤如下所示。

※在列表视图中双击打开相应材料，此时明细视图中会显示材料内容。

※在需要批注的地方，按住左键拖动并将其选中。

※单击功能区中的"分析"选项，在下拉菜单中选择"批注"。

※在弹出的两个选项中单击"新建批注"，则会弹出如图 15.16 的画面。

※此时，操作页面的底部出现了批注栏，我们可以在批注栏中输入内容，
  对选定的内容进行批注。

输入批注内容后，这段材料文字会变成蓝色背景，这是 NVivo 的默认指示。我们在阅读时若遇到这类标记，则说明该内容被批注过。另外，若我们在批注栏中单击序号，系统会自动定位到与该序号对应的批注过的内容上。

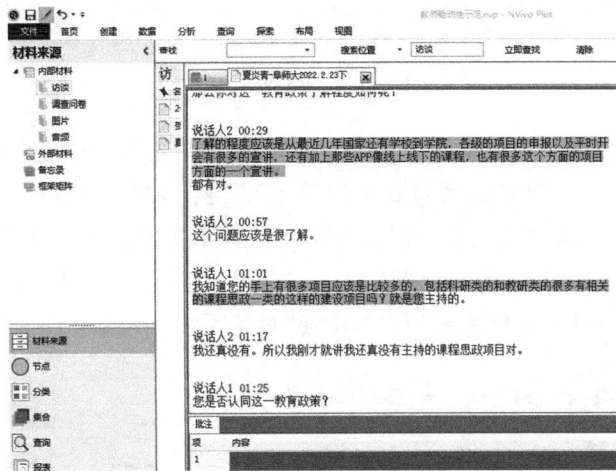

图 15.16 新建批注

在选定待作批注的内容后，我们也可以通过右键快捷操作进行批注。在单击右键弹出的快捷菜单中选择"链接"，在弹出的菜单中选择"批注"，再选择"新建批注"。此时，操作页面的底部就会出现批注栏，我们就可以进行批注操作了。

15.1.5　创建节点和编码

节点代表主题、概念、建议或经验等，往往具有高度浓缩的概括性。假如我们创建了"教师能动性"的节点，在分析材料来源（文档、音频、视频、图片等）的过程中，就可以在节点处对"教师能动性"的所有参考点进行编码了。

建立节点的操作步骤如下。

※单击功能区的"创建"选项，在下拉菜单中单击"节点"。

※弹出"新建节点"对话框（图 15.17）。

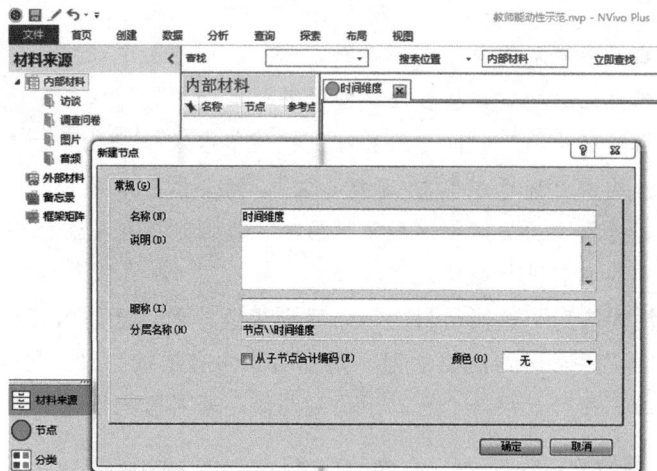

图 15.17　创建节点

※在该对话框中输入节点的"名称"和"说明"，并进行相关设置。若新建节点
　为"时间维度"，输入内容后点击"确定"，则会在明细视图中显示出来。

※ 在导航视图中点击"节点"文件夹，列表视图中会显示出已经创建的节
　点，如图 15.18 所示。因为还未对材料来源进行编码，这时候列表视
　图中显示的"材料来源"和"参考点"都还是"0"个。

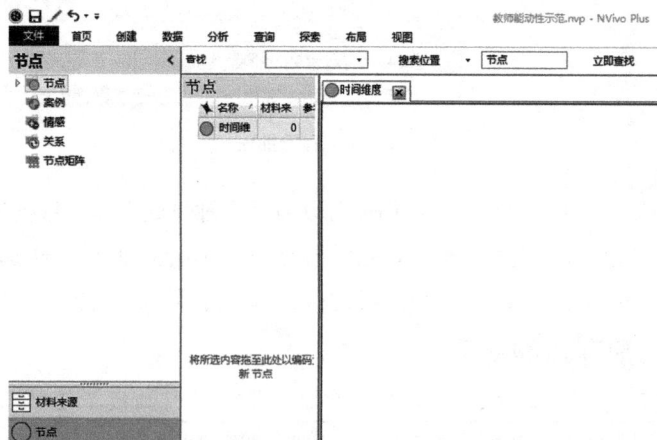

图 15.18　新建节点 2

※完成建立"时间维度"节点后，我们也可以给它建立子节点。在列表视图中
左键单击这个节点，再在功能区单击"创建"选项，在下拉菜单中单击"节
点"即可完成创建。重复操作就可以创建"时间维度"下的众多子节点了。

与前面几节类似，建立节点时同样可以使用右键进行快捷操作。在导航
视图中单击"节点"文件夹，随后在列表视图的空白处单击右键，在下拉的快
捷菜单中单击"新建节点"，就会弹出"新建节点"对话框。若给已有的节点创
建子节点，可以在列表图中右键单击任一已有节点，在弹出的快捷菜单中点
击"新建节点"，继续以上操作，点击"确定"后，列表视图中的原有节点的左
侧会显示一个"—"，表示在这个节点下面创建了子节点。

手动编码

编码是指通过阅读或分析将数据整理成一个个"观点""概念""主题"或"案
例"等，因此编码和节点有非常紧密的因果关系，编码后的结果或数据的不同
类别即为节点。无论是对材料来源进行手动编码还是自动编码，其目的都是
收集主题相关资料，然后将其存储在节点中。手动编码的具体操作步骤如下
所示(图 15.19)。

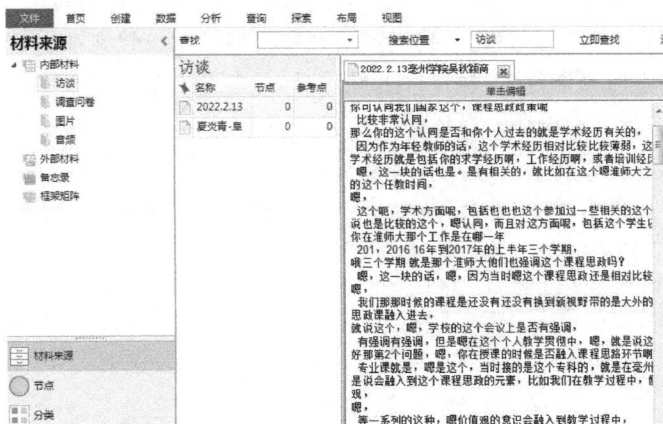

图 15.19　手动编码

※在导航视图中单击"材料来源"，在列表视图中双击打开需要手动编码
的数据材料。

※明细视图中会显示该数据的具体内容，此时便可着手进行编码了。

※手动编码的方式有三种。其一，分析数据过程中，将需要编码的内容
选定，直接将其拖动至现有节点(子节点)或案例中。其二，选定需要
编码的内容后，单击功能区的"分析"选项，在下拉菜单的编码组中，

选择对应的编码选项。其三，选定需要编码的内容后，右键单击，在弹出的快捷菜单中，选择对应的编码选项。

除此之外，手动编码也可以使用快速编码栏（在明细视图底部）在现有节点处对选定的内容进行编码。

在进行手动编码时，以下三点需要我们注意。①NVivo 支持利用数据内容进行编码，即"NVivo 中编码"。我们可以在选定内容后打开编码组，选择"NVivo 中编码"选项，即可对选定内容进行编码，同时创建为节点。②若编码出现错误，需要更改编码，我们只需要选定内容，并在打开的编码组中选择"取消编码"，单击"确定"，即可取消此处编码。③利用"编码带"可以实时了解编码信息。在编码前我们可以打开"编码带"，单击功能视图中的"视图"选项卡，在下拉菜单中单击"编码带"选项卡，在弹出的菜单中选择"最近编码"，此时明细视图的右侧就会出现编码带。选择需要编码的内容，编码完成后，右侧"编码带"区域就会出现相应颜色的编码了。

自动编码

NVivo 11 及以上的版本能实现部分 AI 功能，可以进行主题和情感的自动编码，但只限于 NVivo 当前支持的语言，包括中文、英语、法语、德语、西班牙语、葡萄牙语、日语。因此，在自动编码前我们需要确定文本内容语言和源语言是否匹配。为此，我们需要在项目属性中设置文本语言（文件→项目特性→文本内容语言），执行以上操作后，在"项目特征"对话框中单击"确定"，即可进行自动编码。具体操作步骤如下所示。

※首先在列表视图中选定待自动编码的材料（单个文件或多个文件均可）。

※在功能视图单击"分析"选项卡，在下拉菜单中单击"自动编码"，则会弹出"自动编码向导"对话框（图 15.20）。

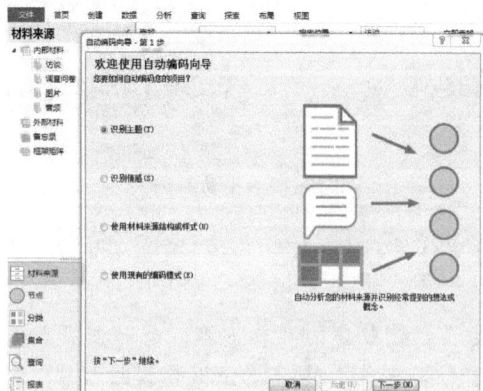

图 15.20　自动编码

※Nvivo 中的自动编码支持四种方式，包括识别主题(可以快速识别宽泛的主题和观点)、识别情感(可以帮助研究人员分析文本内容的大概情感表达)、使用材料来源结构或样式(可以根据结构对会谈记录等材料进行自动编码)和使用现有的编码模式。我们可以根据自己的研究实际进行选择。

※在对话框中点击"下一步"，Nvivo 就会开始自动处理数据了。这一过程需要一些时间，时长根据数据的大小不等。

※在"自动编码向导"第二步的对话框中会弹出编码结果，点击"下一步"弹出"自动编码向导"第三步的对话框，其中有两种方式确定编码文本的精细度。完成选择后，点击"下一步"，会弹出项目编码的结构及自动编码结果所在的位置，这时就可以对自动编码的主题进行编辑了。

※点击"完成"，对所选材料的自动编码即创建成功。随后在明细视图中会弹出自动编码结果，并支持多种方式查看和可视化操作，包括层次图标、节点矩阵、图标和汇总。

我们也可以使用文本搜索查询进行快速编码，即使用 NVivo 的搜索查询功能基于材料来源所包含的词或短语自动编码。例如，研究人员可以对材料来源中的"思政"等词运行文本搜索查询并自动编码所有匹配项，可以搜索确切的词、短语，或相似的概念。具体操作步骤如下。

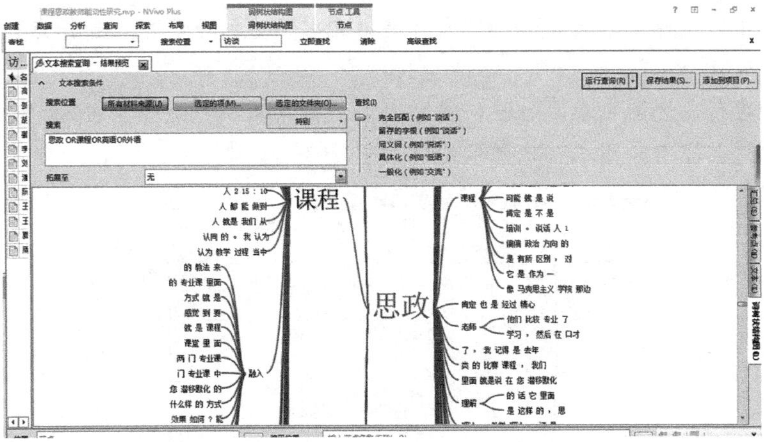

图 15.21 文本搜索查询进行快速编码

※在功能视图单击"查询"选项，在下拉菜单中单击"文本搜索"。

※在弹出的"文本搜索查询"对话框中，可以查询"选定的项"(单个文件)，也可以查询"所有材料来源"或者"选定的文件夹"。在搜索内容中输入关键词，如"思政"等(可以点击右上角的"特别"选择这些关键词的关系，也可以在右侧利用上下滚动条调节关键词的模糊程度)，并完成相关设置。

※设置完成后，单击右上角的"运行查询"。

※随后，NVivo 会自动弹出查询结果。NVivo 支持"汇总""参考点""文本""词树状结构图"等四种方式显示查询结果，在明细视图的右侧可单击选中任一方式显示（图 15.21 为"词树状结构图"）。点击右上角"保存结果"选项，可将结果保存在程序的某个文件下（默认在"节点"文件夹下）。NVivo 还支持导出查询结果。

目前，NVivo 自动编码只支持处理文本为主的材料，如 Word 文档、文字型 PDF 文件等。NVivo 自动编码功能只是对数据的粗放式处理，不能取代数据阅读，通过阅读和文本解释进行编码仍然比自动编码的结果更加准确。即使如此，NVivo 手动编码前的自动识别功能仍然可以很大程度上降低研究者的工作量，若基于软件将两种编码方式结合，则会事半功倍。

15.1.6　创建案例

创建案例节点分类

我们需要给每个材料来源创建案例，以处理研究对象的人口学特征、机构特征或其他与研究对象相关的信息。节点涉及的是所有材料来源的共性特征，而案例是一个个活生生的存在，是生动的，具有性别、年龄、地理等个体属性特征。

※在导航视图中点击"分类"文件夹，在其下方的分类中，选择点击"案例节点分类"。

※在列表视图中单击右键，在弹出的快捷菜单中，选择点击"新建分类"，则会弹出如图 15.22 所示的对话框。

图 15.22　创建案例节点分类

※在该对话框中输入相应内容，如在"名称"中填写"教师能动性调查"，点击
"确定"。

※列表视图中会显示"教师能动性调查"的案例节点分类。

创建属性

完成创建案例节点分类后，我们需要给它创建属性节点并且赋值。其具
体操作步骤如下。

※在列表视图中右键单击刚创建的案例节点分类的文件夹"教师能动性调查"。

※在弹出的快捷菜单中，选择点击"新建属性"，则会弹出如图 15.23 所
示的对话框。

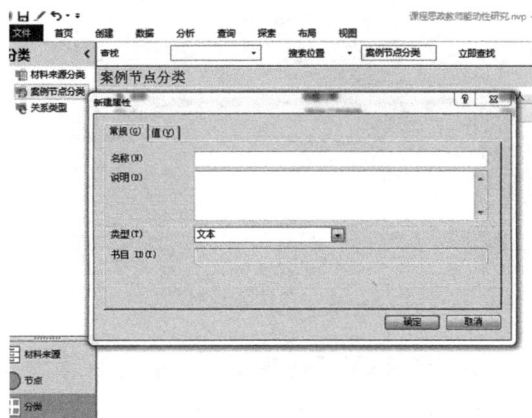

图 15.23 新建属性特征

※在该对话框中输入相应内容，如在"名称"中填写"被调查教师性别"，点击
"确定"。

※同此操作，分别创建其他属性，如"学校层次""学校类型""学校区域"。

※点击"确定"后，案例节点分类文件夹下会出现四个子文件夹（图
15.24）。

图 15.24 新建属性四个文件夹

　　在为每个属性赋值阶段，我们以给第一个属性"被调查教师性别"赋值为例，具体操作如下。

※右键单击这个文件夹，在弹出的快捷菜单中点击"属性特性"选项，则会弹出如图 15.25 所示的对话框。

图 15.25　案例属性赋值 1

※在对话框中，点击"值（V）"选项卡，则会出现如图 15.26 所示的对话框。

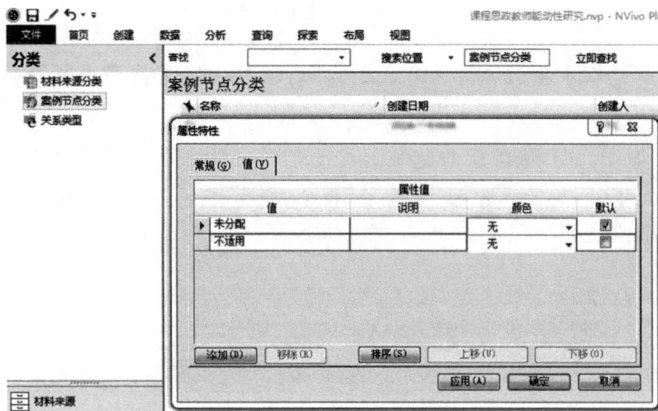

图 15.26　案例属性赋值 2

※在对话框中分别填上属性值。这里属性是"被调查教师性别"，因此需要点击"添加"，分别输入"男"和"女"属性值。

※单击"确定"，完成创建属性。

添加案例

完成创建案例属性后，我们需要将其和材料来源建立链接。这个过程即为添加案例。具体操作步骤如下。

※在导航视图中打开"材料来源"，在列表视图中选择全部材料。

※单击右键，在弹出的快捷菜单中点击"创建为"，在其菜单下选择点击"创建为案例"选项，则会弹出如图 15.27 所示的对话框。

图 15.27 创建为案例 1

※在该对话框中的"分配给分类"下拉列表中，选择刚创建的案例属性"教师能动性调查"，点击"确定"。

※在导航视图中点击"节点"文件夹，再点击"案例"文件夹。

※此时，在列表视图中会显示这些案例，点击右键选中的任意文件夹，在快捷菜单中选择"打开分类表"，则会弹出如图 15.28 的对话框。

※在该对话框中可以使用下拉菜单为各个案例属性赋值，赋值完成后则完成创建及添加案例。

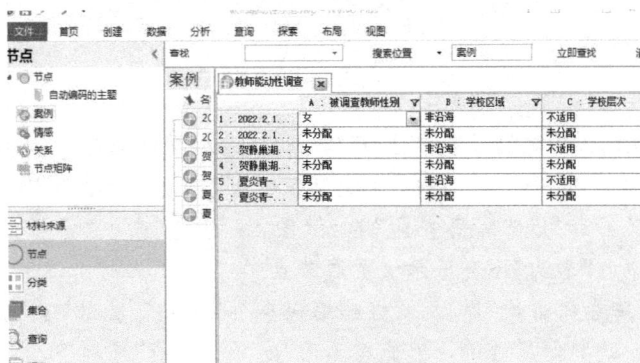

图 15.28 创建为案例 2

我们也可以在列表视图中右键单击任一文件夹，在弹出的快捷菜单中点击"案例节点特性"，再在弹出的对话框中选择并填写属性值，像这样逐一操作，最终完成案例创建。

15.1.7　常用的查询功能

创建矩阵查询

完成案例创建后，若想探索案例属性和节点之间的交叉关系或主题的差异化特征，我们可以使用"矩阵编码查询"。以查询"性别"和"课程思政"的关系为例，具体操作如下所示。

※在导航视图中单击"查询"文件夹。

※在列表视图中右键单击，在弹出的快捷菜单中点击"新建查询"，再在下拉菜单中点击"矩阵编码"。或者在功能区点击"查询"选项，在下拉菜单中点击"矩阵编码"。

※此时会弹出如图 15.29 所示的对话框。将"矩阵编码条件"的"行"设为"课程思政"，"列"设为"性别"。

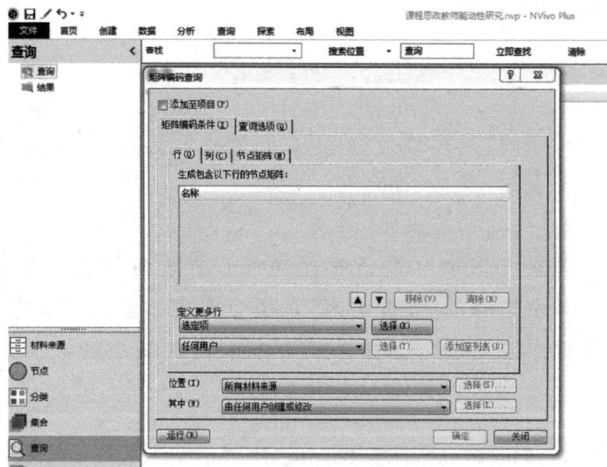

图 15.29　矩阵编码查询 1

※若系统默认矩阵编码条件是"行"，则在下方的"定义更多行"中选择"选定项"，再点击"选择"，在弹出的对话框中选定节点，完成后点击"确定"。

※程序又回到"矩阵编码查询"界面（图 15.29），选中"添加至项目"，则在图中的"名称"下会显示该主题节点。

※在"矩阵编码查询"界面，"矩阵编码条件"选项下点击"列"，因为列是性别，是案例属性值，因此在界面"定义更多行"选项下，点击选择"属性条件"，再点击"选择"，弹出如图 15.30 的对话框。

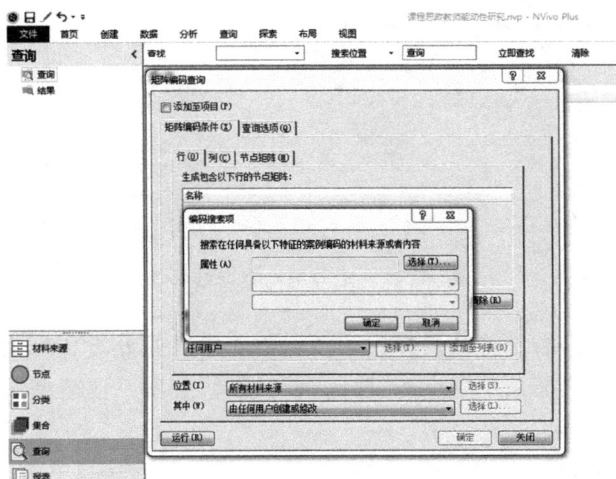

图 15.30 矩阵编码查询 2

※点击该对话框的"选择"，在弹出的对话框中选择点击"案例节点分类"
（图 15.31）。

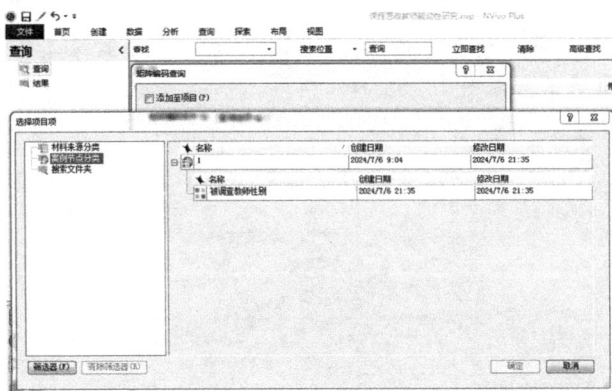

图 15.31 矩阵编码查询 3

※在右侧选择点击"教师能动性调查"左边的"＋"，此时会显示其下的所
有属性，选择"被调查教师性别"，点击"确定"。

※在弹出的对话框中，显示性别下的一个属性值，如"男"，点击"确定"。

※点击"添加列表"，则"男"属性值会显示在界面的"名称"下。同此操作
输入"女"属性值，再添加至列表。

※完成所有设置后，点击"运行"，Nvivo 会自动弹出矩阵编码查询的结
果（图 15.32）。

图 15.32　矩阵编码查询结果

　　我们可以单击右键将结果导出为节点矩阵，以便分析和讨论时使用，也可以单击右键在快捷菜单中点击"存储查询结果"选项，把结果保存在导航视图"查询"下的"结果"文件夹中。

　　创建词频查询

　　NVivo 支持词频查询，即列出材料来源中出现频率最高的词并在词汇云、树状结构图或聚类分析示意图中可视化显示结果，以便研究者在项目早期阶段就能确定可能的研究主题、分析特定人群中最常用的词等。具体操作步骤如下所示。

　　※在导航视图中点击"查询"选项，在列表视图中右键单击空白处，在弹出的快捷菜单中选择点击"新建查询"，再在其下拉菜单中选择点击"词频"，则会弹出如图 15.33 的对话框。

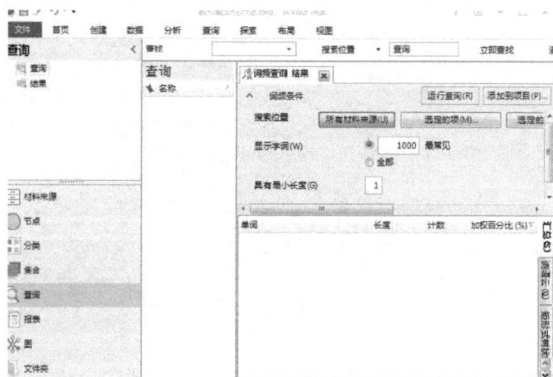

图 15.33　词频查询

　　※对话框中需要选择并链接材料来源。若要查询所有材料来源的词频，则选择点击"所有材料来源"选项；若要查询部分材料的词频，则选择点击"选定的项"。

　　※选定材料后，我们可以设置其他词频条件，如"显示字词""具有最小长

度"等。点击"运行查询",则会显示查询结果,如图 15.34 所示。

图 15.34 词频查询结果

※我们可以重新设置词频条件,再次运行查询。如果发现在查询结果中
有一些没有研究价值的词,我们可以用"Ctrl 键+左键"逐一选中,单
击右键,在弹出的快捷菜单中选择点击"添加至停用词列表"。

NVivo 支持多种方式可视化显示查询的词频结果,如词汇云等。我们可
以看到在明细视图的右侧有"汇总""词汇云"等选项,点击"词汇云"后,稍微
等待,便可看到"词汇云"的显示结果,如图 15.35 所示,单击右键可导出该
查询结果的"词汇云",以供他用。

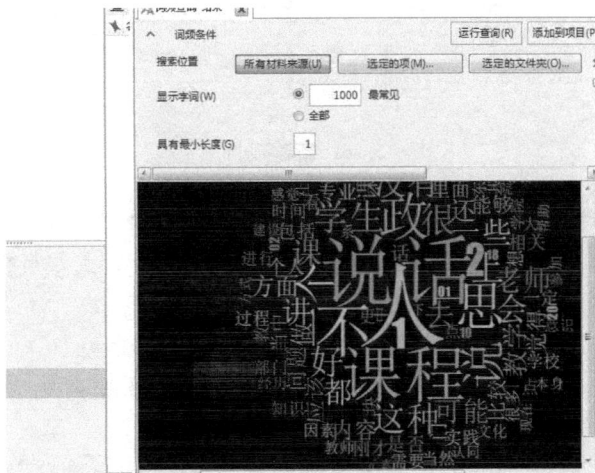

图 15.35 词频查询结果之词汇云

在词频查询前,务必要确保文本内容语言与查询的语言一致,否则可能
得不出想要的结果。

15.1.8 常用图形的制作

制作项目图

NVivo 支持使用图、表及其他可视化方式显示数据，这可以帮助我们探索发展趋势、测试理论和理解材料中正在发生的事情。项目图是研究项目中不同内容的图形表达，类似矩阵编码查询的图形化表达，由代表项目中不同内容的形状和表示其相互关系的连接线组成。完成数据编码后，我们可以制作项目图以更直观地表达数据中的不同内容。具体操作如下所示。

※在导航视图中点击"图"选项，在列表视图的空白处单击右键，在弹出的快捷菜单中选择点击"新建项目图"，则会弹出如图 15.36 所示的"新建项目模型"对话框。

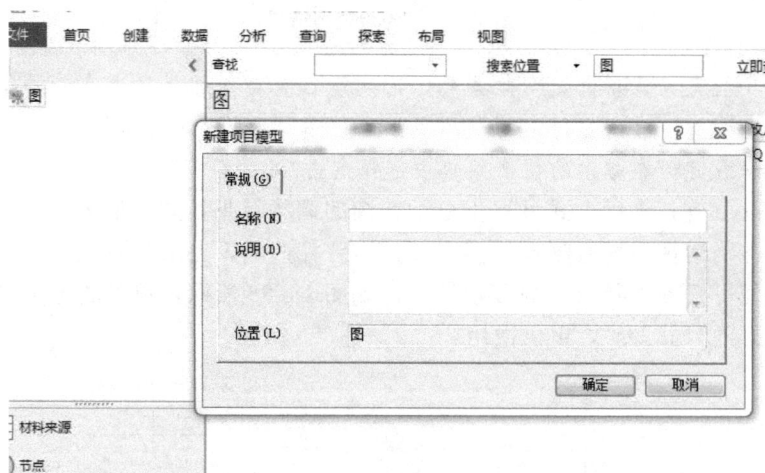

图 15.36 新建项目图 1

※在该对话框中输入"名称"等相应信息，点击"确定"。

※列表视图中会显示已命名的项目图文件夹，并且显示出待添加项目项的明细视图。

※根据研究需要，在导航视图中点击"节点"或"分类"，将相关的编码、案例、属性或属性值选定后直接拖到明细图中，此时会显示如图 15.37 所示的结果。

※右键点击图的任意位置，或者在功能区点击"项目模型"，打开并进行各种设置。

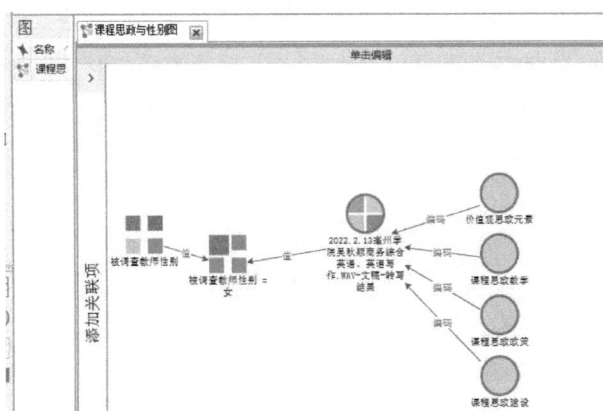

图 15.37　新建项目图 2

制作思维导图

NVivo 也支持创建思维导图来探索和记录研究人员的想法或理论产生的过程，并且可以直接将创建完成的思维导图转换成项目的节点结构。作为头脑风暴的一种工具，思维导图将与中心主题相关的想法串联起来，并能非常直观反映出各主题的逻辑关系。NVivo 还支持将不成熟的想法或主题以浮动的形式添加到思维导图中，以便后期数据处理时使用。制作思维导图具体操作步骤如下。

※在导航视图中单击"图"选项，在列表视图中单击右键，在弹出的快捷菜单中点击"新建思维导图"。

※此时弹出如图 15.38 所示的对话框，在对话框中输入相应内容后，点击"确定"。

图 15.38　新建思维导图 1

※列表视图会出现已完成创建的思维导图文件夹，并在明细视图中显示如图15.39所示的内容。

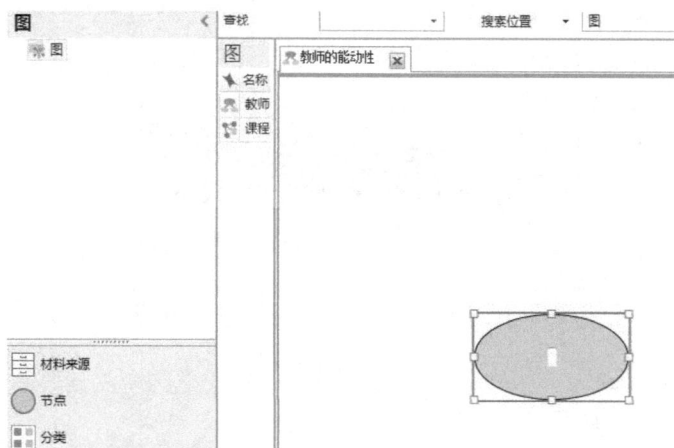

图 15.39　新建思维导图 2

※图15.39中的椭圆形状为可命名状态。将其命名后，单击右键，在弹出的快捷菜单中选择"插入兄弟想法"或"插入次级想法"。

※同此操作，我们可以继续创建次级想法。我们也可以在空白区域单击右键进入快捷菜单，将不成熟的想法创建为"浮动想法"。

※创建完成后，在功能区单击"思维导图"选项，在其下拉菜单中点击"布局"可以调整思维导图的布局方式。NVivo同样支持将思维导图导出（右键单击图的空白处，在弹出的菜单中点击"导出图"，保存即可）。

NVivo支持将绘制完成的思维导图直接创建为节点结构。我们可以在明细视图的已建思维导图空白处单击右键，在弹出的快捷菜单中选择点击"创建为节点"，在弹出的窗口中选定位置后，点击"确定"，即完成创建。

✍ 作业

1. 简答题

（1）NVivo善于处理质性数据，它是否也可以用来处理混合及量化数据？

（2）NVivo的自动编码功能是否在某种程度上可以取代手动编码？若否，其自动编码功能还有哪些局限性？

2. 实践题

收集专业相关数据集，利用NVivo创建项目，尝试进行数据处理，并提交数据处理的可视化结果。

15.2 MAXQDA 在质性研究中的应用

📚 课前思考

- 你知道 MAXQDA 是哪些单词的缩写吗？
- 作为质性数据分析软件之一，你知道 MAXQDA 的作用和功能吗？
- 你知道使用 MAXQDA 分析质性数据的流程和步骤吗？

15.2.1 MAXQDA 的宏观布局

启动 MAXQDA 2020，进入如图 15.40 所示界面。左上方"用户"处可输入完整用户名或缩写，便于区分项目团队中的不同人员。如果没有创建过项目，点击"新建项目"即可进入 MAXQDA 操作界面。如果已创建项目，点击"打开项目"，选择需要打开的项目，即可进入。

图 15.40 MAXQDA 初始界面

如图 15.41 所示，MAXQDA 的完整工作区，包括功能区、文件列表窗口、文件浏览器窗口、代码列表窗口、已编码文本段列表窗口。功能区位于界面的上方，显示该软件的所有功能，包括"开始""导入""代码""备忘录""变量""分析"等，可以根据工作需要实现各自命令下的具体操作。功能区下方的四个窗口可以根据工作需要打开或关闭，或重新排列位置及调整大小。

功能区将帮助你找到所有 MAXQDA 命令

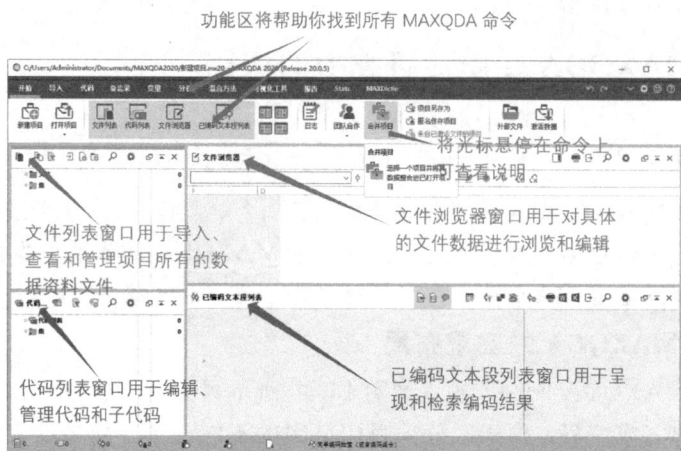

图 15.41　MAXQDA 工作区

15.2.2　创建项目

项目是 MAXQDA 的工作单元，包含使用者输入的所有数据，如文本、图片、表格、音频、视频，以及使用者创建的所有代码、备忘录、评论和已编码的片段等。启动 MAXQDA 后，在初始界面单击"新建项目"，会出现如图 15.42 所示的界面，为该项目命名并选定存储位置，单击"保存"，即可完成创建项目。

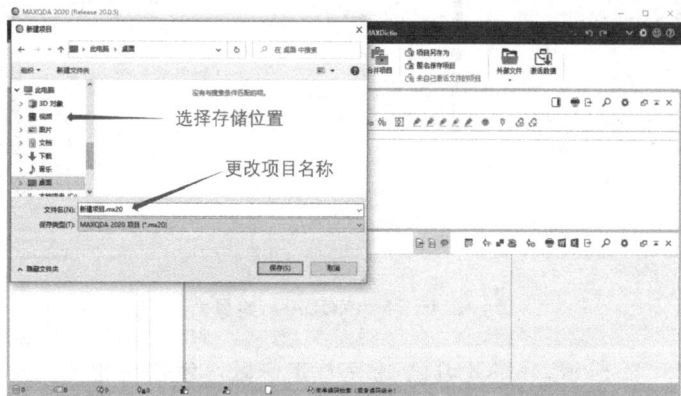

图 15.42　新建项目

15.2.3　数据导入

项目创建成功后，我们需要导入研究所需数据。在 MAXQDA 中，导入数据有多种方式，此处介绍主要使用的四种方式。

如图 15.43 所示，在功能区点击"导入"，选择数据的类型。

图 15.43　功能区导入数据

如图 15.44 所示，在文件列表窗口中点击"导入文件"。

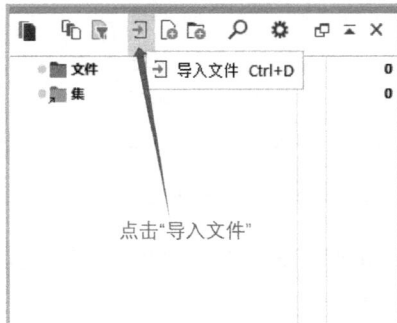

图 15.44　文件列表窗口导入数据 1

如图 15.45 所示，在文件列表窗口中右键单击"文件"或前面的图标，在弹出的菜单中选择"导入文件"。

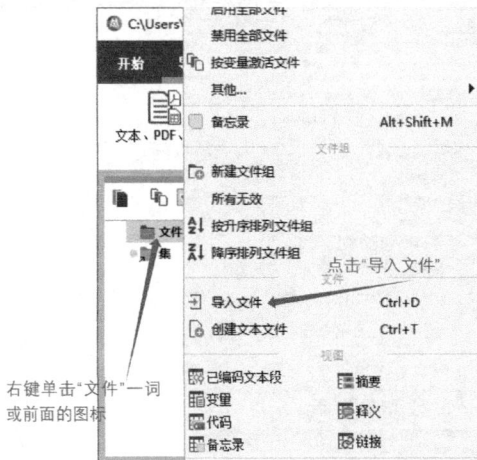

图 15.45　文件列表窗口导入数据 2

以上三种方式都将弹出如图 15.46 所示的窗口。在此对话框中选择数据资料所在的文件夹，选中要导入的文件，点击"打开"，即可完成数据导入。

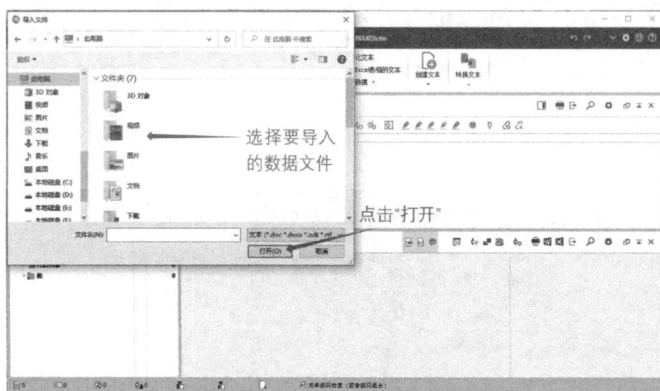

图 15.46　选择要导入的数据文件

最后一种导入方式以 MAXQDA 示例项目"家庭教育"为例。如图 15.47 所示，我们可执行以下操作。

※打开数据资料所在文件夹。

※选中需要导入的文件或文件夹。

※拖拽至 MAXQDA 文件列表窗口，即可完成导入。

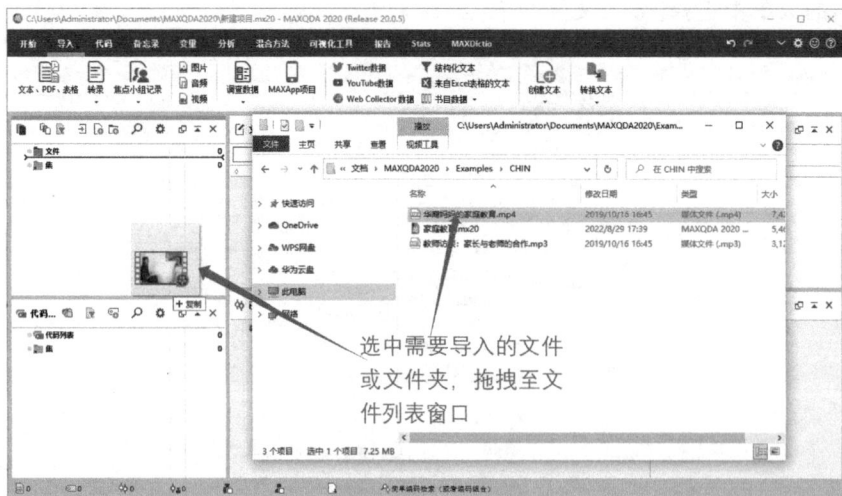

图 15.47　从文件夹直接导入数据

15.2.4　数据整理

如果在电脑文件夹中已完成数据的分类整理，则可通过第四种导入方式，将文件夹直接拖拽至 MAXQDA，文件列表窗口将直接显示按文件夹分类整理好的数据资料。如果没有提前整理，也可将所有数据导入 MAXQDA 后，在文件列表窗口通过"文件组"功能分类整理。建立文件组有两种方式：

①如图 15.48 所示，在文件列表窗口中点击"新建文件组"。

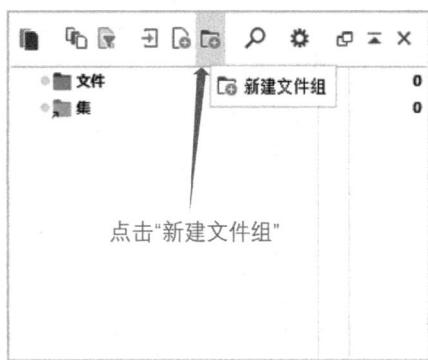

图 15.48　新建文件组(1)

②如图 15.49 所示，在文件列表窗口中右键单击"文件"或前面的图标，在弹出的菜单中选择"新建文件组"。

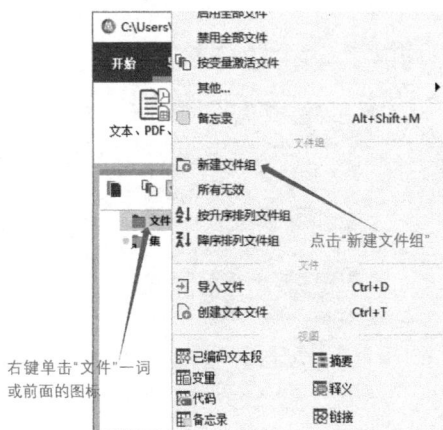

图 15.49　新建文件组(2)

对数据文件进行分类整理后，如果需要依据另外的标准进行比较研究，则可以使用"集"功能。以 MAXQDA 示例项目"家庭教育"为例，如图 15.50 所示，文件组依据文件类型进行分类，将访谈记录归为一类，而文件集"访谈-孩子"和"访谈-家长"则以访谈对象为分类标准，在不影响文件组分类的情况下对数据文件再次分类。

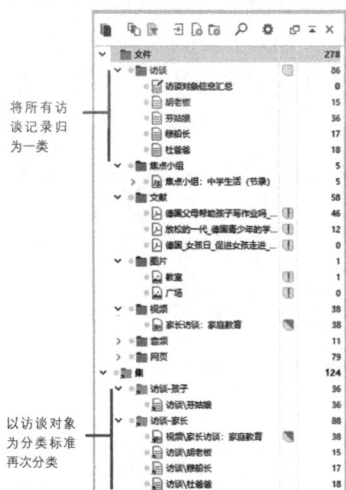

图 15.50　MAXQDA 示例项目"家庭教育"项目的分类整理

　　建立文件集的方式与建立文件组的方式②类似。如图 15.51 所示，在文件列表窗口中右键单击"集"或前面的图标，在弹出的菜单中选择"新建组集"，即可建立新文件集。

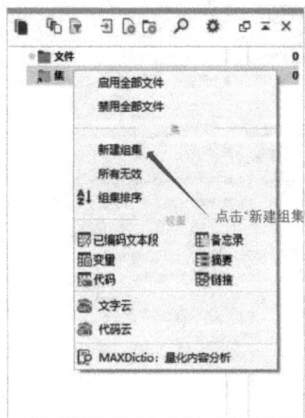

图 15.51　新建文件集

15.2.5 数据探索

在文件列表窗口双击需要分析的文件，则可在文件浏览器窗口查看相应文件。文件浏览器的最上方是工具栏，根据导入文件类型不同，工具栏显示的工具也不同(图 15.52)。如果导入 DOC、TXT 等可编辑的文本文件，工具栏将显示"缩小""放大""显示边栏"等工具，且工具栏下方将出现"编辑模式"选项，开启"编辑模式"即可对文本内容进行编辑。如果导入 PDF 文件，工具栏将增加"书签""翻页"等工具，且取消"编辑模式"。

（a）

（b）

图 15.52　文件浏览器窗口工具栏

在数据探索阶段如果想要检索一些特定词语，我们可以使用 MAXQDA 中的搜索功能。如图 15.53 所示，MAXQDA 的四个主窗口都包含"搜索"功能，即以放大镜为图标的"窗口中查找"按键，用于检索特定词语，但是此功能只能对本窗口内容进行检索。

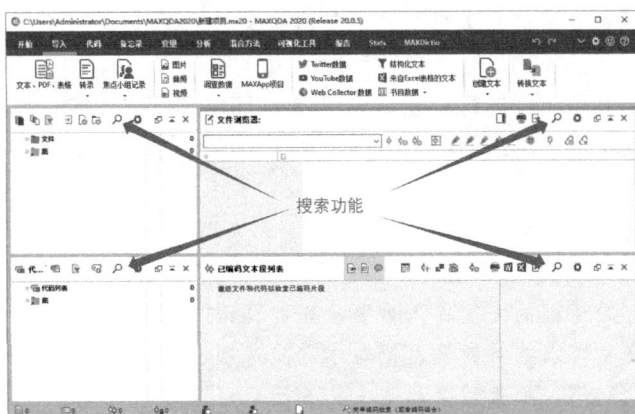

图 15.53　主窗口中的"搜索"功能

以示例项目"家庭教育"为例，在文件列表窗口中搜索"家"，如图 15.54

所示，可执行以下操作。

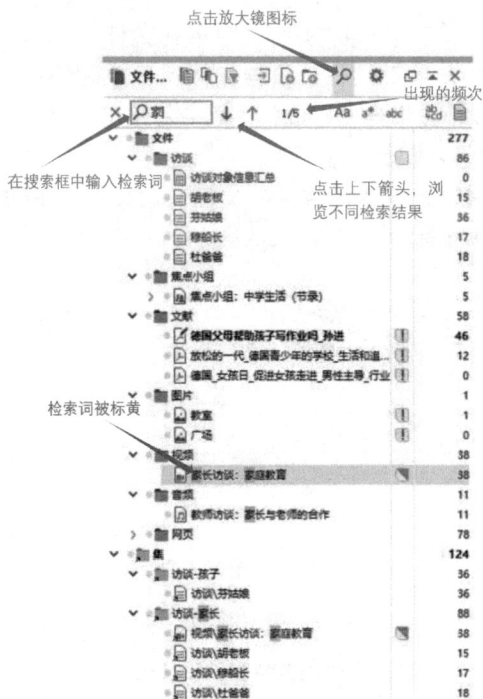

图 15.54　检索词语

※点击窗口上方工具栏中的放大镜图标。

※在弹出的搜索框中输入"家"，该窗口中出现的"家"会被标黄，搜索框右侧显示该词语在本窗口内出现的频次。

※点击上下箭头按钮可浏览不同的检索结果。

如果需要对多文件进行检索，可以使用"词汇搜索"功能，该功能位于功能区"分析"菜单中。以示例项目"家庭教育"为例，搜索"家庭"，如图 15.55 所示。可执行以下操作。

※点击功能区中的"分析"。

※点击"词汇搜索"。

※在弹出对话框的左侧输入需要检索的词语"家庭"。

※根据研究需求在对话框右侧勾选相应选项。

※点击"搜索"，检索结果如图 15.56 所示。

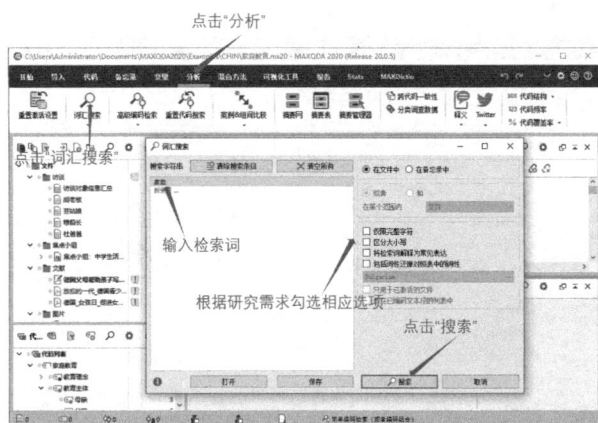

图 15.55 "词汇搜索"功能展示

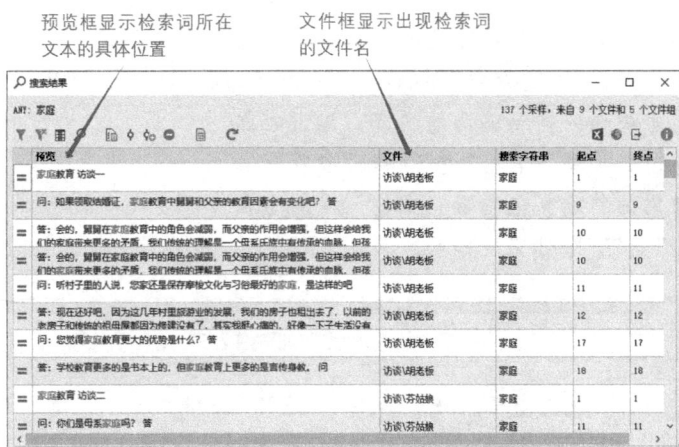

图 15.56 "家庭"的检索结果

15.2.6 数据编码

MAXQDA 提供多种创建新代码的方式。通过检索词语时使用的"词汇搜索"功能可以对文本中出现的检索词进行自动编码。以图 15.56 的"家庭"检索界面为例,可执行以下操作(图 15.57)。

※点击"用新代码编码已选择的搜索结果"图标。

※在弹出的创建代码窗口中修改代码名称和颜色。

※点击"确定"即可完成自动编码。

点击"用新代码编码已选择的搜索结果"图标

图 15.57　自动编码

手动编码应用更为广泛。文本中的字、词、句子、段落，图片及音视频都可以使用手动编码。为数据内容手动编码主要有四种方式：

①以示例项目"家庭教育"为例，如图 15.58 所示，可执行以下操作。

※在文本中选中需要编码的内容，单击右键。

※在弹出的菜单中点击"用新代码"选项。

※在弹出的创建新代码窗口中输入代码名称，更改代码颜色。

※点击"确定"即可完成编码。

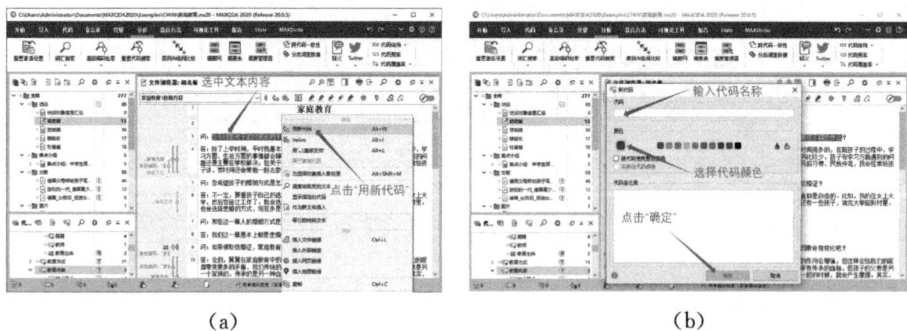

（a）　　　　　　　　　　　　　　　（b）

图 15.58　手动编码方式（1）

②以示例项目"家庭教育"为例，如图 15.59 所示可执行以下操作。

※在文本中选中需要编码的内容。

※在文本浏览器窗口点击"用新代码编码"图标。

※在弹出的创建新代码窗口中输入代码名称，更改代码颜色。

※点击"确定"即可完成编码。

图 15.59 手动编码方式(2)

③通过"开放编码模式"进行编码，是一种更便捷的编码方式。以示例项目"家庭教育"为例，如图 15.60 所示可执行以下操作。

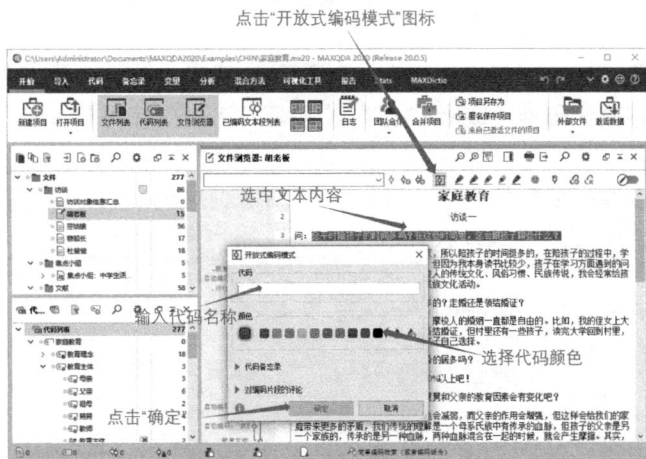

图 15.60 手动编码方式(3)

※在文件浏览器窗口点击"开放编码模式"图标。

※开启此模式后，在文本选中需要编码的内容，创建新代码的窗口将自动弹出。

※在窗口中输入代码名称，更改代码颜色。

※点击"确定"即可完成编码。

④我们也可以在代码列表窗口创建代码。以示例项目"家庭教育"为例，如图 15.61 所示可执行以下操作。

　　※点击代码列表窗口的"新代码"图标或者点击代码列表右侧的加号图标创建代码。

　　※创建代码后，将选中内容直接拖拽至代码列表窗口的相应代码处，或者在选中内容后，将相应代码拖拽至文本浏览器窗口即可。

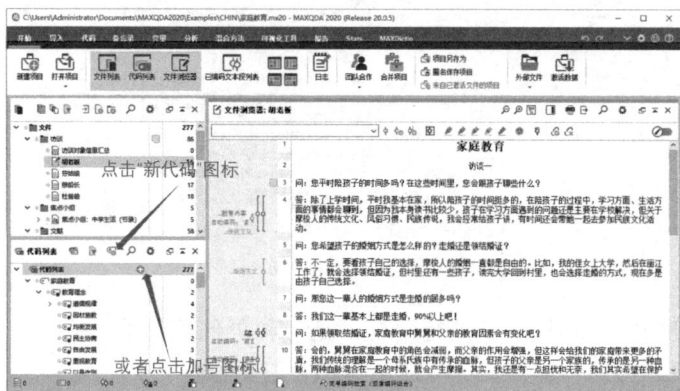

图 15.61　手动编码方式(4)

　　如果需要对文本内容使用已有代码编码，可直接将选中内容拖拽至代码列表窗口的相应代码处。或者在选中内容后，将相应代码拖拽至文本浏览器窗口即可。

　　如果需要修改编码的范围，可按照图 15.62 所示执行以下操作。

图 15.62　修改编码范围

※选中需要编码的新范围。

※在"编码条"区域右键单击对应的代码。

※在弹出的上下文菜单中点击"重新编码标识出来的部分"选项即可。

所有代码将如图 15.63 所示显示在代码列表窗口，左侧是代码颜色及名称，右侧是编码次数。在此窗口可以直接拖拽代码来调整上下位置及子母代码关系，并对其进行整理。

删除编码也有多种方式。

①如果需要删除刚完成不久的编码，可按照图 15.64 所示执行以下操作。

※在文件浏览器窗口点击"撤销编码"图标。

※在弹出的菜单中选择需要删除的编码即可。

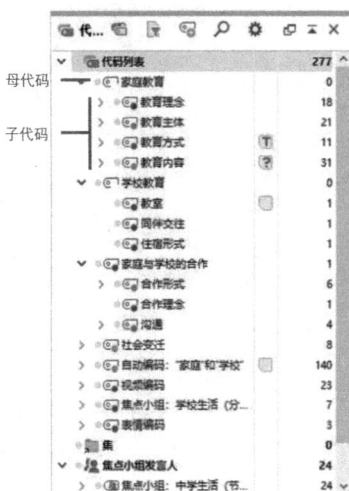

图 15.63　代码列表

图 15.64　删除编码方式(1)

②如图 15.65 所示执行以下操作也可删除编码。

※在"编码条"区域右键单击需要删除的编码。

※在弹出的菜单中点击"删除"即可。

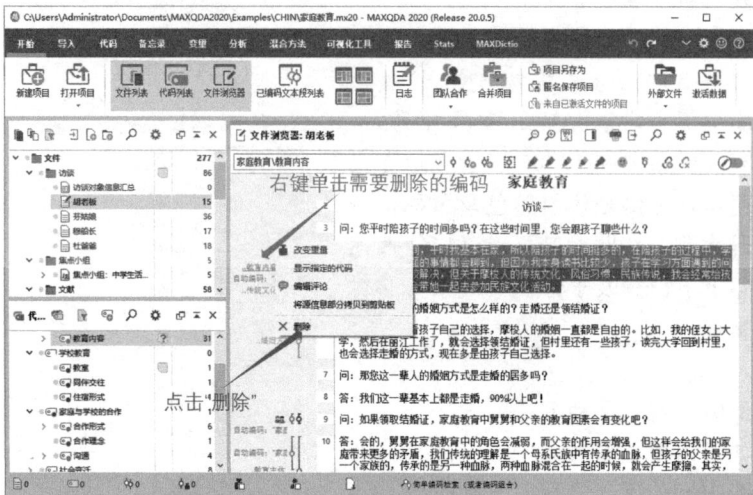

图 15.65　删除编码方式(2)

③上述两种方式适用于删除某一处编码，如果需要删除整个代码，可如图 15.66 所示执行以下操作。

※在代码列表窗口将光标移动至需要删除的代码处。

※点击编码右侧的红色叉号图标即可。

图 15.66　删除代码方式(1)

④按照图 15.67 所示执行操作，也可删除整个代码。

※在代码列表窗口右键单击需要删除的代码。

※在弹出的菜单中点击"删除代码"选项即可。

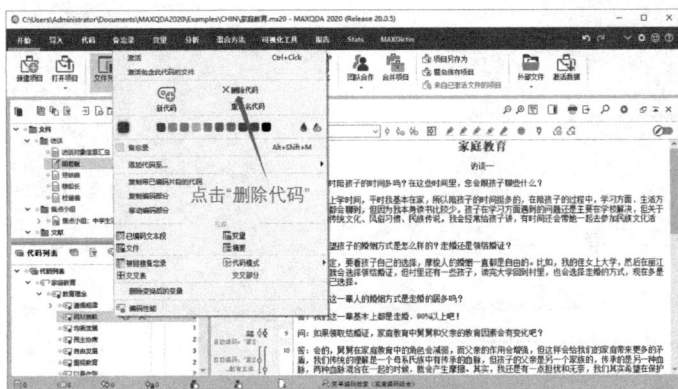

图 15.67　删除代码方式（2）

在 MAXQDA 中，我们也可以对图片、音视频等内容编码。操作方式与上文中的文本编码方式基本一致。对图片编码时，以方式①为例，如图 15.68 所示可执行以下操作。

※选中需要编码的图片内容，右键单击。

※在弹出的菜单中点击"用新代码"选项。

※在弹出的窗口中输入代码名称，选择代码颜色。

※点击"确定"即可完成编码。

图 15.68　图片编码

音频或视频文件在多媒体浏览器窗口打开，因此对文本编码的方式②和方式③不适用，我们可采用方式①或方式④编码。以方式④为例，如图 15.69 所示可执行以下操作。

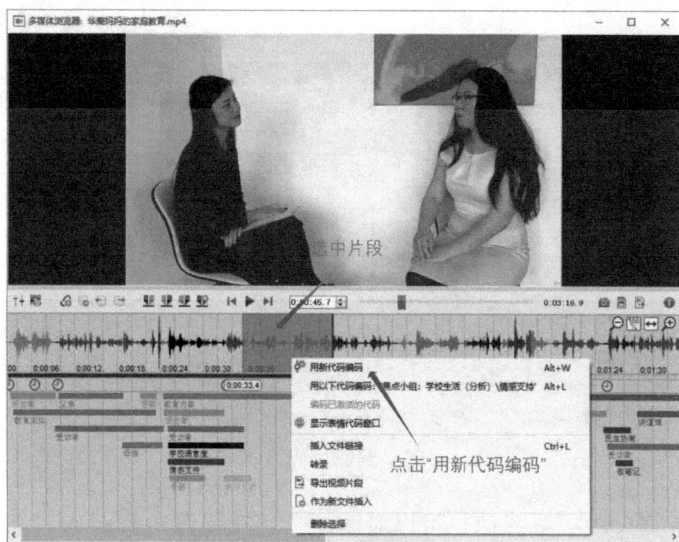

图 15.69　视频编码

※选中需要编码的片段，右键单击。

※在弹出的菜单中点击"用新代码编码"。

※在弹出的窗口中输入代码名称，选择代码颜色。

※点击"确定"即可完成编码。

在文件浏览器窗口上方还有一组"颜色编码"工具。与上述编码功能不同，"颜色编码"只提供五种颜色对文本内容进行编码，且不能对编码内容命名。它相当于记号笔，方便研究人员对文本内容做简单标记。使用此功能只需要选中文本内容，点击任一颜色即可，如图 15.70 所示。

图 15.70　颜色编码

15.2.7 数据分析

备忘录

使用 MAXQDA 对数据进行分析时，我们可以使用"备忘录"，在文本的任何地方都可以添加备忘录，随时记录想法。具体操作步骤如下所示（图 15.71；图 15.72）。

图 15.71 创建文本备忘录(1)

※选中文本内容，右键单击。

※在弹出的菜单中点击"为选择对象插入备忘录"。

※在弹出的备忘录窗口中输入内容，选择备忘录类型，修改字体、文本格式。

※点击关闭即可自动保存。

图 15.72 创建文本备忘录(2)

如果需要为整个文件添加备忘录，可按照图 15.73 所示执行以下操作。

※在文件列表窗口中左键双击文件名的右侧一栏。

※在弹出的备忘录窗口输入内容，选择备忘录类型，修改字体、文本格式。

※点击关闭即可自动保存。

图 15.73　创建文件备忘录方式（1）

或按照图 15.74 所示执行以下操作。

※在文件列表窗口中右键单击文件名的右侧一栏。

※在弹出的菜单中点击"新建备忘录"。

※在弹出的备忘录窗口输入内容，选择备忘录类型，修改字体、文本格式。

※点击关闭即可自动保存。

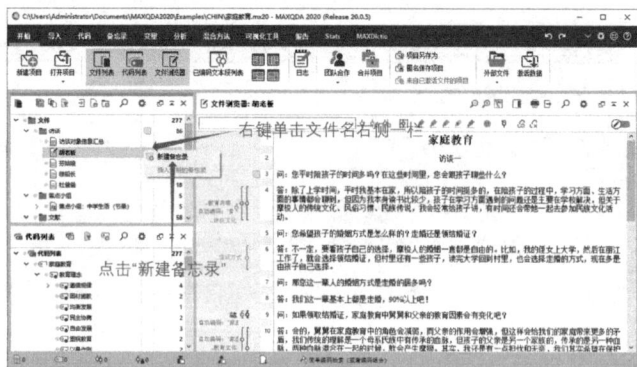

图 15.74　创建文件备忘录方式（2）

如果在编码的过程中需要记录想法，我们可以在创建代码窗口的"代码备忘录"中输入（图 15.75）。

图 15.75 创建代码备忘录方式(1)

※在代码列表窗口中，双击某一代码的右侧一栏。

※在弹出的"代码备忘录"中输入内容，选择备忘录类型，修改字体、文本格式。

※点击关闭即可自动保存。

按照图 15.76 所示执行以下操作，也可以创建代码备忘录。

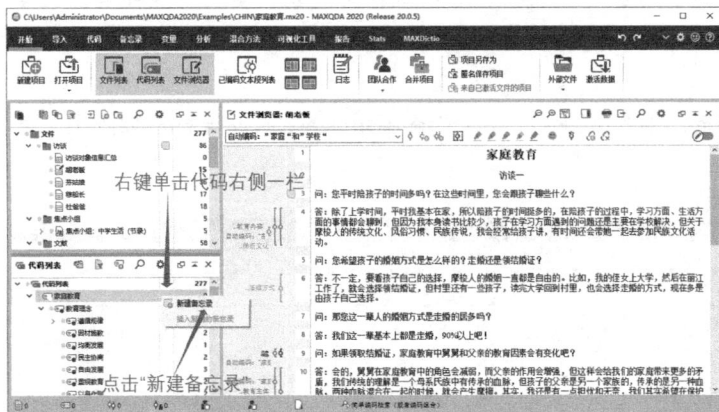

图 15.76 创建代码备忘录方式(2)

※在代码列表窗口中，右键单击某一代码的右侧一栏。

※在弹出的菜单中点击"新建备忘录"。

※在弹出的窗口中输入内容，选择备忘录类型，修改字体、文本格式。

※点击关闭即可自动保存。

如果需要快速记录一闪而过的灵感，也可以使用功能区"备忘录"中的"新建自由备忘录"功能。"自由备忘录"属于整个项目，不属于任何单一文件。如图15.77所示执行以下操作即可创建自由备忘录。

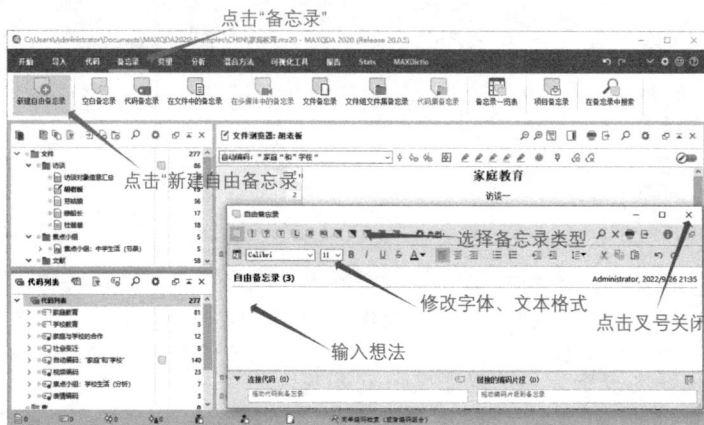

图 15.77　创建自由备忘录

※点击功能区中的"备忘录"。

※点击"新建自由备忘录"。

※在弹出的窗口中输入内容，选择备忘录类型，修改字体、文本格式。

※点击关闭即可自动保存。

创建的所有备忘录都可以在"备忘录一览表"中查看，如图15.78所示。

图 15.78　备忘录一览表

文件激活

在 MAXQDA 中，"文件激活"指研究者选择（即激活）接下来分析时要使用的文件及代码，且只应用于选定的文本及代码，如图 15.79 所示执行以下操作可激活目标文件。

图 15.79　激活文件方式(1)

※右键单击文件列表窗口中的某一文件或文件组。

※在弹出的上下文菜单中点击"激活"选项，被激活的文本将变成红色，文件名前的灰色圆圈也将变成红色箭头。

按照图 15.80 所示执行以下操作也可以激活目标文件。

※点击文件或文件组前面的灰色圆圈。

※被激活的文件将变成红色，文件名前的灰色圆圈也将变成红色箭头。

图 15.80　激活文件方式(2)

采取上述类似方式也可以激活代码。如果需要同时激活某一代码和包含此代码的文件，可按照图 15.81 执行以下操作。

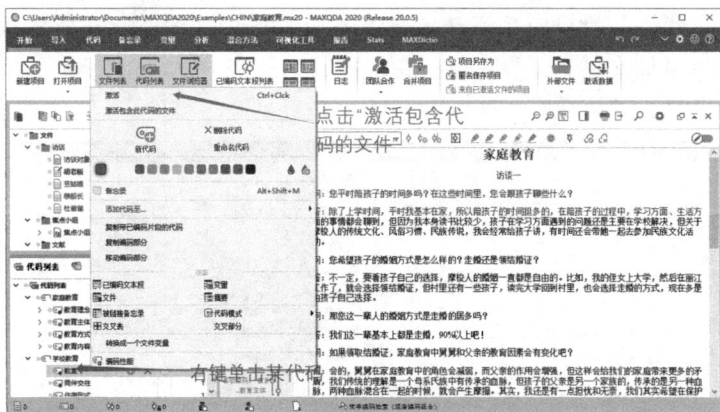

图 15.81　激活包含代码的文件

※在代码列表窗口右键单击此代码。

※在弹出的菜单中点击"激活包含此代码的文件"，被激活的代码和文件都将变成红色，代码名和文件名前的灰色圆圈也将变成红色箭头。

如果想取消激活，可按照图 15.82 所示执行以下操作。

※点击文件名或代码名前的红色箭头，或点击文件列表窗口上方的"重置激活设置"图标。

※红色箭头将变回灰色圆圈，文件名和代码名也将变回黑色。

图 15.82　取消激活

同时激活代码和文件后，已编码文本段列表窗口中将呈现此代码在文件中的相应位置，在 MAXQDA 窗口下方将呈现已激活的文件数、代码数及在文件中查找到的编码数，如图 15.83 所示。

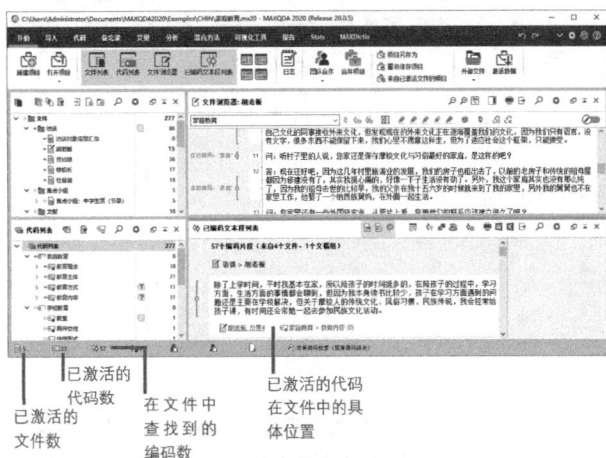

图 15.83　激活文件及代码的界面状态

在已编码文本段列表窗口中点击某一编码下方的位置信息，文件浏览器窗口中将会自动定位至该文件的编码位置，如图 15.84 所示。

图 15.84　快速查看编码内容

常用可视化工具

MAXMaps 可以将文件中的代码可视化。如图 15.85 所示执行以下操作可实现可视化。

(a)

(b)

(c)

图 15.85　MAXMaps 操作步骤

※点击功能区中的"可视化工具"。

※点击"MAXMaps"。

※点击"新建示意图"。

※修改示意图名称。

※点击"新文件模式"中的"单例模式(已编码片段)"。如果需要对比两个
　文件的代码异同，则可以选择"双例模式"。

※选中需要可视化呈现代码的某一文件或文件组，拖拽至窗口右边空
　白区。

※根据研究需求修改窗口左边的设置，点击"使用模式"即可完成。结果
　如图 15.86 所示。

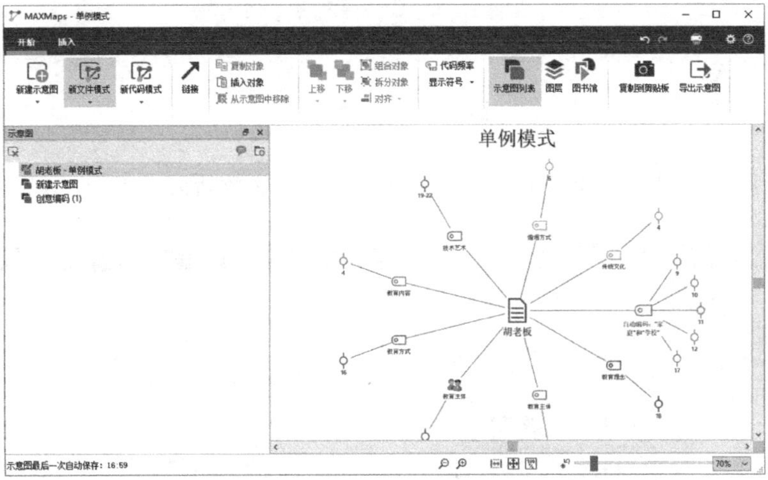

图 15.86　文件"胡老板"的 MAXMaps

文件概述

"文件概述"是通过编码颜色将文件内容可视化的一项功能(图 15.87)。

※在文件列表窗口中选中某一文件。

※点击功能区中的"可视化工具"。

※点击"文件概述"即可完成可视化操作。

※文件概述窗口上方的工具栏处有可视化整个文件或只可视化已编码片
　段的选项，可选择用白色方块表示未编码部分，或选择用混合颜色表
　示编码重叠的部分等。

图 15.87　文件概述

我们可以同时打开多个文件的文件概述进行比较研究，如图 15.88 所示。

图 15.88　多个文件概述对比

代码矩阵浏览器

对多个文件进行比较时，我们也可使用"代码矩阵浏览器"同时展示并对比多个文件的编码结果（图 15.89）。

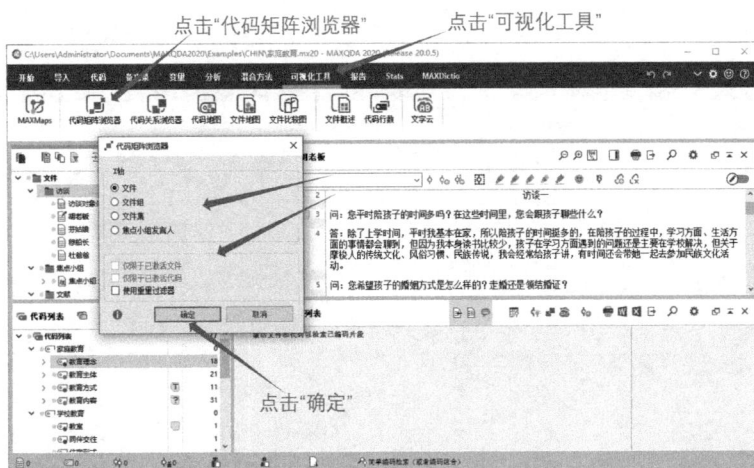

图 15.89　代码矩阵

※点击功能区中的"可视化工具"。

※点击"代码矩阵浏览器"。

※在弹出的窗口中根据研究需要勾选相应选项后，点击"确定"，即可生成代码矩阵（图 15.90）。

图 15.90　代码矩阵结果

代码云

代码云可直观地呈现文件的编码结果（图 15.91）。

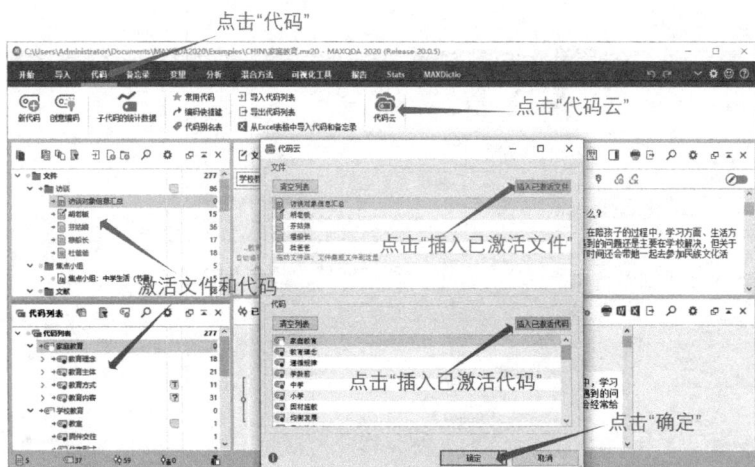

图 15.91　代码云

※点击功能区中的"代码"。

※点击"代码云"。

※激活相应文件代码后，点击"插入激活文件"和"插入激活代码"，或将
文件和代码直接拖拽至相应窗口。

※点击"确定"，即可生成代码云（图 15.92）。

图 15.92　代码云结果

作业

1. 简答题

(1)如何使用 MAXQDA 将数据可视化?

(2)如何使用 MAXQDA 进行数据编码?

2. 实践题

结合语言学习和教学实践设计一项研究,体现 MAXQDA 在质性研究数据分析中的步骤和流程。

第16章
质性研究报告的撰写

16.1 概 述

研究最终是要将研究结果呈现给读者的。由于质性研究路径和数据收集方法、目标读者、报告的篇幅和格式、发表形式等的不同，所以质性研究报告(结果)的呈现方式也会有差异。例如个案研究和扎根理论研究，前者"先设定立场"，然后根据研究焦点议题的需要，进行资料的分析和整理，而后者则要求从错综复杂的材料中发现概念与概念之间的逻辑关系，再上升到理论范畴或假设。另外，研究者自身的写作风格和写作策略，以及研究问题的类型、目的、理论观点与资料收集方法等因素，也会影响到研究报告结果的最终呈现(范明林等，2018)。

但是，不管风格如何，质性研究报告总体呈现研究结果的形式却没有本质的不同，结构上都包含研究问题、研究目的、研究意义、实证研究状况、理论视角、研究方法、研究发现、研究结论及对自己研究的反思等。潘淑满(2003)将研究报告的构成概括为如下六个部分：提出研究的问题、说明研究的目的和动机、回顾国内外研究状况与理论背景、确定研究方法、得出研究结果、讨论和反思。但是这些内容的顺序不是一成不变的，而是可以互换的。例如我们可以先说明研究目的，也可以先介绍研究背景，当描述研究目的并不依赖研究背景的介绍时，也可以先行讨论，关键看哪个部分更重要。下文将依次介绍研究报告的类型、研究报告的撰写原则、撰写研究报告的注意事项等。

16.2 研究报告的类型

结合陈向明(2010)、杨延宁(2014)和范明林等(2018)的论述，我们可以将研究报告的类型分为类属型(分类讨论)、情境型(情境重构)和混合型(结合型)。

16.2.1 类属型(分类讨论)研究报告

顾名思义，该类研究报告涉及较多维度，如较多的研究对象、多种数据收集手段等，对研究发现要分类呈现。所以，研究者可以运用分类的方法，依据主题逐步划分研究结果，并在此基础上对各个分类进行依次说明。以下三种类型的研究适合研究者运用类属型报告来呈现质性研究结果：①研究对象较多，而研究者无法运用个案方式来呈现研究结果；②研究结果发现主轴概念相当明确，可以发展成几个主题议题深入探讨；③研究过程中，研究者运用了分类的方式来收集资料。类属型研究报告的撰写优势在于：①可以重点呈现研究结果；②概念之间的逻辑较为清晰，层次比较分明；③比较符合人们对事物进行分类的习惯。

16.2.2 情境型(情境重构)研究报告

此类研究报告适合规模较小的研究，重视研究情境与研究过程，主张研究者应该依照事件发生的顺序或时间之间的逻辑关联作为研究报告撰写的依据。也就是说，这种类型的研究报告非常强调时间的先后顺序。由于这类报告非常重视研究情境，故常以个案方式呈现研究结果。情境型研究报告的优势如下：①比较主动，可以详细说明事件发生的场景；②可以表现研究对象的内在情感和思考；③可以说明事件之间的关联；④可以将研究者个人的反思融合在研究报告中。

16.2.3 混合型(结合型)研究报告

混合型研究报告是由类属型和情境型两种方式结合形成的。事实上，研究者要在两者之间保持平衡并不容易。研究者如果选择撰写混合型研究报告，最好的方法是先选择某一种形式作为研究结果呈现的主轴，再以另一种方式辅以补充。

到底哪一种类型的研究报告才比较适合研究结果的呈现呢？在现实中，要综合研究情况和研究者的个人特长来决定。但是对研究者来说，应该注意的是，千万不要因为太着重于某一种结果呈现类型而让研究结论失真。

16.3 研究报告的撰写原则

16.3.1 深度描写和深度诠释

质性研究报告非常强调对研究现象进行整体性、情境化、动态的深度描写，这是整个报告的关键部分。因为研究者认为质性研究结果应该扎根于足够的资料中，也就是说，得出的每一个结论都要有充足的资料作为支撑：从原始资料中截取合适的素材，并在写作过程中"原汁原味"地呈现，以此来说明作者要表达的观点和意图。因此，对于研究者来说，理解并掌握深度描述是非常重要的。但这并不是说描写得精确度高、描写得细致就叫深度描述，唯有进入行动者的意义世界中，也就是进入具有社会共享的生活世界中，我们才能真正深度描述行动者的意义。

描写和诠释的过程相辅相成，二者不能分开。深描诠释就等于深度描写加上深度诠释。深度描写是深度诠释的基础，没有深度描写就没有深度诠释；同理，若缺乏深度诠释，深度描写也无法达到深刻共鸣的地步。按照步骤先后顺序，深度描写应该在深度诠释之前。深度描写把焦点放到行动者行动（如动作、言语、表情等）本身的主观意义的描述上，深度诠释则是把诠释焦点放在行动者所立基的社会生活世界的意义的解释之上。前者注重情节、事件、心理意义的把握；后者重视对意义系统与行动惯习的理解。前者强调行动特殊性细节的描绘，后者则强调行动背后共享的意义结构的阐明（部川雄，2003，转引自范明林等，2018）。

16.3.2　撰写人的态度、立场和语言

撰写人不应该带着价值色彩进行批判。也就是说，研究者在撰写研究报告时，不应该对研究对象或行为进行好坏、美丑的讨论，而应该用科学方法来研究行为的成因及行为背后的逻辑关系。在撰写报告时，撰写人一般不给予明确的政策性建议，如果一定要对某些现实问题提出改进的意见，通常应采取比较弱化的方式，如提出本研究结果可能产生的引申意义、分享自己对某些问题的看法等。有时候，研究者在研究初期对研究现象只停留在感觉或印象上，并没有原始资料作为依据，因此，在撰写报告时，一定要加以说明，并解释为什么会有这种感觉。

撰写人的写作立场要在批判的态度和受访者的尊严中找到平衡，撰写人要站在社会科学怀疑论的立场上，运用批判性的思考方式，保持开放的心胸，避免走向"绝对论"。研究者无论多么同情受访者，都应该与其保持适当的距离，让研究的结果接受大众的审视。撰写人要努力做到"客观"与"真实"，避免臆断。当然，毫无"主观涉入"也是不可能的，但作为一名研究者，应该清醒明白这一点的重要性并在实际过程中遵守。

报告的语言一般分为两种：描述性语言和分析性语言。前者是一种"隐蔽性分析"，后者是一种直接的"介入性分析"。无论使用描述性语言还是分析性

语言，研究者都应该避免对受访者或研究对象本身进行评价。在撰写研究报告的过程中，研究者一方面要不断反思自己的研究过程，不断追问自己资料的获得方式、理论假设、资料的可靠性、研究检验等方面是否还存在问题；另一方面还可以借用前人研究的理论、研究结果或假设来做比较或补充（陈向明，2000）。另外，研究报告的语言风格切忌口语化，不可太过通俗（通俗刊物和大众科普除外）。在研究报告中（半结构式访谈文件或提纲除外），尽量不要使用"你""我""你们""本人""大家"等代词，这种代词的诠释方式不直接，比较容易造成认知误差。

16.4 撰写研究报告的注意事项

何时开始撰写研究报告？是在研究开始时，还是进行到一半时，或是接近尾声时？鉴于质性研究是一个连续的过程，我们的建议是有感而发，每天写 300 字，内容可以是对研究的简单构思和一般规划，可以是观察和思考的点点滴滴，可以是初期撰写的研究大纲和框架，也可以是研究过程中的总结性和反思性的话语……所有这些都可能会成为最终研究报告的组成部分。我们应该放弃"万事俱备，方可落笔"的想法，每天 300 字的写作计划能帮助我们理清研究思路，积累写作素材。

那么我们该从哪里开始写起呢？研究报告和一般学术论文写作一样，有文献梳理和研究对象。所以，我们可以从对研究对象已有的探索开始，梳理文献，总结已有发现，找出研究不足，提出研究问题。这些内容由于难度系数低，思维强度弱，可以帮助我们尽快进入研究状态。随着对文献梳理的不断深入，我们可以进一步反思研究思路、完善研究布局、修正研究问题等。

良好的写作环境固然重要，但是质性研究过程中的灵感往往不是在书房里迸发的，所以随身携带纸笔或者笔记本电脑，能够帮助我们记录关键词句。我们要养成及时整理这些关键词句的习惯，将新的想法和观点及时补充到研究初始的写作大纲里。

写作过程中，毅力和坚持是保障研究报告顺利的前提。除了前面我们提到的每天写 300 字之外，我们还可以在写作前复习一下昨天的内容，这样可以延续已有的写作思路，也可以特意为明天的写作留一个话头，第二天很快就可以进入写作状态。若是遇到了百思不得其解或半天没有推进的问题，我们可以记录该问题，转向其他内容，调整写作方向，或者重新分析语料，或者和朋友、导师等人沟通交流，或者在学术会议上展示自己的研究进展和问题，以便得到有益的反馈，让研究报告的撰写工作得以继续。

　　写作过程中，资料的增减也是撰写人要面临的问题。由于质性研究本身的特质，再加上现代技术的发展，我们手头上往往会有海量的数据。面对这些数据，我们应该保持清醒，不断提醒自己什么才是当前写作的焦点，什么才是符合写作大纲的材料，选择更适合自己研究内容的材料，让研究报告行文流畅、过渡自然、结构清晰。写作时，我们还会遇到数据不够的现象，所以我们要和研究对象保持联系，及时沟通。

　　研究报告初稿完成之际，我们还要进行统稿和通读。此时，我们往往会发现文字内容、观点、格式、文献等都会有这样那样的问题，如研究观点会由于研究周期过长出现矛盾，行文中有病句、错别字，参考文献格式不统一，等等。除了自己通读外，我们也可以邀请其他人通读校对。

　　另外，正式发表或出版研究报告前，我们还可以与研究对象或受访者取得联系，让他们看看引用的话语是否有表述不妥当的地方，以便及时做出修改。

✎ 作业

1. 简答题

(1)研究报告的类型有哪些？

(2)你如何理解研究报告中的深度描写和深度诠释？

(3)撰写研究报告时，撰写人应采取怎样的态度和立场？研究报告的语言风格是怎样的？

(4)研究报告在受众和出版形式方面要考量哪些因素？

2. 实践题

结合自己的研究体会和研究心得，谈谈自己在撰写研究报告过程中的注意事项。

参考文献

艾楚君，2019. 习近平青年责任观论析[J]. 湖湘论坛，（3）：12 - 20.

陈波，等，1989. 社会科学方法论[M]. 北京：中国人民大学出版社.

陈伯璋，1989. 教育研究方法的新取向：质的研究方法[M]. 台北：南宏图书有限公司.

陈华，2021. 基于成果导向教育理念（OBE）的跨文化交际课程思政建设[J]. 中国成人教育，（22）：50 - 52.

陈娟文，王娜，李金玉，2017. 基于大学英语混合式教学模式的实践共同体探究[J]. 现代教育技术，（9）：79 - 84.

陈璐，蒋翠珍，万科，2018. 基于扎根理论的大学生学业失信行为形成机理研究[J]. 黑龙江高教研究，（10）：139 - 145.

陈美华，2021. 面向"一带一路"建设的外语规划研究[M]. 北京：外语教学与研究出版社.

陈向明，2000. 质的研究方法与社会科学研究[M]. 北京：教育科学出版社.

陈向明，2008. 质性研究：反思与评论[M]. 第一卷. 重庆：重庆大学出版社.

陈向明，2010. 质性研究：反思与评论[M]. 第二卷. 重庆：重庆大学出版社.

储荷婷，2019. 图书馆情报学主要研究方法：了解、选择及使用[J]. 图书情报工作，（1）：146 - 152.

崔成前，2018. 基于核心价值观的大学生社会责任感培养路径研究[J]. 江苏高教，（8）：103 - 107.

邓子鹃，2015. 高校教师的身份认同：一项网络民族志研究[J]. 扬州大学学报（高教研究版），（4）：24 - 29.

丁晓蔚，2016. 高校研究生质性研究教育的问题与对策思考[J]. 中国成人教育，（7）：121 - 123.

杜鹏，李庆芳，2019. 质性研究的六项修炼[M]. 北京：经济管理出版社.

范明林，吴军，2009. 质性研究[M]. 上海：上海人民出版社.

范明林，吴军，马丹丹，2018. 质性研究方法［M］. 2 版. 上海：格致出版社/上
　　海人民出版社.

费伦猛，2021. 课堂观察渐进分析模型：内涵、特征与实施策略［J］. 教育理论
　　与实践，41（2）：51－54.

冯狄，2020. 质性研究数据分析工具 NVivo 12 实用教程［M］. 北京：人民邮电
　　出版社.

冯芃芃，龙影，谷明樾，2019. 大学生学术英语演讲论证能力发展的个案研究
　　［J］. 外语界，（5）：39－47.

风笑天，2005. 社会学研究方法［M］. 北京：中国人民大学出版社.

傅安国，张再生，郑剑虹，等，2020. 脱贫内生动力机制的质性探究［J］. 心理
　　学报，（1）：66－81.

傅敏，田慧生，2008. 教育叙事研究：本质、特征与方法［J］. 教育研究，5（5）：
　　36－40.

甘雨梅，2020.“录像分析”作为社会研究方法：理论、应用与展望［J］. 新闻与
　　传播研究，（2）：25－41.

高丙中，2005. 民族志的科学范式的奠定及其反思［J］. 思想战线，（1）：
　　75－81.

高丙中，2006. 民族志发展的三个时代［J］. 广西民族学院学报（哲学社会科学
　　版），（3）：58－63.

高慎英，刘良华，2002. 论“教师成为研究者”：斯登豪斯及其“人文课程研究”
　　［J］. 外国教育研究，（6）：51－54.

高一虹，李莉春，吕王君，1999. 中西应用语言学研究方法发展趋势［J］. 外语
　　教学与研究，（2）：8－16.

耿曙，2019. 从实证视角理解个案研究：三阶段考察渠文的方法创新［J］. 社
　　会，39（1）：129－152.

龚旭凌，曲铁华，2022. 中国共产党百年师德政策：回望、逻辑与前瞻［J］. 教
　　育科学研究，（3）：20－26.

古海波，韩昕，王千，等，2019. 研究型英语教师发展叙事探究［J］. 基础外语
　　教育，21（4）：23－30.

管晶晶，2021. 二语投资视角下英语学习者的身份建构：一项个案叙事研究
　　［J］. 外语教育研究前沿，4（3）：75－83.

郭艳琳，陆俊，2018. 中国古代书院师德文化与当代高校师德建设［J］. 思想教
　　育研究，（4）：122－125.

郭一凡，2023. 讲授法如何实现优质教学：一项课堂民族志研究[J]. 湖南师范
　　大学教育科学学报，22(1)：66－77，81.

郭英剑，2022. 外语专业与课程思政建设：问题、理论与路径[J]. 外语教学理
　　论与实践，(3)：27－35.

侯松，吴彬芳，2017. 基于"小故事"的语言教育研究：国际视野与本土探索
　　[J]. 山东外语教学，38(4)：37－44.

黄承伟，杨进福，2021. 中国共产党百年反贫困的历史经验[J]. 西安交通大学
　　学报(社会科学版)，(4)：39－48.

黄小苹，2006. 课堂话语微观分析：理论，方法与实践[J]. 外语研究，(5)：53－57.

纪好原，2022. 数据收集方法之反省法[Z]. 东南大学外国语学院.

简春安，邹平仪，2018. 社会工作研究法[M]. 上海：华东理工大学出版社.

姜琳，詹剑灵，2021. 多轮续写中积极二语自我发展的个案研究[J]. 外语界，
　　(6)：23－30.

蒋联江，何琛，赵以，2020. 教师使用教材图片资源的叙事研究[J]. 全球教育
　　展望，49(4)：68－84.

教育部，2007. 大学英语课程教学要求[M]. 北京：高等教育出版社.

李茨婷，郑咏滟，2015. 民族志研究等同于质性研究吗？[J]. 外语电化教学，
　　(3)：17－24.

李德英，张宸，2017. 历史学科实践教学模式的新探讨：以四川大学口述史实
　　践活动为例[J]. 历史教学(下半月刊)，(7)：8－13.

李海峰，吴晓蓉，2020. 文化视野下教育民族志研究新样态[J]. 教育学报，
　　(5)：11－18.

李松林，2005. 论教学研究中的教学行为分析方法[J]. 首都师范大学学报(社
　　会科学版)，(1)：109－113.

李晓博，2011. 有心流动的课堂：教师专业知识的叙事探究[M]. 北京：外语
　　教学与研究出版社.

李银兵，于中鑫，2021. 社会与个人：民族志书写的结构性探析[J]. 学术界，
　　(12)：86－95.

联合国教科文组织总部，1998. 学习：内在的财富：国际21世纪教育委员会向
　　联合国教科文组织提交的报告[M]. 北京：教育科学出版社.

梁丽芳，1993. 卫兵到作家：觉醒一代的声音[M]. 天天出版集团.

廖小琴，2015. 梦与青年社会责任感的培养[J]. 探索，(5)：157－160.

刘良华，2001. 教育行动研究：解释学的观点[J]. 教育理论与实践，(11)：5－10.

刘培蕾，2009. 高校成教生学业诚信现状调查及培养[J]. 继续教育研究，(2)：
　　105 - 107.

刘谦，梁超锋，2020. 改革开放以来高校思想政治工作口述史研究的意义、原
　　则和方法[J]. 思想教育研究，(5)：117 - 121.

刘谦，王正阳，2022. 解读儿童：教育人类学田野工作方法对儿童研究的启示
　　[J]. 教育研究，(7)：152 - 159.

刘亚秋，2021. 口述、记忆与主体性：社会学的人文转向[M]. 北京：社会科
　　学文献出版社.

刘亚秋，2023. 口述史研究的人文性及其难解之题[J]. 社会学研究，(1)：
　　116 - 137.

刘亚秋，2003. "青春无悔"：一个社会记忆的建构过程[J]. 社会学研究，(2)：
　　65 - 74.

刘艳春，张庆普，李占奎，2017. 基于扎根理论的 MOOC 在线深度互动影响
　　因素[J]. 开放教育研究，(5)：64 - 73.

刘玉，2021. 湘江战役的民间记忆[M]. 南宁：广西师范大学出版社.

刘铖，陈鹏，2022. 乡村定向师范生的多重身份冲突：基于社会学制度主义的
　　教育民族志研究[J]. 教育发展研究，(2)：18 - 27.

刘泽华，申凯中，2015. 我国高校大学英语分级教学反思与对策[J]. 中国大学
　　教学，(12)：36 - 41，35.

吕琳琼，2019. 微课探"微"：教师实践性知识养成的叙事探究[J]. 外语教学，
　　40(2)：71 - 75.

卢卫红，2013. 人类学"主位客位"方法在科学史研究中的应用[J]. 自然辩证
　　法研究，(3)：69 - 73.

马建青，陈曾燕，2016. 习近平关于青年社会责任的重要论述解析[J]. 毛泽东
　　邓小平理论研究，(10)：18 - 22，91.

马克思，恩格斯，1960. 马克思恩格斯全集：第 3 卷[M]. 北京：人民出版社.

马克思，恩格斯，1982. 马克思恩格斯全集：第 41 卷[M]. 北京：人民出版社.

糜海波，2016. 师德的现代转型及评价[M]. 南京：南京大学出版社.

苗洪霞，徐瑞，2007. 教育叙事研究的理想追求与现实困境[J]. 教育发展研
　　究，(18)：5 - 8.

欧阳护华，2015. 班集体和教研室中的英语交际法：一项对比实践共同体的民
　　族志研究[J]. 湖南师范大学教育科学学报，(2)：92 - 97.

欧阳西贝，秦丽莉，牛宝贵，2022.CLI 课堂中学习者内容与语言知识内化研究：

以混合式教学模式下的跨文化交际学课堂为例[J]. 外语教学，(2)：74-80.

欧阳西贝，陈美华，秦丽莉，2023. 大学英语学习者语用概念物质化发生过程中的情感及调节因素研究[J]. 外语教学理论与实践，(5)：65-75.

潘淑满，2003. 质性研究：理论与应用[M]. 新北：心理出版社.

彭兆荣，谭红春，2009. 民族志的"真实性"[J]. 广西民族研究，(2)：71-77.

齐学红，陈敏，2022. 回归生活世界的师德建设：基于对九位高中优秀教师的质性研究[J]. 教育科学研究，(7)：80-85.

秦凯利，2013. 优秀高校英语教师专业成长叙事探究：基于对其个人实践知识成长的探索[D]. 武汉：华中科技大学.

秦丽莉，戴炜栋，2015. 生态视阈下大学英语学习环境给养状况调查[J]. 现代外语，(2)：227-237.

秦丽莉，欧阳西贝，何艳华，2021. 内容语言融合教学模式下学习者内容知识与语言知识的内化研究：社会文化理论的语言表达理念视角[J]. 中国外语，18(1)：81-90.

裘晨晖，2015. 国内应用语言学研究中民族志方法使用述评[J]. 语言教育，(2)：74-78，97.

曲青山，吴德刚，2019. 改革开放四十年口述史（"中国共产党口述史"书系）[M]. 北京：中国人民大学出版社.

渠敬东，2019. 迈向社会全体的个案研究[J]. 社会，(1)：1-36.

全国政协文史资料研究委员会，1984. 政协文史资料选辑[M]. 北京：中国文史出版社.

阮晓蕾，詹全旺，2021. 混合式学习视域下的大学英语"线上＋线下"课程建构行动研究[J]. 外语电化教学，(5)：101-106.

盛静，韩宝成，2011. 新读写素质研究与英语课堂教学分析[J]. 外语教学与研究，(2)：261-272.

施良方，1996. 中学教育学[M]. 福州：福建出版社.

粟裕，陈雷等，2007. 星火燎原[M]. 北京：解放军出版社.

汤美娟，2021."语言—文化"模式：教育不公平的结构与行动：S.B. 希斯的语言民族志研究[J]. 教育学报，(1)：29-42.

唐德刚，李宗仁，2005. 李宗仁回忆录[M]. 南宁：广西师范大学出版社.

唐诺·里齐，1997. 大家来做口述历史[M]. 王芝芝，译. 台北：远流出版公司.

天坛街道，2019. 天坛地区口述历史：坛根儿往事[M]. 北京：中国农业出版社.

王立忠，刘要悟，2010."课程即研究假设""教师即行动研究者"：斯滕豪斯课
程观之要义[J].大学教育科学，2(2)：97-100.

王鉴，2004.课堂志：回归教学生活的研究[J].教育研究，(1)：79-85.

王鉴，2008.教育民族志研究的理论与方法[J].民族研究，(2)：12-
20，107.

王蔷，张虹，2014.英语教师行动研究[M].北京：外语教学与研究出版社.

王庆祥，李玉琴，李淑贤，1984.末代皇后和皇妃[M].长春：吉林人民出
版社.

王庆祥，2007.末代皇帝溥仪与我[M].北京：京华出版社.

王添淼，张越，2017.慕课教学中教师角色转换的叙事研究[J].课程·教材·
教法，37(3)：110-115.

王惟晋，2018.质性编码技巧在国际关系研究中的应用[J].社会科学，(6)：
27-38.

王晓莉，赵兰，2021.卓越教师适应性专长发展的叙事研究[J].全球教育展
望，50(9)：108-119.

王宇英，2012.当代中国口述史：为何与何为[M].北京：中国大百科全书出
版社.

文军，蒋逸民，2010.质性研究概论[M].北京：北京大学出版社.

文秋芳，韩少杰，2011.英语教学研究方法与案例分析[M].上海：上海外语
教育出版社.

文秋芳，林琳，2016.2001-2015年应用语言学研究方法的使用趋势[J].现代
外语，(6)：842-852.

文秋芳，王立非，2004.二语习得研究方法35年：回顾与思考[J].外国语(上
海外国语大学学报)，(4)：18-25.

文秋芳，俞洪亮，周维杰，2004.应用语言学研究方法与论文写作[M].北京：
外语教学与研究出版社.

吴肃然，李名荟，2020.扎根理论的历史与逻辑[J].社会学研究，(2)：75-98.

肖桂兰，曹兰，李霄翔，2021.高职英语多维混合式教学模式研究：基于《高等职
业教育专科英语课程标准(2021年版)》的校本视角[J].外语界，(5)：16-22.

萧也牧，1957.红旗飘飘[M].北京：中国青年出版社.

谢爱磊，陈嘉怡，2021.质性研究的样本量判断：饱和的概念、操作与争议[J].
华东师范大学学报(教育科学版)，(12)：15-27.

修宗峰，冯鹏蓊，殷敬伟，等，2022. 党组织治理、政策响应与国有企业参与
脱贫攻坚[J]. 财经研究，(2)：47-62.

徐昉，2012. 英语写作教学与研究[M]. 北京：外语教学与研究出版社.

徐伟琴，岑逾豪，2021."读博"还是"工作"：基于扎根理论的硕士生读博意愿
影响机制研究[J]. 高等教育研究，(7)：67-77.

许悦婷，陶坚，2020. 线上教学背景下高校外语教师身份认同研究[J]. 外语与
外语教学，(5)：12-21.

许悦婷，刘永灿，2008. 大学英语教师形成性评估知识的叙事探究[J]. 外语教
学理论与实践，(3)：61-67.

许悦婷，2011. 大学英语教师在评估改革中身份转变的叙事探究[J]. 外语教
学理论与实践，(2)：41-50.

杨莉萍，亓立东，张博，2022. 质性研究中的资料饱和及其判定[J]. 心理科学
进展，(3)：511-521.

杨鲁新，李平，2020. 高中英语教师写作教学信念与实践的个案研究[J]. 外语
教学理论与实践，(3)：21-28.

杨鲁新，王素娥，常海潮，等，2012. 应用语言学中的质性研究与分析[M]. 北
京：外语教学与研究出版社.

杨延宁，2014. 应用语言学研究的质性研究方法[M]. 北京：商务印书馆.

于汝霜，2019. 高校内部人事制度与教师学术生活：基于西东大学的民族志个
案研究[J]. 外国教育研究，(5)：78-88.

尤伟·弗立克，2007. 质性研究导论[M]. 李政贤，廖志恒，林静如，译. 台北：
五南图书出版公司.

苑晓杰，左靓，2020. 习近平关于新时代青年担当重要论述的三个维度[J]. 思
想理论教育刊，(12)：82-86.

战菊，2010. 大学英语教师的叙事分析：信念及其构建[J]. 中国外语，7(5)：
68-76.

张继焦，吴玥，2022. 西方民族志的发展阶段及中国实践反思[J]. 西北师大学
报(社会科学版)，(2)：95-105.

张红玲，赵涵，2018. 民族志跨文化外语教学项目的设计、实施与评价[J]. 外
语界，(3)：2-9，45.

张静，2018. 案例分析的目标：从故事到知识[J]. 中国社会科学，(8)：126-
142，207.

张培，2012. 论行动研究[J]. 天津师范大学学报(社会科学版)，(1)：48-51.

张庆华，杨鲁新，2021.《叙事分析手册》述评：兼论外语教育中的叙事研究[J]. 外语教学理论与实践，(2)：153 - 161.

张宜著，2011. 中国当代语言学的口述历史[M]. 北京：中国社会科学出版社.

张学良，2014. 张学良口述历史(访谈实录)[M]. 北京：当代中国出版社.

周新国，2004. 构建中国特色、中国风格和中国气派的中国口述史学：关于口述史料与口述史学的若干问题[J]. 当代中国史研究，(4)：101 - 106.

邹申，2014. 民族志研究方法在语言测试研究中的应用[J]. 语电化教学，(5)：3 - 9.

朱尧平，2019. 改革开放40年我国高职英语课程教学改革的回顾、反思与展望[J]. 河北师范大学学报(教育科学版)，(1)：51 - 58.

曾蕊蕊，2023. 话语历史分析视角下中国形象的话语建构：以2020年至2022年新冠肺炎疫情期间习近平主席对外讲话为例[J]. 外语研究，40(2)：10 - 17.

曹如军，2012. 大学教师服务评价：价值与思路[J]. 现代教育管理，(9)：50 - 53.

陈永春，朱帆，2021. 新时代高校服务国家重大战略的思考[J]. 中国高等教育，(10)：51 - 53.

邓辉，2022. 新时代高校社会服务的价值意蕴与实践路径[J]. 国家教育行政学院学报，(6)：3 - 9.

薛国凤，2023. 反哺人才培养：高校社会服务职能的新趋向：21世纪以来美国高校服务学习三维进展及启示[J]. 河北大学学报(哲学社会科学版)，48(2)：97 - 105.

严梓洛，叶菊艳，高晓杰，等，2023. 高校教师社会服务参与的现状及影响因素研究：基于36所高校的调查[J]. 中国高教研究，(7)：69 - 75.

ABRAMS L, 2016. Oral history theory[M]. London & New York：Routledge.

ÅGERFALK P J, 2013. Embracing diversity through mixed methods research[J]. European journal of information systems，22(3)：251 - 256.

ALMALKI S, 2016. Integrating quantitative and qualitative data in mixed methods research：Challenges and benefits[J]. Journal of education and learning，5(3)：288 - 296.

ANGUERA M T, BLANCO-VILLASEÑOR A, LOSADA J L, et al., 2018. Revisiting the difference between mixed methods and multimethods：

Is it all in the name? [J]. Quality & quantity, 52(6): 2757 – 2770.

APPLE M W, 1979. Ideology and curriculum[M]. New York & London: Routledge.

ATKINSON J M, HERITAGE J C, 1984. Structures of social action: Studies in conversation analysis [M]. Cambridge, UK: Cambridge University Press.

AUSTIN J L, 1962. How to do things with words[M]. Harvard: Harvard University Press.

BABCHUK W A, 1996. "Glaser or Strauss: Grounded theory and adult education": Paper presented at the Midwest Research-to-Practice Conference in Adult, Continuing and Community Education[C]. America, East Lansing, October 17 – 19.

BAILEY K M, OCHSNER R, 1983. A methodological review of the diary studies: Windmill tilting or social science? [M]//BAILEY K M, LONG M H, PECK S. Second language acquisition studies. Rowley, MA: Newbury House: 188 – 198.

BAILEY K M, 1990. The use of diary studies in teacher education programs [M]//RICHARDS J C, NUNAN D. Second language teacher education. Cambridge, UK: Cambridge University Press: 215 – 226.

BARKHUIZEN G, 2016. A short story approach to analyzing teacher (imagined) identities over time[J]. TESOL Quarterly, 50(3): 655 – 683.

BARKHUIZEN G P, BENSON P, CHIK A, 2014. Narrative inquiry in language teaching and learning research[M]. New York & London: Routledge.

BENSON P, 2004. (Auto)Biography and learner diversity[M]//BENSON P, NUNAN D. Learners' stories: Difference and diversity in language learning. Cambridge, UK: Cambridge University Press: 2 – 21.

BIBER D, CONNOR U, UPTON T A, 2007. Discourse on the move: Using corpus analysis to describe discourse structure[M]. New York & London: John Benjamins.

BIBER D, JOHANSSON S, LEECH G N, et al. , 2021. Grammar of spoken and written English[M]. New York & London: John Benjamins.

BIBER D, JOHANSSON S, LEECH G N, et al. , 1999. Longman grammar of spoken and written English[M]. New York & London: Pearson Education.

BIKLEN S K, CASELLA R, 2007. A practical guide to the qualitative dissertation for students and their advisors in education, human services and social science[M]. New York: Teachers College Press.

BIRKS M, MILLS J, 2015. Grounded theory: a practical guide[M]. London: Sage.

BLOCK D, 2002. Destabilized identities and cosmopolitanism across language and cultural borders: Two case studies[J]. Hong Kong journal of applied linguistics, 7(2): 1 - 19.

BOLGER N, DAVIS A, RAFAELI E, 2003. Diary methods: Capturing life as it is lived[J]. Annual review of psychology, (54): 579 - 616.

BOOTH-KEWLEY S, LARSON G E, MIYOSHI D K, 2007. Social desirability effects on computerized and paper-and-pencil questionnaires[J]. Computers in human behavior, 23(1): 463 - 477.

BOURDIEU P, 1991. Language and symbolic power[M]. New York & London: Polity Press & Basil Blackwell.

BOWLES M A, 2010. The think - aloud controversy in second language research[M]. New York: Routledge.

BOWLES M A, 2018. Introspective verbal reports: Think-alouds and stimulated recall[M]//PHAKITI A, DE COSTA P, PLONSKY L, et al. The Palgrave handbook of applied linguistics research methodology. London: Palgrave Macmillan: 339 - 357.

BREWER J, 2000. Ethnography[M]. New York: McGraw-Hill Education.

BROWN J D, 2009. Open-response items in questionnaires[M]//HEIGHAM J, CROKER R A. Qualitative research in applied linguistics: A practical introduction. London: Palgrave Macmillan: 200 - 219.

BURNS A, 2007. Action research: Contributions and further directions in ELT[M]//CUMMINS J, DAVISON C. International handbook of English. New York: Springer: 987 - 1002.

BURNS A, 2009. Action research [M]//HEIGHAM J, CROKER R A. Qualitative research in applied linguistics: A practical introduction. London: Palgrave Macmillan: 112 - 134.

CAMPBELL D T, FISKE D W, 1959. Convergent and discriminant validation by the multitrait-multimethod matrix[J]. Psychological bulletin, 56(2): 81-105.

CAMPBELL D T, STANLEY J C, 1963. Experimental and quasi-experimental designs for research[M]. Chicago, IL: Rand McNally.

CANALS L, 2022. The role of the language of interaction and translanguaging on attention to interactional feedback in virtual exchanges[J]. System, 105: 1-10.

CELCE-MURCIA M, 1980. Contextual analysis and its application to teaching English as a second language[M]//LARSEN-FREEMAN D. Discourse analysis and second language research. Rowley, MA: Newbury House: 41-55.

CHARMAZ K, 1995. Grounded theory[M]//SMITH J A, HARRÉ R, LANGENHOVE L V. Rethinking methods in Psychology. London: Sage.

CHENG J Y, LI W, 2019. Individual agency and changing language education policy in China: Reactions to the new guidelines on college English teaching [J]. Current issues in language planning, 22(12): 117-135.

CLANDININ J D, CONNELLY F M, 2000. Narrative inquiry: Experience and story in qualitative research[M]. San Francisco, CA: Jossey-Bass.

COHEN A D, 1996. Verbal reports as a source of insights into second language learner strategies[J]. Applied language learning, 7(1): 11-27.

COHEN A D, 2013. Verbal report[M]//CHAPELLE C A. Encyclopedia of applied linguistics. Oxford: Wiley-Blackwell: 1-5.

COHEN L, MANION L, 1994. Research methods in education[M]. 4th ed. London: Routledge.

COLLIER J, 1945. United states administration as a laboratory of ethnic relations[J]. Social research, 12(3): 265-303.

CONNELLY F M, CLANDININ D J, 2006. Narrative inquiry[M]//GREEN J L, CAMILLI G, ELMORE P B. Handbook of complementary methods in education research. Mahwah: Lawrence Erlbaum Associates: 477-487.

CONNELLY F M, CLANDININ J D, 1990. Stories of experience and narrative inquiry[J]. Educational researcher, 19(5): 2-14.

CONSOLI S, 2021. Uncovering the hidden face of narrative analysis: A reflexive perspective through MAXQDA[J]. System, (102): 1-16.

COOK T D，CAMPBELL D T，1979. Quasi-experimentation. Design and Analysis Issues for Field Setting [M]. Chicago，IL：Rand McNally.

COOPER H，1998. Synthesizing research：A guide for literature reviews [M]. Thousand Oaks，CA：Sage.

COWIE A，2009. Observation[M]//HEIGHAM J，CROKER R A. Qualitative research in applied linguistics：A practical introduction. London：Palgrave Macmillan：165 - 181.

CRAWFORD J，2000. At war with diversity：US language policy in an age of anxiety[M]. Clevedon：Multilingual Matters.

CRESWELL J W，2015. A concise introduction to mixed methods research [M]. Thousand Oaks，CA：Sage.

CRESWELL J W，2003. Research design：Qualitative，quantitative，and mixed method approaches[M]. Thousand Oaks，CA：Sage.

CRESWELL J W，1999. Mixed method research：Introduction and application [M]//CIZEK G J. Handbook of educational policy. New York：Academic Press：455 - 472.

CRESWELL J W，2008. Educational research：Planning，conducting，and evaluating quantitative and qualitative approaches to research[M]. 3rd ed. Upper Saddle River，NJ：Merrill/Pearson Education.

CRESWELL J W，PLANO CLARK V L，2007. Designing and conducting mixed methods research[M]. Thousand Oaks，CA：Sage.

CRESWELL J W，POTH C N，2018. Qualitative inquiry and research design：Choosing among five approaches[M]. 4th ed . Thousand Oaks，CA：Sage.

CRESWELL J W，TASHAKKORI A，2007. Differing perspectives on mixed methods research[J]. Journal of mixed methods research，1(4)：303 - 308.

CRESWELL J W，2015. A concise introduction to mixed methods research [M]. Thousand Oaks，CA：Sage.

CROKER R A，2009. An introduction to qualitative research [M]// HEIGHAM J，CROKER R A. Qualitative research in applied linguistics：A practical introduction. London：Palgrave Macmillan：3 - 24.

CURDTCHRISTIANSEN X L，2009. Invisible and visible language planning：Ideological factors in the family language policy of Chinese immigrant families in Quebec[J]. Language policy，8(4)：351 - 375.

DE FINA A, GEORGAKOPOULOU A, 2012. Analyzing narrative: Discourse and sociolinguistic perspectives[M]. Cambridge: Cambridge University Press.

DE SILVA R, GRAHAM S, 2015. The effects of strategy instruction on writing strategy use for students of different proficiency levels[J]. System, (53): 47 – 59.

DECUIR – GUNBY J T, MARSHALL P L, MCCULLOCH A W, 2011. Developing and using a codebook for the analysis of interview data: An example from a professional development research project[J]. Field methods, 23(2): 136 – 155.

DELAMONT S, 2004. Ethnography and participant observation[M]//SEALE C, GOBO G, GUBRIUM J, et al. Qualitative research practice. London: Sage: 217 – 229.

DENZIN N K, LINCOLN Y, 2005. The SAGE handbook of qualitative research[M]. New York: Sage.

DENZIN N K, 1994. The art and politics of interpretation[M]//DENZIN N K, LINCOLN Y S. Handbook of qualitative research. Thousand Oaks, CA: Sage.

DENZIN N K, 2009. The research act: A theoretical introduction to sociological methods[M]. New York: Routledge.

DENZIN N K, Lincoln Y S, 1998. Strategies of qualitative inquiry[M]. Thousand Oaks, CA: Sage.

DEWEY J, 1929. The quest for certainty: A study of the relation of knowledge and action[M]. New York: Minton, Balch & Company.

DÖRNYEI Z, 2007. Research methods in applied linguistics: Quantitative, qualitative, and mixed methodologies [M]. Oxford: Oxford University Press.

DÖRNYEI Z, TAGUCHI T, 2010. Questionnaires in second language research: Construction, administration, and processing [M]. 2nd ed. New York: Routledge.

DUFF P, 2007. Case study research in applied linguistics[M]. 1st ed. New York: Routledge.

DUFF P A, 2014. Case study research on language learning and use[J]. Annual review of applied linguistics, (34): 233 – 255.

DUFF P A, 2020. Case study research: Making language learning complexities visible[M]// MCKINLEY J, ROSE H. The Routledge handbook of research methods in applied linguistics. London: Routledge: 144 – 153.

DWECK C S, LEGGETT E L, 1988. A social-cognitive approach to motivation and personality[J]. Psychological review, 95(2): 256 – 273.

DWECK C S, 2000. Self-theories: Their role in motivation, personality, and development[M]. Philadelphia, PA: Psychology Press.

ECCLES J S, WIGFIELD A, 2002. Motivation, beliefs, values, and goals[J]. Annual review of psychology, (53): 109 – 132.

EDWARDS A L, 1953. The relationship between the judged desirability of a trait and the probability that the trait will be endorsed[J]. Journal of applied psychology, (37): 90 – 93.

ELLIOT J, 1991. Action research for educational change[M]. Milton Keynes and Philadelphia: Open University Press.

ELLIS R, 1999. Understanding second language acquisition[M]. Shanghai: Shanghai Foreign Language Education Press.

ERICSSON K, SIMON H, 1993. Protocol analysis: Verbal reports as data [M]. 2nd ed. Cambridge, MA: MIT Press.

FAZIO L K, SIEGLER R S, 2013. Microgenetic learning analysis: A distinction without a difference[J]. Human development, 56(1): 52 – 58.

FIRTH R, 1961. Elements of social organization[M]. Boston: Beacon.

FITZPATRICK B, 2019. Validity in qualitative health education research[J]. Currents in pharmacy teaching and learning, 11(2): 211 – 217.

FLICK U, 2014. An introduction to qualitative research[M]. Thousand Oaks, CA: Sage.

FLYVBJERG B, 2006. Five misunderstandings about case-study research [J]. Qualitative inquiry, 12(2): 219 – 245.

FREEBODY P, LUKE A, 1990. Literacies programs: Debates and demands in cultural context[J]. Prospect: An Australian journal of TESOL, 5(3): 7 – 16.

GAO Y, LI Y, LI W, 2002. EFL learning and self-identity construction: Three cases of Chinese college majors[J]. Asian journal of English language teaching, (12): 95 – 119.

GASS S M, MACKEY A, 2000. Stimulated recall methodology in second language research[M]. Mahwah, NJ: Laurence Erlbaum.

GASS S M, MACKEY A, 2016. Stimulated recall methodology in applied linguistics and L2 research[M]. 2nd ed. New York: Routledge.

GEERTZ C, 1973. Thick description[M]//GEERTZ C. The interpretation of cultures. New York: Basic Books: 3 – 33.

GERRING J, 2004. What is a case study and what is it good for? [J]. American political science review, 98(2): 341 – 354.

GERRING J, 2016. Case study research: Principles and practices[M]. Cambridge: Cambridge University Press.

GILLHAM B, 2008. Developing a questionnaire[M]. 2nd ed. London: Continuum.

GLASER B, STRAUSS A, 1967. The discovery of grounded theory: Strategies for qualitative research[M]. Chicago: Aldine.

GOLD R, 1958. Roles in sociological field observation [J]. Social forces, (36): 217 – 223.

GOODMAN N, 1978. Ways of worldmaking [M]. Indianapolis: Hackett Press.

GREEN A J F, 1998. Using verbal protocols in language testing research: A handbook[M]. Cambridge, UK: Cambridge University Press.

GREENE J C, 2006. Toward a methodology of mixed methods social inquiry [J]. Research in the schools, 13(1), 93 – 98.

GREENIER V, MOODIE I, 2021. Photo-narrative frames: Using visuals with narrative research in applied linguistics[J]. System, (102): 1 – 12.

GUBA E G, 1990. The paradigm dialog[M]. Newbury Park: Sage.

GUO H, 2023. Chinese primary school students' translanguaging in EFL classrooms: What is it and why is it needed? [J]. Asia-Pacific Education Researcher, (32): 211 – 226.

HABERMAS J, 1971. Knowledge and human interests[M]. Boston: Beacon Press.

HAHN C, 2008. Doing qualitative research using your computer: A practical guide[M]. Thousand Oaks, CA: Sage.

HALLIDAY M A K, 1989. Spoken and written language[M]. Oxford: Oxford University Press.

HALLIDAY M A K, HASAN R, 1976. Cohesion in English[M]. London: Longman.

HAMMERSLEY M, 1992. What's wrong with ethnography? [M]. London: Routledge.

HAMMERSLEY M, ATKINSON P, 1983. Ethnography: Principles in practice[M]. London: Tavistock Publications.

HEATH S B, 1983. Ways with words: Language, life, and work in communities and classrooms[M]. Cambridge, UK: Cambridge University Press.

HEIGHAM J, CROKER R A, 2009. Qualitative research in applied linguistics: A practical introduction[M]. London: Palgrave Macmillan.

HELLER M, 2010. The commodification of language[J]. Annual review of anthropology, (39): 101 – 104.

HENNINK M M, KAISER B N, MARCONI V C, 2017. Code saturation versus meaning saturation: How many interviews are enough? [J]. Qualitative health research, 27(4): 591 – 608.

HERSHATTER G, 2011. The gender of memory: Rural women and China's collective past[M]. San Francisco: University of California Press.

HOEY M, 1983. On the surface of discourse[M]. London: George Allen & Unwin.

HOEY M, 2001. Textual interaction: An introduction to written discourse analysis[M]. London & New York: Routledge.

HOLLIDAY A, 2007. Doing and writing qualitative research[M]. 2nd ed. London: Sage Publications.

HOOD M, 2009. Case study[M]//HEIGHAM J, CROKER R A. Qualitative research in applied linguistics: A practical introduction. New York: Palgrave Macmillan: 66 – 90.

HOUSE E R, 1990. An ethics of qualitative field studies[M]//GUBA E G. The paradigm dialog. Newbury Park: Sage: 158 – 164.

HU J, GAO X A, 2017. Using think-aloud protocol in self-regulated reading research[J]. Educational research review, (22): 181 – 193.

HYERS L L, 2018. Diary methods[M]. Oxford: Oxford University Press.

HYETT N, KENNY A, DICKSON-SWIFT V, 2014. Methodology or method? a critical review of qualitative case study reports[J]. International journal of qualitative studies on health and well-being, 9(1): 1 – 12.

HYMES D, 1982. What is ethnography? [M]//GILMORE P, GLAT-THORN A A. Children in and out of school: Ethnography and education. Washington, DC: Center for Applied Linguistics: 21 – 32.

IVANKOVA N V, CRESWELL J W, 2009. Mixed methods [M]// HEIGHAM J, CROKER R A. Qualitative research in applied linguistics: A practical introduction. New York: Palgrave Macmillan: 135 – 161.

JACKSON K, BAZELEY P, 2019. Qualitative data analysis with NVivo [M]. London: Sage.

JACKSON S, 1986. Building a case for claims about discourse structure[M]// ELLIS D G, DONOHUE W A. Contemporary issues in language and discourse processes. Hillsdale, NJ: Lawrence Erlbaum Associates Publishers: 129 – 147.

JOHNSON R B, CHRISTENSEN L, 2015. Educational research: Quantitative, qualitative, and mixed approaches[M]. 4th ed. Chongqing: Chongqing University Press.

JOHNSON D C, JOHNSON E J, 2015. Power and agency in language Policy appropriation[J]. Language policy, 14(3): 221 – 243.

JOHNSON R B, ONWUEGBUZIE A J, 2004. Mixed methods research: A research paradigm whose time has come[J]. Educational researcher, 33(7): 14 – 26.

JOHNSON R B, ONWUEGBUZIE A J, TURNER L A, 2007. Toward a definition of mixed methods research[J]. Journal of mixed methods research, 1 (2): 112 – 133.

KARTAL G, DEMIR Y, 2021. Observational narrative knowledging in early professional development of student teachers of English[J]. Instructional science, 49(1): 109 – 135.

KASPER G, 1998. Analysing verbal protocols[J]. TESOL Quarterly, 32(2): 358 – 362.

KAYI-AYDAR H, 2015. Multiple identities, negotiations, and agency across time and space: A narrative inquiry of a foreign language teacher candidate [J]. Critical inquiry in language studies, 12(2): 137 – 160.

KEMMIS S, MCTAGGART R, 1982. The action research planner [M]. Geelong, Victoria: Deakin University Press.

KRISHNAMURTY P，2008. Diary［M］//LAVRAKAS P J. Encyclopedia of survey research methods. Thousand Oaks，CA：Sage：197－199.

KVALE S，BRINKMANN S，2009. Interviews：Learning the craft of qualitative research interviewing［M］. 2nd ed. Los Angeles：Sage.

LABOV W，1972. Sociolinguistic patterns［M］. Philadelphia：University of Pennsylvania Press.

LABOV W，1972. The transformation of experience in narrative syntax［M］// LABOV W. Language in the inner city. Philadelphia，PA：University of Pennsylvania：354－396.

LALITHA V，2016. Rethinking composing in a digital age：Authoring literate identities through multimodal storytelling［J］. Written Communication，27(4)：442－468.

LANTOLF J P，THORNE S L，2006. Sociocultural theory and the genesis of second language development［M］. Oxford：Oxford University Press.

LAZARATON A，2002. A qualitative approach to the validation of oral language tests［M］. Cambridge，UK：Cambridge University Press.

LAZARATON A，2009. Discourse analysis［M］//HEIGHAM J，CROKER R A. Qualitative research in applied linguistics：A practical introduction. London：Palgrave Macmillan：242－259.

LEAVY P，2014. The Oxford handbook of qualitative research［M］. Oxford：Oxford University Press.

LEIGH L，2019. "Of course I have changed!"：A narrative inquiry of foreign teachers' professional identities in Shenzhen，China［J］. Teaching and teacher education，(86)：1－11.

LEWIN K，1946. Action research and minority problems［J］. Journal of social issues，2(4)：34－46.

LI C，YANG L，2022. How scientific concept develops：Languaging in collaborative writing tasks［J］. System，(105)：1－12.

LI W，2019. Ethnography：Origins，features，accountability，and criticality ［M］//MCKINLEY J，ROSE H. The Routledge handbook of research methods in applied linguistics. London：Routledge：154－164.

LIU YC，XU YT，2011. Inclusion or exclusion? a narrative inquiry of a language teacher's identity experience in the 'new work order' of competing pedagogies[J]. Teaching and teacher education, 27(3): 589 – 597.

LIU Y, WANG H, ZHAO R, 2020. Teacher agency and spaces in changes of English language education policy[J]. Current Issues in Language Planning, 21(5): 548 – 566.

LOBIONDOWOOD G, HABER J, 1990. Nursing research: Methods, critical appraisal and utilization[M]. 2nd ed. St Louis: Mosby.

YANG L X, GAO S F, 2013. Beliefs and practices of Chinese university teachers in EFL writing Instruction[J]. Language, culture and curriculum, 26(2): 128 – 145.

LYONS W, 1986. The disappearance of introspection[M]. Cambridge, US: MIT Press.

MAHVELATI E H, 2021. Learners' perceptions and performance under peer versus teacher corrective feedback conditions[J]. Studies in Educational Evaluation, (70): 1 – 21.

MANN W, MATTHIESSEN C, THOMPSON S, 1992. Rhetorical structure theory and text analysis[M]//MANN W, THOMPSON S. Discourse description: Diverse linguistic analyses of a fund-raising text. London: John Benjamins: 39 – 38.

MANSOURI B, MOLANA K, NAZARI M, 2021. The interconnection between second language teachers' language assessment literacy and professional agency: The mediating role of institutional policies[J/OL]. System, 103: 102674.

MARCUS G E, CUSHMAN D, 1982. Ethnographies as texts[J]. Annual review of anthropology, 11(1): 25 – 69.

MARTIN C, NAGAO D H, 1989. Some effects of computerized interviewing on job applicant responses[J]. Journal of applied psychology, (74): 72 – 80.

MARTIN-BELTRÁN M, 2014. 'What do you want to say?' how adolescents use translanguaging to expand learning opportunities[J]. International multilingual research journal, 8(3): 208 – 230.

MATSUMOTO K, 1993. Verbal-report data and introspective methods in second language research: State of the art[J]. RELC journal, 24(1): 32 – 60.

MCCRUDDEN M T, MARCHAND G, SCHUTZ P, 2019. Mixed methods in educational psychology inquiry[J]. Contemporary educational psychology,

（57）：1－8.

MCDONOUGH J, MCDONOUGH S, 2014. Research methods for English language teachers[M]. Arnold: St. Martin's Press.

MCGREAL T L, BRODERICK E, JONES J, 1984. Artifact collection [J]. Educational Leadership, 41(7): 20.

MCKAY S L, 2009. Introspective techniques[M]// HEIGHAM J, CROKER R A. Qualitative research in applied linguistics: A practical introduction. New York: Palgrave Macmillan: 220－241.

MCKERNAN J, 1991. Curriculum action research: A handbook of methods and resources for the reflective practitioner[M]. London: Kogan Page Limited.

MCNIFF J, WHITEHEAD J, 2010. You and your action research project[M]. 3rd ed. London and New York: Routledge.

MENEZES V, 2008. Multimedia language learning histories[M]//KALAJA P, MENEZES V, BARCELOS A M F. Narratives of learning and teaching EFL. Basingstoke, UK: Palgrave Macmillan: 199－213.

MILES M B, HUBERMAN A M, SALDAÑA J, 2014. Qualitative data analysis: A methods sourcebook[M]. 3rd ed. Thousand Oaks, CA: Sage.

MILES M B, HUBERMAN A M, 1994. Qualitative data analysis: An expanded sourcebook[M]. Thousand Oaks: Sage.

MORSE J M, 2015. "Data were saturated…"[J]. Qualitative health research, 25(5): 587－588.

NAKAMURA K, 2013. Making sense of sensory ethnography: The sensual and the multisensory[J]. American anthropologist, 115(1): 132－135.

NEUMAN W L, 2014. Social research methods: Qualitative and quantitative approaches[M]. Essex: Pearson Education Limited.

NGO X M, 2018. A sociocultural perspective on second language writing teacher cognition: A Vietnamese teacher's narrative[J]. System, (78): 79－90.

NIKULA T, PITKÄNEN-HUHTA A, 2008. Using photographs to access stories of learning English[M]// KALAJA P, MENEZES V, BARCELOS A M F. Narratives of learning and teaching EFL. Basingstoke, UK: Palgrave Macmillan: 171－185.

NOBLE H, HEALE R, 2019. Triangulation in research, with examples [J]. Evidence-based nursing, 22(3): 67 – 68.

NUNAN D, 1992. Research methods in language learning[M]. Cambridge, UK: Cambridge University Press.

NUNAN D, BAILEY K M, 2009. Exploring second language classroom research: A comprehensive guide[M]. Boston: Heinle.

NUNAN D, CHOI J, 2010. Language and culture: Reflective narratives and the emergence of identity[M]. London: Routledge.

ONWUEGBUZIE A J, JOHNSON R B, 2006. The validity issue in mixed research[J]. Research in the schools, 13(1): 48 – 63.

ONWUEGBUZIE A J, LEECH N L, 2005. On becoming a pragmatic researcher: The importance of combining quantitative and qualitative research methodologies[J]. International journal of social research methodology, 8(5): 375 – 387.

ONWUEGBUZIE A J, LEECH N L, 2006. Linking research questions to mixed methods data analysis procedures[J]. The qualitative report, 11(3): 474 – 498.

ONWUEGBUZIE A J, TEDDLIE C, 2003. A framework for analyzing data in mixed methods research [M]// TASHAKKORI A, TEDDLIE C. Handbook of mixed methods in social and behavioral research. Thousand Oaks, CA: Sage: 351 – 383.

PASSONNEAU R, LITMAN D J, 1997. Discourse segmentation by human and automated means[J]. Computational linguistics, 23(1): 103 – 140.

PATTON M Q, 2002. Qualitative research and evaluation methods[M]. 3rd ed. Thousand Oaks, CA: Sage.

PAWSON R, 1999. Methodology[M]//TAYLOR S. Sociology: Issues and debates. London: Red Globe Press.

PENNYCOOK A, 2001. Critical applied linguistics: A critical introduction [M]. New York & London: Routledge.

POLIT D, HUNGLER B, 1989. Essentials of nursing research: Methods, appraisal, and utilization[M]. 2nd ed. Philadelphia: Lippincott.

REASON P, BRADBURY H, 2006. Introduction: Inquiry and participation in search of a world worthy of human aspiration[M]//REASON P, BRAD-

BURY H. Handbook of action research (concise paperback edition). London: Sage: 1 - 14.

RICHARDS L, 1999. Using NVIVO in qualitative research[M]. London: Sage.

RITCHIE D A, 2014. Doing oral history[M]. Oxford: Oxford University Press.

ROBERTS C, Byram M, Barro A, Jordan S, Street B V, 2001. Language learners as ethnographers[M]. Clevedon: Multilingual Matters.

ROCCO T S, BLISS L, GALLAGHER S J, PEREZ-PRADO A, 2003. The pragmatic and dialectical lenses: Two views of mixed methods use in education[M]//TASHAKKORI A, TEDDLIE C. Handbook of mixed methods in the behavioral and social sciences. Thousand Oaks, CA: Sage: 595 - 615.

ROSA H, HODGSON-DRYSDALE T, 2021. Learning to teach science genres and language of science writing: Key change processes in a teacher's critical SFL praxis[J]. Language and Education, 35(5): 429 - 445.

ROSE H, 2020. Diaries and journals: Collecting insider perspectives in second language research[M]//MCKINLEY J, ROSE H. The Routledge handbook of research methods in applied linguistics. London & New York: Routledge: 348 - 359.

SALDANA J, 2013. The coding manual for qualitative researchers[M]. 2nd ed. Thousand Oaks, CA: Sage.

SANDELOWSKI M, BARROSO J, 2007. Handbook for synthesizing qualitative research[M]. New York: Springer Publishing Company.

SCHIFFRIN D, 1994. Approaches to discourse[M]. London: Blackwell.

SCHIFFRIN D, TANNEN D, HAMILTON H E, 2015. Introduction to the first edition[M]//TANNEN D, HAMILTON H E, SCHIFFRIN D. The handbook of discourse analysis. 2nd ed. London: Blackwell: 1 - 7.

SEARLE J R, 1969. Speech acts: An essay in the philosophy of language [M]. Cambridge: Cambridge University Press.

SHARPLESS R, 2008. The History of Oral History [M]//Thomas L. Charlton T L, Myers L E, SHARPLESS R. Thinking about oral history: theories and applications. Plymouth: Alta-Mira Press: 7 - 32.

SILVERMAN D, 2018. Doing qualitative research[M]. 5th ed. Thousand

Oaks, CA: Sage.

SMAGORINSKY P, 1994. Speaking about writing: Reflections on research methodology[M]. Thousand Oaks, CA: Sage.

SNYDER C, 2012. A case study of a case study: Analysis of a robust qualitative research methodology[J]. Qualitative report, (17): 26.

SOMMER B W, QUINLAN M K, 2018. The oral history manual [M]. Plymouth, UK: AltaMira Press.

SONG Y, MA Q, 2021. Affordances of a mobile learner-generated tool for pupils' English as a second language vocabulary learning: An ecological perspective[J]. British journal of educational technology, 52(2): 858 – 878.

SPRADLEY J P, 1980. Participant observation[M]. New York: Holt Rinehart & Winston.

STAKE R E, 1995. The art of case study research[M]. Thousand Oaks, CA: Sage.

STEINBERG L, 2019. Adolescence[M]. 12th ed. New York: McGraw Hill.

STRAUSS A L, CORBIN J M, 1998. Basics of qualitative research: Techniques and procedures for developing grounded theory [M]. Thousand Oaks: Sage Publications, Inc.

STRAUSS A L, 1987. Qualitative analysis for social scientists[M]. Cambridge: Cambridge University Press.

STREET B, 2003. What's "new" in new literacy studies? critical approaches to literacy in theory and practice[J]. Current issues in comparative education, 5(2): 77 – 91.

SUDMAN S, BRADBURN N M, 1983. Asking questions[M]. San Francisco, CA: Jossey-Bass.

SUZUKI W, 2012. Written languaging, direct correction, and second language writing revision[J]. Language learning, (62): 1110 – 1133.

SWAIN M, 2006. Languaging, agency and collaboration in advanced language proficiency[M]// BYRNES H. Advanced language learning: The contribution of Halliday and Vygotsky. London: Continuum: 95 – 108.

SWAIN M, LAPKIN S, KNOUZI I, SUZUKI W, 2009. Languaging: University students learn the grammatical concept of voice in French[J]. The modern language journal, (93): 5 – 29.

TAI K W H, WEI L, 2020. Bringing the outside in: Connecting students' out-of-school knowledge and experience through translanguaging in Hong Kong English medium instruction mathematics classes[J]. System, (95): 102 – 364.

TAI K W H, WEI L, 2021. Constructing playful talk through translanguaging in English medium instruction mathematics classrooms[J]. Applied Linguistics, 42(4): 607 – 640.

TAO Y, 2022. Russian language teachers' professional agency against the backdrop of the New National Teaching Quality Standards in China: An ecological perspective[J]. Current Issues in Language Planning, 23(5): 457 – 465.

TASHAKKORI A, CRESWELL J W, 2007. Exploring the nature of research questions in mixed methods research[J]. Journal of mixed methods research, 1(3): 207 – 211.

TASHAKKORI A, CRESWELL J W, 2007. The new era of mixed methods [J]. Journal of mixed methods research, 1(1): 3 – 7.

TEDDLIE C, TASHAKKORI A, 2009. Foundations of mixed methods research: Integrating quantitative and qualitative approaches in the social and behavioral sciences[M]. Thousand Oaks, CA: Sage.

TEDDLIE C, YU F, 2006. Mixed methods sampling: A typology with examples[J]. Journal of mixed methods research, (1): 77 – 100.

TELLIS W, 1997. Introduction to case study[J]. The qualitative report, 3 (2): 1 – 14.

TIAN L, ZHOU Y, 2020. Learner engagement with automated feedback, peer feedback and teacher feedback in an online EFL writing context [J]. System, (91): 1 – 14.

TOTH J, PAULSRUD B A, 2017. Agency and Affordance in Translanguaging for Learning: Case Studies from English-Medium Instruction in Swedish Schools[M]// PAULSRUD B A, ROSÉN J, STRASZER B, WEDIN Å. New perspectives on translanguaging and education. Bristol: Multilingual Matters: 189 – 207.

URQUHART C, 2012. Grounded theory for qualitative research: A practical guide[M]. Thousand Oaks, CA: Sage.

VAN COMPERNOLLE R A, 2014. Sociocultural theory and L2 instructional pragmatics[M]. Bristol: Multilingual Matters.

VAN STAPELE N, 2014. Intersubjectivity, self-reflexivity and agency: Narrating about "Self" and "Other" in feminist research[J]. Women's studies international forum, (43): 13 – 21.

VASUDEVAN L, SCHULTZ K, BATEMAN J, 2010. Rethinking composing in a digital age: Authoring literate identities through multimodal storytelling[J]. Written communication, 27(4): 442 – 468.

VENKATESH V, BROWN S A, BALA H, 2013. Bridging the qualitative-quantitative divide: Guidelines for conducting mixed methods research in information systems[J]. MIS quarterly, 36(1): 21 – 54.

VON GLASERSFELD E, 1995. Radical construction: A way of knowing and learning[M]. London: The Falmer Press.

VYGOTSKY L, 1987. The collected works of L. S. Vygotsky: Vol. 1 [M]. New York: Plenum.

WALLER M R, NEPOMNYASCHY L, MILLER D P, MINGO M, 2021. Using a narrative approach to analyze longitudinal mixed methods data[J]. Journal of mixed methods research, 15(2): 261 – 283.

WANG DP, 2019. Translanguaging in Chinese foreign language classrooms: Students and teachers' attitudes and practices[J]. International journal of bilingual education and bilingualism, 22(2): 138 – 149.

WATSONGEGEO K A, 1988. Ethnography in ESL: Defining the essentials [J]. TESOL Quarterly, 22(4): 575 – 592.

WEISS R S, 1994. Learning from strangers: The art and method of qualitative interview studies[M]. New York: The Free Press.

WEI X, 2020. Assessing the metacognitive awareness relevant to L1-to-L2 rhetorical transfer in L2 writing: The cases of Chinese EFL writers across proficiency levels[J]. Assessing writing, (44): 100452.

WETTE R, BARKHUIZEN G, 2009. Teaching the book and educating the person: Challenges for university English language teachers in China [J]. Asia Pacific journal of education, 29(2), 195 – 212.

WICKING P, 2020. Formative assessment of students from a Confucian heritage culture: Insights from Japan[J]. Assessment and Evaluation in Higher Education, 45(2): 180 – 192.

WIGGLESWORTH G, 2005. Current approaches to researching second language learner processes[J]. Annual review of applied linguistics, (25): 98 – 111.

WILSON S, 2021. To mix or not to mix: Parental attitudes towards translanguaging and language management choices[J]. International journal of bilingualism, 25(1): 58 – 76.

WINTER G, 2000. A comparative discussion of the notion of 'validity' in qualitative and quantitative research[J]. The qualitative report, (4): 1 – 14.

WONG L H, CHEN W, JAN M, 2012. How artefacts mediate smal-group co-creation activities in a mobile-assisted seamless language learning environment?: How artefacts mediate small-group co-creation activities [J]. Journal of computer assisted learning, 28(5): 411 – 424.

XIONG T, YUAN Z, 2018. "It was because I could speak English that I got the job": Neo-liberal discourse in a Chinese English textbook series [J]. Journal of language, identity & education, 17(2): 103 – 117.

XU Y, QIU X, 2020. Necessary but problematic: Chinese university English teachers' perceptions and practices of assessing class participation [J]. Teaching in higher education, (1): 1 – 18.

YANG L X, GAO S F, 2013. Beliefs and practices of Chinese university teachers in EFL writing instruction[J]. Language, culture and curriculum, 26(2): 128 – 145.

YIN R K, 2003. Case study research: Design and methods[M]. 3rd ed. Thousand Oaks, CA: Sage.

YIN R K, 2014. Case study research: Design and methods[M]. 5th ed. Los Angeles: Sage.

YOW V R, 2014. Recording oral history: A guide for the humanities and social sciences[M]. Lanham, Maryland: Rowman & Littlefield.

YU C, ZHAO C G, 2021. "I won't try my best": A narrative inquiry of a student's graduation policy appropriation[J]. Asia Pacific education review, 22(4): 743 – 755.

ZAHARLICK A, 1992. Ethnography in anthropology and its value for education[J]. Theory into Practice, 31(2): 116 – 125.

ZHANG Z, HYLAND K, 2022. Fostering student engagement with feedback：An integrated approach[J]. Assessing writing，51(2)：100586.

ZHOU，MANN S，2021. Translanguaging in a Chinese university CLIL class-room：Teacher strategies and student attitudes[J]. Studies in second lan-guage learning and teaching，11(2)：265 – 289.